湛庐CHEERS

与最聪明的人共同进化

HERE COMES EVERYBODY

CHEERS
湛庐

奥尔特曼传

Sam Altman

周恒星　著

浙江科学技术出版社·杭州

测一测

你对奥尔特曼与 OpenAI 了解多少？

扫码加入书架
领取阅读激励

- 媒体将奥尔特曼称作“我们这个时代的 ______”。（单选题）

  A. 比尔 · 盖茨

  B. 乔布斯

  C. 奥本海默

  D. 图灵

扫码获取
全部测试题及答案，
一起走进 AI 革命
跌宕起伏的前沿

- 在 2023 年 11 月 OpenAI 董事会“政变”事件中，以下哪位董事会成员是奥尔特曼最忠诚的盟友？（单选题）

  A. 伊利亚 · 苏茨克弗

  B. 亚当 · 丹吉洛

  C. 米拉 · 穆拉蒂

  D. 格雷格 · 布罗克曼

- 2018 年，OpenAI 基于 Transformer 模型发布了 GPT-1，Transformer 模型是以下哪家公司发布的？（单选题）

  A. 微软

  B. 谷歌

  C. 亚马逊

  D. OpenAI

扫描左侧二维码查看本书更多测试题

硅谷“新王”——山姆·奥尔特曼

周鸿祎
360 集团创始人

作为一家科技公司的管理者，我一直对技术创新和未来趋势保持着极高的热情。因此，我很荣幸有机会为《奥尔特曼传》这本书写序，与读者分享我眼中的奥尔特曼。

在这个信息爆炸、技术日新月异的时代，人工智能（AI）已经成为推动世界变革的核心力量。山姆·奥尔特曼，作为 AI 领域的领军人物，他的故事不仅是硅谷传奇的缩影，更是对未来智能世界的一次深刻解码。

当我收到《奥尔特曼传》这本书时，我被其内容的深度和广度所震撼，它不仅仅是一本传记，更是一场对 AI 未来的深入思考。这本书对奥尔特曼人生不同阶段进行了深度挖掘，从辍学斯坦福并创立社交软件 Loopt，再到 28 岁成为硅谷最大创业孵化器公司 YC 的总裁，打造 Airbnb 等创业公司，最后到其创立并担任 OpenAI 的 CEO，在压力与挑战中绝处逢生，创造出影响人类未来的产品 ChatGPT。除此之外，书中还穿插了奥尔特曼对当下人生以及人类未来的思考和感悟，并且记录了奥尔特曼和马斯克分道扬镳、OpenAI 董事会“政变”等戏剧性内容，为读者还原一个冷酷科技感背后真实而有温度的奥尔特曼。

作者周恒星应该是最了解硅谷的中国记者之一，我记得早在 2014 年，他就曾带着硅谷著名未来学家雷·库兹韦尔在北京跟我见面，那次库兹韦尔提出的众多脑洞大开的想法，以及他在著作《奇点更近》中写的有关人工智能将在 2029 年通过图灵测试、2045 年奇点来临、人工智能完全超越人类智能的预言给我留下了深刻的印象。如今他的预言正在以 OpenAI 为首的数家人工智能团队的带领下一步步走向现实。

比尔·盖茨曾说：“在我的一生中，我见证了两次科技革命。第一次是操作系统的诞生，第二次就是 ChatGPT 的诞生。”随着聊天机器人 ChatGPT、文生图模型 DALL-E、文生视频模型 Sora 的火热推出，奥尔特曼带领着 OpenAI 不断刷新着人们对人工智能的认知。从辍学少年到《时代周刊》年度 CEO、全球人工智能领袖、AI 时代的“奥本海默”，奥尔特曼一步一步地改变着世界。在我看来，奥尔特曼集乔布斯的创新精神、马斯克的前瞻视野和贝佐斯的商业智慧于一身。

作为企业家，我认为奥尔特曼身上有许多值得学习的思维特质。奥尔特曼是一位魅力型链接者，他总能够召集有用的人围绕在他身边。比如书中写道，奥尔特曼在太阳谷会议的楼梯间制造“偶遇”，向纳德拉自我介绍并推销 OpenAI，成功拉来微软 10 亿美元的注资，挽救了风雨飘摇中的 OpenAI。

奥尔特曼的执行力相当惊人。为了与运营商合作，20 岁的奥尔特曼坚持不懈地打入电信运营商这个封闭的圈子。“搞定一件事情最重要的就是坚持不懈。我有一个信念，那就是敲遍每一扇门、每一扇窗。”而他其中一个人生信条正是美国海军上将海曼·里科弗所说的：“生命的伟大之处不在于知识，而在于行动。”

奥尔特曼还是一个天生的领导者、一个雄心勃勃的野心家。奥尔特曼曾在博客中写道：“最成功的创始人并不是为了创建公司而出发。他们的使命更接近于创立一种宗教，而在某个时候，组建一家公司变成了实现这一目标最简单的方式。”奥尔特曼对钱的兴趣不是特别大，做 OpenAI 的原因或许是更喜欢权力。在获取权力方面，奥尔特曼的确有某种天赋。他总是以真诚谦逊的姿态示人，很容易赢得年长的、有影响力的硅谷大佬和政客的喜爱。而他自己，也越来越像一位政客。

如今，我们正迎来一场由人工智能大模型带来的新工业革命，大模型作为人类有史以来发明的最伟大的工具，背后凝聚了人类的智慧，第一次做到了让计算机理解人类语言；Sora 的出现更是让计算机能够读懂世界，这代表着人工智能在多模态能力上的巨大突破，将加速通用人工智能时代的到来。届时，人工智能将对自动驾驶、具身智能、基础科学研究、能源问题等带来巨大的推动作用，同时，也将带来前所未有的安全挑战。

了解奥尔特曼这样的人物，了解 OpenAI 这样的公司，是非常重要的。这能带给我们很多启发，让我们明白，在这个时代，我们应该如何利用技术，如何让技术为人类服务，而不是成为我们的敌人。

目 录

第二部分 权力的游戏

第三部分 硅谷金童

Sam Altman

引　子

注定要走进历史的人

一个安静而引人注目的CEO，用颠覆性的技术，试图将一种非常独特的世界观注入全球意识流中——从旧金山教会区一座没有标记的四层总部到整个世界。

——史蒂芬·列维

一

你今天已经第 17 次听 blink-182 的新专辑，即将和朋友们一起玩新的马里奥游戏，他们还将带来激浪[1]。你使用妈妈给你的折扣码订购了达美乐比萨，每个 10 美元。现在是 2023 年，你 38 岁了。生活很美好。

——奥尔特曼写于 X[2]

2023 年 10 月 26 日，傍晚。

38 岁的奥尔特曼正窝在家里的沙发上，在等朋友来家里打游戏的间隙发出了这条推文。他身材瘦削，有一双绿色的眼睛。他的坐姿总是很奇怪，喜欢把自己卷起来，像一只黑夜里的猫头鹰。

---

① 一种碳酸饮料品牌。

② 2023 年 10 月，马斯克将 Twitter 改名为 X。

奥尔特曼的家位于旧金山城北的一座山上。这栋豪宅被藤蔓缠绕的混凝土墙围绕，与街道隔离开来，豪宅配备了健康中心和具有车辆转盘的“007”系列电影风格的车库。它离著名的渔人码头只隔了几个街区。夜深人静时，可以清楚地听到船只返港时的汽笛声。

在这栋价值 2 700 万美元的豪宅中，奥尔特曼像穷学生一样享受着廉价比萨和汽水——这似乎是硅谷这个圈子的共同爱好。

他的推文都是用小写字母组成的，这是他的另一特色：无论在何种场合，他都用小写字母打字，即便他的 iPhone 输入法默认开启了自动大写功能。

在美国，这种打字方式通常只在青少年之间流行，显得轻松而随意；但如果对长辈使用，可能会显得不够尊重。而对于奥尔特曼来说，小写字母不仅仅是小写字母，它代表一种在文本中永远保持酷和随意的方式。

“许多人认为将字母大写是一种成年礼，但也有一些人持不同的态度：避免使用 Shift 键有助于保持年轻。”《华尔街日报》的一位专栏作家这样总结道。

奥尔特曼来到硅谷已经整整 20 年了。他的硅谷生涯的起点，就在他的豪宅以南 1 小时车程的斯坦福大学学生宿舍里。

自 18 岁那年从美国中部密苏里州来到斯坦福大学，他从一个默默无闻的大学生成长为全球知名的科技领袖。

2005 年，仅仅在斯坦福大学就读一年之后，当时只有 19 岁的奥尔特曼退学，与室友共同创立了一家社交媒体公司 Loopt，这个应用程序可以显示你的朋友在哪里。同年，Loopt 成为进入硅谷最著名的孵化器 Y Combinator（YC）的首批创业公司；尽管 Loopt 未能起飞，但奥尔特曼卖掉它赚到的钱让他能够进入风险投资领域。

2014 年，YC 的联合创始人保罗·格雷厄姆（Paul Graham）和杰西卡·利文斯顿（Jessica Livingston）出人意料地聘请奥尔特曼作为格雷厄姆的继任者来管理 YC，当时他只有 28 岁。

在 YC，奥尔特曼先人一步地看到了人工智能领域的巨大机会。2015 年，他和马斯克共同创立了人工智能实验室 OpenAI。但在 2018 年，马斯克想把 OpenAI 并入特斯拉，遭到了 OpenAI 大部分人的抵制，马斯克愤而退出。随后，奥尔特曼于 2019 年从 YC 离开，出任 OpenAI 的 CEO。

2022 年底，随着 ChatGPT 震撼全球，人们开始将奥尔特曼与硅谷最传奇的人物放在一起；ChatGPT 的问世也被拿来与 2007 年 iPhone 的推出相媲美。

此后，OpenAI 以惊人的速度扩张，从科技行业的顶尖公司（如 Meta、苹果和亚马逊）挖来高管。奥尔特曼随之获得了世界范围内的影响力。

2023 年 5 月，奥尔特曼开启了一场世界巡回演讲。这最初是一个与 ChatGPT 开发者见面的活动，但最终演变成一系列外交访问。他身着西装、打着领带，马不停蹄地访问了 22 个国家、25 个城市，会见了包括英国首相、法国总统、西班牙总理、德国总理、印度总理、韩国总统和以色列总统在内的领导人。这些领导人似乎急切地希望从他那里了解人工智能将给他们的国家带来的挑战和机遇。

2023年10月，奥尔特曼在X平台写下：现在是2023年，你38岁了。生活很美好。

在接下来的一个月里，OpenAI将举行首届开发者大会，旧金山也将承办APEC会议，可以预见，奥尔特曼的影响力将再上一个台阶。

这时，门铃响了，奥尔特曼的朋友们来了。

他放下iPhone，前去开门，又一个轻松的夜晚即将开始。

但人生的起落兴衰仿佛大海里的孤帆，这一秒还阳光普照，下一秒就迎来了惊涛骇浪。接下来的一个月，他将经历人生中最跌宕起伏的一次历练。

二

北京时间，2023年11月11日，清晨。

一封邮件突然跳进了我的收件箱，发件人是奥尔特曼。邮件内容只有一行由小写字母组成的句子："凯文[①]，我期待接受你的采访。"同时，邮件也抄送给了他的助手。

过去一段时间，我一直在劝说奥尔特曼在APEC会议期间接受一家中国媒体（也就是我）的采访。

① 凯文（Kevin）是作者英文名。

这封邮件说明他接受了我的采访请求。

他的助手很快帮我安排好了时间——就在几天后的 11 月 14 日。我立刻买了一张飞往美国旧金山的机票。

我和奥尔特曼相识快 10 年了，那时我是一个初出茅庐的驻硅谷记者，而他刚刚执掌 YC。

彼时，我正筹备带领一群中国创业者考察硅谷科技行业。许多创业者都表达了想去 YC 参观的愿望，于是我求助了科技媒体 The Information 的创始人杰西卡·莱辛（Jessica Lessin），请她帮忙牵线。奥尔特曼说他有兴趣跟我见面聊一下，地点定在斯坦福大学的一间教室。那天他在那里教授创业课程。

我到达教室时，课程还没有结束，只见一个瘦削的年轻人站在讲台上。他拥有典型的硅谷创业者形象：年轻、苍白、极客气质，语速飞快，充满激情地讲述着如何通过创业改变世界。下课后，人群逐渐散去，我走上前去向他自我介绍。他显得有些腼腆，就像一个普通的大学生。我们在那间宽敞的教室里聊了一会儿，具体内容已经模糊，但我记得他最后说："我应该多去中国看看。"

一个月后，我带领一群中国创业者拜访了 YC 总部，奥尔特曼很热情地与中国创业者们打招呼，气氛和谐融洽。

在那次拜访之后，我和奥尔特曼就建立了联系。他身上有一种独特的气质：真诚中带着谦逊。这在浮躁的硅谷，几乎算是一种美德了。

2017 年，我从硅谷回国创建了一个面向海外的英文媒体 Pandaily。2022 年，ChatGPT 火遍全球之后，我又重新与他建立了联系。他还记得我，似乎偶尔也会浏览 Pandaily 来了解中国的科技资讯。于是我们通过 iMessage 短信有一搭没一搭地聊着。

2023 年 7 月，OpenAI 宣布和谷歌、微软、Anthropic 共同成立“前沿模型论坛”（Frontier Model Forum），目的是“确保前沿 AI 开发的安全和负责任”。奥尔特曼向我透露，他正在考虑邀请一些中国公司参加这个组织。“我们正在和腾讯、字节跳动讨论此事，其他（中国）公司也有可能（加入）。”

2023 年 9 月，奥尔特曼刚刚在中国台北参加完一个 AI 大会，组织者是富士康的郭台铭。在机场时奥尔特曼发短信告诉我，他正要飞往中东——他的“环球旅行”还未结束，并提到他有兴趣邀请一些中国开发者参加 11 月的 OpenAI 开发者日：“请告诉我你有没有想推荐的中国公司。”

当时，我们还聊到了不久前在中国上映的《奥本海默》。我告诉他，这部电影在中国非常火爆。

在世界巡回演讲中，奥尔特曼一直将自己与奥本海默联系在一起。他不知疲倦地游走于各国政府之间，呼吁监管 AI，提出了一个类似国际原子能机构的监管机构——这不禁让人联想到 70 年前奥本海默向公众大声疾呼原子能安全的场景。

如今，奥尔特曼正处于奥本海默着手组建“曼哈顿计划”的年纪。在一次采访中，他还神秘地提到，自己与奥本海默是同一天生日。从那之后，一些媒体便开始称他为“我们这个时代的奥本海默”。

三

2023 年 11 月 14 日，周二，旧金山。

为了迎接在这里举行的 APEC 会议，这座曾经街上遍地是垃圾和流浪汉帐篷的城市突然干净了许多。在旧金山的市中心主干道，人行道被重新铺装，雕塑被刷上了新油漆，街道两旁新增了装饰性壁画。《纽约时报》调侃称，旧金山的空气中弥漫着一种“青少年赶在父母回家前疯狂清理派对现场的气氛”。

在旧金山的教会区，这个著名的嬉皮士的聚居地，坐落着一座灰色不起眼的建筑。从建筑外表看不见任何标识。路过的行人肯定不会想到，这座建筑里正发生着一场科技革命。

这里就是 OpenAI 的总部所在地，我将在这里对奥尔特曼进行一次专访。在采访的前一天晚上，我按要求在线填写了保密协议，并上传了自己的头像。

采访那天，我按时到达这座建筑的入口，在入口旁边灰色墙壁上找到一个按钮。按下按钮接通前台的电话，确认接待人的姓名之后，一扇黑色的铁门打开了。

稍等片刻，奥尔特曼抱着一台银色的苹果笔记本电脑出现在我面前，简短寒暄后，他用门卡熟练刷开了前台旁边一间小会议室的门。

那天的采访进行得很顺利，奥尔特曼显得神色轻松，还不时开着玩笑。当我提到几天后是 ChatGPT 发布一周年的日子时，他还感谢我提醒了他，并对身边同事说，到时候要庆祝一下。采访结束后，我把自己关在离OpenAI 办公室不到 1 小时车程的一家 Airbnb 民宿里写稿。

稿子终于在北京时间周五早上发布了，但仅仅几个小时后，我就在手机上刷到了一条让我震惊的新闻：奥尔特曼被董事会解雇了。

在我十几年的商业记者生涯里，坐在我面前志得意满的采访对象被董事会开除甚至锒铛入狱的，并不少有。但作为硅谷最知名的初创公司的 CEO，以如此公开和不体面的方式被赶下台，实属罕见。

许多人给我发短信，询问我发生了什么，但我一无所知。我仿佛置身于风暴中心而无所适从，因为记者更多时候是在风暴过后寻找残存的线索。

我尝试发短信给奥尔特曼，想要进一步采访他，但没有得到回应。后来我才知道，那天他的 iPhone 被蜂拥而入的短信挤爆直接死机了。

很快，整个硅谷乃至整个科技行业都知道了。媒体也沸腾了，记者们不相信硅谷最热门的公司的权力斗争会这么轻而易举地公之于众。其实，如果仔细看那份公告，里面几乎什么也没说。

董事会公告中“奥尔特曼在与董事会的沟通中并不总是坦诚”到底是什么意思？

公告中甚至没有感谢奥尔特曼的付出，连做做样子的话都没有。

这一切太不可思议了。

这是一次成功的奇袭，却是一次很不体面的行动。这份公告把 OpenAI 内部的矛盾公之于众。

多年来，硅谷的权力斗争都是密室里的游戏，外人很难一窥究竟。最终呈现在人们眼前的，往往是战争结束后已经打扫完毕的战场。胜利者要故作矜持，失败者往往会有一个体面的退出姿态，比如要陪伴家人或身体抱恙。而其中的真相往往需要勤奋的记者拼命挖掘，或者通过当事人几十年后的回忆录才能得知。

在硅谷，这样暴露在光天化日下的权力斗争，还要追溯到 1985 年的苹果和 2012 年的 Twitter。

当我带着一丝沮丧，打算启程回国时，奥尔特曼突然带着他最忠实的伙伴布罗克曼王者归来。如此戏剧性的回归让媒体和大众疯狂。

11 月 21 日，周二晚上 10：01，OpenAI 在 X 平台上发布了一条公告：

我们已经达成初步协议，山姆·奥尔特曼将回归 OpenAI 担任 CEO。

于是，阴谋论甚嚣尘上。

整个董事会里，只剩下苏茨克弗一个内部董事。明眼人都知道，最有可能是他主导了这次“政变”。那么，到底是为什么呢？虽然后来所有的证据都指向这是一次权力斗争的答案，但马斯克却说：“苏茨克弗有良好的道德准则，而且不追求权力。”

随着调查的深入，越来越多的事实被揭露。奥尔特曼被赶下台，并不是一次孤立的事件或者单纯的权力斗争，更有可能是一次关于技术发展路线的斗争——过去 10 年间硅谷的人们在暗地里讨论，却从未公之于众的讨论。

如果我们要搞清楚其中的来龙去脉，就要追溯到 10 年前。

这其实是富裕的技术乐观主义者、狂热的悲观主义者和市值近千亿美元的科技巨头之间意识形态斗争的影响。

四

回国后，在编辑的鼓励下，我也萌生了写一本书的想法——奥尔特曼的故事足够传奇，也足够重要。

首先，这会是一部商业科技报道的合集。

ChatGPT 是科研、工程和产品共同缔造的奇迹（奥尔特曼在我的采访中也曾提到这一点），但如果没有奥尔特曼统筹全局，这一切似乎都不太可能发生。特别是 2018 年，当愤怒的马斯克退出 OpenAI，并断绝资金来源时，是年仅 33 岁的奥尔特曼挺身而出。他在太阳谷年会上与微软 CEO 的一次“偶遇”，巧妙地说服了微软向这家处于风雨飘摇中的非营利组织投资了 10 亿美元。2019 年，他更是毅然决然地辞去了其他职务，全职加入这家前途未卜的公司，并担任 CEO。

我认为这是奥尔特曼出色的领导力和冒险精神的明证，在商业世界中，这样的英雄主义行为并不多见。

所有商业上的成功都是雄心、战略和运气的结合体。现在我们有理由相信，在 ChatGPT 于 2022 年 11 月 30 日推出前的很长一段时间，谷歌一直在 AI 竞争中处于领先地位。奥尔特曼对我说，选择在那个时间点发布 ChatGPT 是他做过的最正确的决定。

除了与微软结盟，奥尔特曼带领下的 OpenAI 与谷歌，尤其是与谷歌旗下的 DeepMind 之间的较量，是另一大看点。人工智能教父杰弗里・辛顿（Geoffrey Hinton）将 DeepMind 的 CEO 德米斯・哈萨比斯（Demis Hassabis）比作奥本海默——“他推动 AlphaGo 就像奥本海默执行‘曼哈顿计划’一样。”

奥尔特曼心中必定有所不服，因为他的偶像正是奥本海默，他在 OpenAI 成立前夕给马斯克的邮件中也曾将 OpenAI 比作“曼哈顿计划”。

哈萨比斯热爱电子游戏，并提出用电子游戏来推动机器学习的发展。而奥尔特曼更擅长权力的游戏。同时，奥尔特曼深知，单靠一群富有理想的科学家并不足以成就伟业，资本主义才是整合资源的最佳方式。极致的技术结合资本主义的力量，可以创造出奇迹。

其次，这是一本人物传记。

所有人都是复杂的。多年的记者生涯，让我学会了不要被一家公司 CEO 的说辞和表象所欺骗。

典型的例子是马斯克，当我在2013年第一次采访他的时候，我惊叹于他的雄心以及机器般缜密的思维，特别是当他对我说："我没有信仰，我只相信物理学。"这句话深深震撼了当时刚刚毕业的我。但经过之后多年的观察和接触，我却看到了另一个马斯克，特别是他经常在半夜里发布一条条奇怪的推文梗图，或者秒回我的邮件。他的身体里仿佛住着另一个多愁善感的灵魂，那个灵魂会在深夜苏醒。白天纵横捭阖的世界首富此刻蜷缩在阴暗的卧室一角或者办公室的沙发上，孤独地注视着手机屏幕，肆意嬉笑怒骂或者对着梗图独自傻笑——在这一刻，他与那些网络键盘侠并无二致。

毫无疑问，奥尔特曼也是一个复杂而又矛盾的个体。我能隐约感觉到，奥尔特曼如今政客式微笑的背后隐藏着一个复杂的灵魂。

比如，他常常表现出安静、害羞的一面，在另一些场合又显得野心勃勃；他以真诚谦虚的面貌示人，但又经常出现言行不一的情况；甚至他的私人生活也充满着矛盾：他是个素食主义者，却在自己的农场里养了许多牛。

曾在OpenAI董事会与奥尔特曼共事过的同事评价说：

> 他似乎总是在与自己争论，就像一场辩论中的正反双方。

但正如《了不起的盖茨比》中的那句名言："一个人能同时保有全然相反的两种观念，还能正常行事，是第一流智慧的标志。"

2023年底，奥尔特曼被《时代》杂志评选为"年度CEO"，在《时代》杂志的采访中，一位与奥尔特曼相识多年的匿名人士对他的评价似乎很好地解释了他那矛盾的性格：

在很多方面，山姆是一个真正友善的人；他不是邪恶的天才。如果他是一个可怕的人，讲述这个故事会更容易。

这位匿名人士接着说：

他关心使命，关心其他人，关心人类。但是，如果你观察他的行为，你可以清楚地看到一个明显的模式，他总是以极端的方式追求权力。

而奥尔特曼的导师、忘年交，YC 的创始人保罗·格雷厄姆也说：

有些人赚到足够的钱之后就停止了，但山姆似乎对钱的兴趣不是特别大。另一种可能是，他去做 OpenAI 的原因或许是更喜欢权力。

马斯克也看到了这一点，作为多年的搭档和曾经的朋友，他说："我对山姆有着复杂的感情。"

他引用《指环王》中的"权力之戒"做了一个意味深长的比喻：

权力之戒可以腐蚀人心，而他现在拥有这枚戒指。

五

如果现在这个时刻真的是人类走进 AI 时代的开端，那么奥尔特曼和马斯克，注定要走进历史，而关于他们的报道未来会成为历史的注脚。

陪同他一起环游世界的著名科技记者史蒂芬·列维（Steve Levy）回来后写道：

> 也许有一天，当机器人书写我们的历史时，他们会将奥尔特曼的环球之旅视为一个里程碑，标志着每个人都开始对奇点进行自我反思。或者说，也许将来记录这一刻历史的人会认为这是这样一个时代：一个安静而引人注目的 CEO，用颠覆性的技术，试图将一种非常独特的世界观注入全球意识流中——从旧金山教会区一座没有标记的四层总部到影响整个世界。

作为人类的一员，我希望未来还是由人类来书写自己的历史。作为一名历史爱好者，我发现有意思的地方是，同时代的人和后人对历史人物的评价往往大相径庭。我不禁想到了古罗马的奥古斯都，他 19 岁登上帝位（正好是奥尔特曼创业的年纪），一生如履薄冰，向仇人施援，与旧友为敌，同对手结盟；跟他同时代的人都嘲笑他的怯懦隐忍、战功平平，认为他一生都活在他的养父凯撒的阴影之下。然而，千年之后，几乎所有历史学家都认同，他用制度和妥协，而不是用剑与火，在生后留下了“罗马治下的和平”和一个伟大的帝国。

未来的人们会怎样评价奥尔特曼和马斯克？还会是撒谎成性的蹩脚政客和口无遮拦的科技狂人吗？对此我很认同沃尔特·艾萨克森（Walter Isaacson）《埃隆·马斯克传》（*Elon Musk*）的写作方式，虽然很多读者抱怨这本书过于流水账。

但我认为奥尔特曼和马斯克都是注定要走进历史的人物。我们作为同代人，最好的方式是近距离观察他、记录他，尽可能还原他的本来面目，而尽量少做主观评价——让历史来做出最终的评判。

Sam Altman

第一部分

从孵化 OpenAI 到打造 ChatGPT

人工智能可能最终导致世界末日，但与此同时，也会创造出伟大的公司。

——奥尔特曼

Sam Altman

第一章

悄悄来临的 AI 革命

下一个比尔·盖茨不会开发操作系统。下一个拉里·佩奇或谢尔盖·布林不会做搜索引擎。下一个马克·扎克伯格不会创建社交网络。如果你在模仿这些人，你就没有从他们身上学到任何东西。

——彼得·蒂尔

“总有一天，这台电脑会学会思考”

山姆·奥尔特曼小时候是一个喜欢科幻小说和《星球大战》的书呆子。在科幻作家构建的世界里，他阅读了大量人类与 AI 系统共同生活或相互竞争的情节。有一天计算机能够匹敌甚至超越人类——这样的想法让小奥尔特曼兴奋不已。

8 岁生日时，父母给奥尔特曼买了一台苹果 Macintosh LC II 电脑。奥尔特曼开始学习编程，虽然当时他幼小的手指只能勉强覆盖住键盘。一天晚上，奥尔特曼玩到很晚，一个念头突然蹦到他的脑海中：“总有一天，这台电脑会学会思考。”

2003 年，18 岁的奥尔特曼进入斯坦福大学时，他还记得童年的这个念头。他选修了 AI 课程，还曾在著名计算机科学家吴恩达的 AI 实验室实习。

在这段经历中，奥尔特曼发现，大多数机器智能（人工智能）的开发都涉及一种“适应性函数”（fitness function），适应性函数告诉程序它需要达到什么样的状态或完成什么样的任务。例如，在进化算法中，适应性函数可能用来评估个体的“适应度”，即它们在特定环境中生存和繁衍的能力。

奥尔特曼后来在自己的博客里写道：

> 如果人类不再是适者生存的物种，我们可能会消失。在某种意义上，这是程序按指令来完成的结果。但作为一个被编程为生存和繁衍的人类，我觉得我们应该与之抗争。

而吴恩达告诉他，无论是从耳朵输入的信息，还是从眼睛输入的信息，大脑的处理方式都是相通的。如果我们能够弄清楚大脑处理此类信息的通用算法，计算机或许就能学习到这种通用的处理机制。

作为一名本科生，奥尔特曼当时对实验室的研究充满期待，却最终一无所获。2003 年，吴恩达的研究，乃至整个 AI 领域，仍然陷于被称为“AI 寒冬”的创新低谷中。

AI 的源起与寒冬

AI 作为计算机科学的一个分支，只有 70 多年的历史。但它的出现最早可以追溯到古代神话：从人类文明诞生以来，人类一直有复制、模拟自身的梦想。在古希腊荷马史诗《伊利亚特》中，青铜机械巨人塔罗斯曾在特洛伊战争中守卫克里特岛，它被认为是历史上最早的仿人机器人。在印度传说中，有机器人武士守护佛祖舍利子。我国唐朝时期，也有许多关于机器人偶的记载：杭州有一个叫杨务廉的工匠，制作了一个僧人模样的机器人，它手端化缘铜钵，能学和尚化缘，若有人向钵中投钱，还会给施主行礼答谢，等到钵中钱满，就自动收起钱。

20 世纪计算机技术的发展，真正让人类自我模拟的梦想成为现实。20 世纪 40 年代，神经元数学模型和图灵机等理论奠定了 AI 的基础。1950 年，“人工智能之父”艾伦·图灵（Alan Turing）发表了论文《计算机与智能》（*Computing Machinery and Intelligence*），文中阐述了“模仿游戏”的构想和测试方式，即后来大家熟知的图灵测试。这篇论文是世界上最早的对机器模仿人类智能的深度思考和系统论述。

1955 年，4 位科学家向美国洛克菲勒基金会递交了《关于举办达特茅斯人工智能暑期研讨会的提议》（*A Proposal for the Dartmouth Summer Research Project on Artificial Intelligence*），希望得到该基金会的资助，来举办一场人工智能研讨会。在这份提议中，“人工智能”（artificial intelligence，AI）这一术语被首次提出。这 4 位乐观的科学家估计，只需两个月，10 个人参加，就足以使 AI 研究取得重大突破。

1956 年 6 月至 8 月，这场暑期研讨会在美国新罕布什尔州的达特茅斯学院召开。这场会议标志着 AI 学科的诞生，1956 年也因此被称为“AI 元年”。当时 AI 开创者们的愿景是：利用机器来模拟人类的认知、思考和学习。该学科建立在这样一个设想之上：人类所有的认知功能都能被精确地描述，并有可能在计算机上得到重现。

会议持续了两个月，基本以学术上的集思广益为主，并没有达成大范围的共识。但暑期研讨会和不久之后的一系列会议，逐渐让与会者和学术界意识到，要实现“人工智能”，必须进行跨学科的合作，这涉及实验心理学、理论语言学和计算机科学等。

由于迟迟无法取得重大进展和广泛共识，几十年来，全球的 AI 研究者逐渐形成了不同的学术派别。华盛顿大学教授佩德罗·多明戈斯（Pedro Domingos）在他的人工智能史著作《终极算法》（*The Master Algorithm*）中，将这些学术派别形象地称为“部落”。每个部落都坚持自己的理论观点，并且往往对其他部落的观点持保留态度。信奉深度学习的连接主义者是一个部落，坚信马文·明斯基等倡导的符号方法的符号主义者是一个部落；还有信奉统计分析的部落、模仿自然选择的“进化算法”的部落等。

在过去半个多世纪里，人工智能的研究经历了两次寒冬，分别是 1974—1980 年和 1987—1993 年。这两次寒冬都是由于 AI 技术研究遇到了瓶颈，无法解决实际问题，导致投资者失去信心和兴趣，研究经费大幅缩减，让 AI 发展反复陷入停滞。

两次 AI 寒冬，对这一学科的研究造成了巨大打击，也给公众留下了深刻的负面印象，很多人认为 AI 只是一个过早膨胀的舆论，并不具有实际价值和发展前景。

奥尔特曼、格雷厄姆与 YC

非常幸运的是，奥尔特曼开启他的硅谷生涯时，AI 发展正在逐渐走出低谷。

2005 年，奥尔特曼从斯坦福大学退学，选择辍学创业，与朋友一同创办了一家叫 Loopt 的社交网站。Loopt 是 YC 第一家招募的创业公司，而 YC 后来成为全球最知名的创业孵化器。

2012 年，当奥尔特曼结束了他的首次创业之旅，开始为期一年的休假时，恰逢 AI 领域正在发生深刻的变革，出现了许多重大的技术进步和突破。那一年，奥尔特曼通过一些会面和阅读，了解了这个行业在过去一段时间取得的进展，在一次与朋友的徒步旅行中，他突然意识到“能够复制人类大脑的硬件”即将产生。

2013 年，结束了一年休假的奥尔特曼正式加入 YC，成为合伙人。

奥尔特曼很喜欢写博客，这一习惯很有可能是受到了他的导师——YC 创始人保罗 · 格雷厄姆的影响。格雷厄姆不仅是一位杰出的黑客和程序员，还是一位才华横溢的散文家，他的著作《黑客与画家》在中国的程序员和科技行业中也有许多的拥趸。

YC 建立了一个全球性的创业社区，在名为 Hacker News 的在线聚合器上分享与初创企业相关的文章链接。奥尔特曼不仅自己写博客，他在 Hacker News 上也非常活跃。在这个社区中，人们喜欢用简写来指代一些社区里的核心名词，比如 Y Combinator 被称为 YC，保罗 · 格雷厄姆被称为 PG，山姆 · 奥尔特曼则被称作 sama。

2014 年 2 月的一天，奥尔特曼在与一个朋友共进午餐时，朋友问他：最应该关注却被世人忽视的科技趋势是什么？奥尔特曼没有多想，脱口而出：人工智能。

晚上回到家里，奥尔特曼决定写一篇博客来完整地阐述他的想法，在文章的最后，他颇有预见性地写道：

> 对我来说，最大的问题不是关于人工智能本身，而是关于人工

意识、创造力、欲望，或者是其他你想称呼它的名字。我对我们能够制作出可以出色完成特定复杂任务的计算机程序非常有信心。但我们如何制作一个能够自主决定自己想要做什么的计算机程序呢？我们要如何让计算机自发地对学习驾驶汽车或写一本小说产生兴趣呢？

这种创造力很可能——甚至可以说是极有可能，以某种不易察觉的方式，成为学习的自然衍生特性。在进化的过程中，发生了某些变化，使得人类的大脑与爬行动物的大脑不同，后者更接近于玩乒乓球的计算机。（我原本想说是玩国际象棋的计算机，但计算机下棋时没有直觉或本能——它们只是快速地搜索庞大的解决方案。）

也许我们并不希望制造出在这个意义上具有意识的机器。我能想到的最积极的结果是这样的：计算机在执行任务上变得极其高效，人类则在思考上变得更加精深。如果我们始终无法解开让计算机具有创造力的谜题，那么人类与机器之间将自然形成一种和谐的劳动分工。

或许是巧合，在奥尔特曼发表那篇博客文章仅仅两天后，保罗·格雷厄姆在自己的博客上发表了一篇公告，他出人意料地宣布，年仅 28 岁的奥尔特曼同意接任他的职位。他在公告中赞美奥尔特曼：

他是那种罕见的人，既能够高效地处理事务，又有一颗仁慈的心——这是早期投资中的一个重要品质，但很少有人意识到。山姆是我认识的最聪明的人之一，对初创公司的理解可能比我认识的任何人都要深刻，包括我自己。当我遇到困难问题，需要寻求第二意见时，山姆是我的首选。

接任 YC 的 CEO 不久，奥尔特曼告诉著名记者史蒂芬·列维，YC 不仅仅是一个初创公司孵化器。“我们不只关注初创企业。我们关注创新，因为我们相信这样才能让未来变得更美好。”在奥尔特曼看来，YC 所孵化的独角兽公司所带来的利润，不应仅仅被视为合伙人们财富的积累，而应被视作实现更宏伟目标的资源——资助那些具有“物种级别”的转型项目。他成立了一个研究部门，希望资助雄心勃勃、能解决世界上最大问题的项目。在他看来，AI 是统治所有领域创新之王：它可以比人类更好地解决人类面临的问题，并具备超级智能。

奥尔特曼也曾预言：“通用人工智能可能会奏效，如果这能够成真，无疑将是科技史上最重大的发展。”尽管他承认神经网络首次尝试就失败了，但他相信新的变革将很快到来。

寒冬的结束

奥尔特曼的看法很准确，在 AI 寒冬中，依然有一群坚持不懈的研究者，在幕后默默耕耘。他们探索了新的方法和领域，为 AI 的复兴奠定了基础。其中，最重要的就是深度学习技术。

深度学习是机器学习的一个分支，它利用神经网络技术进行机器学习。神经网络本质上是模拟人脑的识别机制，理论上，人脑能够实现的智能，计算机也应该能够实现。但问题是，人脑约有 1 000 亿个神经元，神经元之间的节点（也就是突触）更是多达万亿，这就构成了一个极其复杂的网络。作为对比，2012 年谷歌的神经网络使用了 16 000 个 CPU，内部共有 10 亿个节点，而这已经是当时最复杂的深度学习系统了。

英国计算机科学家杰弗里·辛顿就是为深度学习取得突破性进展的人，在多年的 AI 寒冬里，他正是那位默默坚守、被时间遗忘的老人。

辛顿早年的科研之路可谓坎坷至极。1973 年，辛顿进入爱丁堡大学研究生院，师从克里斯托弗·朗吉特－希金斯（Christopher Longuet-Higgins），学习人工智能。

克里斯托弗是著名的理论化学家和认知科学家，曾培养出诺贝尔奖获得者约翰·波拉尼（John Polanyi）。辛顿虽然师从克里斯托弗，但他对人工智能的理念和导师并不完全相同。克里斯托弗坚持当时主流的符号人工智能理念，这种理念认为只要将概念、事实、规则与例外情况用计算机语言灌输给机器，机器便能模拟人类的辨识与推理能力。

辛顿不这么认为。他觉得这种输入过于机械，过分依赖语言规则和逻辑。他以动物为例，指出它们虽不懂规则，却能凭借本能飞行、捕猎——它们只是通过经验学会了如何执行这些“聪明”的行为。

换言之，辛顿认为，重要的是直觉而非理性，让机器具备智能的关键是让它们自己去学习。这种流派后来被称为“机器学习”，但当时鲜少有人认同。

辛顿痴迷于当时还是新鲜事物的神经网络，这是一种模拟动物视网膜识别物体的网络结构，这种算法模型可以帮助实现“机器学习”。

“我的研究生生涯充满了坎坷，每周我们都会有一场争吵。”辛顿后来回忆，他一直在和导师做“交易”：“让我再做 6 个月的神经网络，我会向你证明它们是有效的。”但在 6 个月结束的时候，辛顿又说，“再给我 6 个月”，之后又说“再给我 5 年时间”。终于，在 20 世纪 80 年代，辛顿取得了一些成果。1986 年，辛顿等人完成著名的论文《反向传播学习实验》（*Experiments on Learning by Back Propagation*），提出了影响后世人工智能发展的新神经网络方法。

不过，当时既没有足够的数据，也没有足够的计算能力，导致神经网络无法进行大规模训练，学术界和产业界对辛顿的新神经网络方法依旧不感兴趣。

辛顿依然是一个孤独的人。参加学术会议时，他经常坐在房间的角落里，得不到当时学术界大咖的垂青。

辛顿的学生、法国人杨立昆（Yann LeCun）是深度学习领域的另一位先驱，在职业生涯中，他一直致力于神经网络的研究，从 20 世纪 80 年代开始，经历了神经网络研究领域的一个又一个寒冬和春天。在他还是研究生和博士后的时候，就对弗兰克·罗森布拉特（Frank Rosenblatt）的感知机和福岛邦彦（Kunihiko Fukushima）的神经认知机都很着迷。20 世纪八九十年代，在贝尔实验室工作期间，杨立昆转向对自动识别手写数字和字母的研究。他巧妙地将神经认知机的灵感与反向传播算法相结合，成功开发了 LeNet，这是最早的卷积神经网络（ConvNets）之一。LeNet 凭借其手写数字识别的能力在商业应用上取得了巨大成功。从 20 世纪 90 年代到 21 世纪初，LeNet 被美国邮政局用于自动识别邮政编码，并被银行业用于自动读取支票上的手写数字。

然而，LeNet 及其后继者 ConvNets 在应用于更复杂的视觉任务时表现不佳。20 世纪 90 年代中期，神经网络在人工智能研究领域开始失宠，失去了在该领域的主导地位。尽管如此，杨立昆仍然坚信并继续致力于研究

ConvNets，以及对其进行持续的改进。

正如辛顿后来所说的那样，他像是孤身一人举着火炬穿过了那个黑暗的时代。

“它们开始睁开眼睛了”

杨立昆、辛顿和神经网络的其他拥护者认为，以逻辑的方式无法建构真正的智能机器，必须赋予机器学习的能力，让它们能以经验为基础进行自我建构。只要具备足够多的训练数据，改进的、更大规模的深度网络就能够征服计算机视觉，让计算机像人类和动物一样能够“看见”。

理论上来说，深度学习是完美的解决方案。但深度学习的发展需要算法、算力、数据三驾马车来拉动：算法决定了计算机用什么方式识别事物；而算法又需要足够大的算力来驱动；同时，算法的提升又需要大规模、高质量的数据。三者相辅相成，缺一不可。

但问题在于，无论是它需要吞噬的数据，还是需要消耗的算力，在当时看来都是科幻级别的规模，主流学术界对深度学习的看法是：脑子正常的学者不会研究神经网络。

2006 年，辛顿在《科学》杂志上发表了一篇论文，提出了“深度信念神经网络”（DBNN）的概念，他给出了一种多层深度神经网络的训练方法，这被业界认为是深度学习的重大突破。可以说，辛顿在理论层面解决了算法的问题。

但辛顿的方法需要消耗大量的算力和数据，他的设想在实际应用中难以实现。

2009 年，斯坦福大学的华人科学家李飞飞创建了人类有史以来最大的标注数据集 ImageNet，她发起了 ImageNet 大规模视觉识别挑战赛，参赛者可以免费使用这个数据库，但要自己开发算法，比赛以图像识别的准确率进行排名。

每次比赛，参赛者都会得到超过 100 万张图像的训练数据集，每张图像都被手工标记一个标签，标签大约有 1 000 种类别，比如“独木舟”、“足球”或“小狗”。参赛者的算法软件需要对图像进行多次猜测，如果前 5 次猜测中有一次与手工标记的标签相匹配，则被认为识别成功。

这项竞赛始于 2010 年，前两年神经网络并没有发挥主要作用。顶级团队使用了各种其他机器学习技术，但结果相当平庸：2010 年，获胜团队的 top-5 准确率为 72%；2011 年，这个准确率略微提升到 75%。

这种平缓的上升曲线在 2012 年的比赛中陡然改变了：获奖团队的 top-5 准确率达到了惊人的 85%。这种准确率的飞跃令人震惊。更令人吃惊的是，获胜的程序并没有使用支持向量机算法或当时其他主流的计算机视觉算法。

这支冠军团队的成员正是辛顿和他在多伦多大学的两个学生——伊利亚·苏茨克弗（Ilya Sutskever）① 和亚历克斯·克里泽夫斯基（Alex Krizhevsky），他们都是出生于苏联的犹太人，前者极具数学天赋，后者擅

① 请记住伊利亚·苏茨克弗这个名字，你很快就会发现他在这本书中的重要性。

长工程实现。他们 3 人密切配合，创建了一种新的神经网络架构，命名为 AlexNet，这是杨立昆在 20 世纪 90 年代开发的 LeNet 的一个扩展版本。有了高质量的数据集，以及辛顿团队在算法方面指明的方向，5 年后最后一届挑战赛，冠军算法的识别准确率达到 97.3%，超过了人类。

2012 年 10 月，辛顿团队在佛罗伦萨举行的计算机视觉会议上公布了算法 AlexNet 的论文，人们惊讶地发现，与谷歌使用 16 000 个 CPU 的情况相比，AlexNet 仅使用了 4 个英伟达 GPU。学术界和产业界彻底轰动——如果仅用 4 个 GPU 就能达到这么好的效果，那么算力就不再是瓶颈。GPU 的超强并行计算能力与深度学习的适应性迅速被业界认可，GPU 行业的领头羊英伟达成为最大的赢家。

除此以外，云计算的发展也为新时代的到来做好了准备。云计算基础设施更加强大且价格实惠，能够处理复杂的信息，还有丰富的数据集和廉价的软件开发工具供研究人员使用。正因如此，神经网络的开发，已经从昂贵变得便宜。

这标志着人工智能来到了“工业革命时刻”，在这个时刻，推动深度学习变革 3 大支柱——算法、算力和数据，都已经准备完成。现在，人工智能的产业化已经进入了快车道。

对于这一 AI 新时代，谷歌的传奇研究员，后来成为首席科学家的杰夫·迪安（Jeff Dean）做了一个形象的比喻：

> 我们正处于实际进化的阶段，以前动物没有眼睛，但现在它们有了眼睛。这将改变很多事情。过去计算机的视力不太好，但现在它们开始睁开眼睛了。

巨头入局与硅谷的角落

石破天惊的 AlexNet 在学术界引起轰动的同时，也深深震惊了产业界。科技公司的 CEO 们发现，借助深度学习和神经网络，计算机现在能够执行惊人的任务，如给照片打标签、翻译文本和优化复杂的广告网络，这将为他们的核心业务带来更多的可能性。

当年 12 月，发生了一场对科技行业影响深远的秘密收购。收购的地点并不在硅谷，而是在离硅谷仅仅 3 小时车程、风景如画的塔霍湖边的一家酒店。

酒店里正在进行一场改变 AI 发展历史的闭门竞拍。竞拍对象是一家成立仅仅一个月，只有 3 名员工的公司——他们正是因 AlexNet 一战成名的辛顿和他的两位学生。除此以外，这家公司没有任何产品和资产。这种以招募人才为目的的雇佣式收购在人才密集型的科技行业并不少见，但参与竞拍的 4 家公司却非比寻常，它们分别是谷歌、微软、DeepMind 和百度。

辛顿饱受腰椎间盘疼痛的困扰，他坐在酒店 703 房间的地板上，为竞拍设置规则：起拍价 1 200 万美元，每次加价至少 100 万美元。

很快，谷歌出了价，微软也出了价，当时还是小公司的 DeepMind 很快就退出了。行业巨头们将竞价提高到了 2 000 万美元，接着又提高到 2 500 万美元。竞价超过 3 000 万美元时，微软一度退出，但在竞价达到 3 700 万美元时，微软又杀了回来。

几个小时后，竞拍者就把价格推到了 4 400 万美元，辛顿有些头晕：“感觉我们像是在拍电影。”他果断喊停，并决定把公司卖给最后的出价者——谷歌。对于这 4 400 万美元，辛顿一开始建议 3 人平分，但在两位学生的坚持下，他分得了 40%，苏茨克弗和克里泽夫斯基各得 30%。

辛顿团队被收购入谷歌，这一事件很快在硅谷产生了连锁反应。不久之后，在纽约大学任全职教授的杨立昆也被 Facebook 挖走，担任 Facebook 新成立的人工智能实验室的负责人。一夜之间，所有大型科技公司都开始争抢深度学习领域的专家，很快每个公司都开设了自己的人工智能实验室，在该领域进行重要研究，并发表研究成果供学术界借鉴。风险投资者也蠢蠢欲动，开始向深度学习初创公司投入资金。

2015 年，辛顿、杨立昆、约书亚·本吉奥（Yoshua Bengio）这 3 位深度学习科学家在《自然》杂志上共同发表了一篇名为《深度学习》（*Deep Learning*）的综述文章。这篇文章讲述了深度学习为传统机器学习带来的变革，树立了人工智能在学术界的新的里程碑。而 4 年后，他们 3 人也因此同时获得了图灵奖。在业内，人们将辛顿称为“当代人工智能教父”。

那一年，辛顿 72 岁，杨立昆 59 岁，本吉奥 55 岁。他们背后是人工智能半个世纪的发展历程，这期间起起伏伏中的孤独航行与不断求索，个中滋味只有他们才能真切体会。

站在 2015 年，崭新的时代大幕正徐徐拉开，科技巨头们踩在 3 位学术界巨人的肩膀上，披着互联网的荣光，正摩拳擦掌，跃跃欲试。一场更大的竞赛展开了。谷歌乘胜追击，2014 年将一家英国的 AI 初创企业 DeepMind 收入囊中; 2016 年，DeepMind 推出了震惊全球的 AlphaGo，随后，AlphaGo 击败了世界围棋冠军李世石，开启了人工智能的新纪元。与谷歌争夺辛顿团队未果的百度，下定决心押注 AI，邀请吴恩达加入，计划 10 年内在 AI 上投入千亿；而另一巨头微软，表面上看似乎慢了一拍，但在不久之后却意外获得命运女神的垂青，赢得了最大的战利品。至于这个战利品是什么，我们放在后文详述。

然而，创新才是科技行业的永恒宿命，很少有巨头可以横跨两个时代。硅谷“创投教父”、贝宝（PayPal）创始人彼得·蒂尔（Peter Thiel）的话言犹在耳：

> 科技和科学历史上的每一刻都只发生一次。下一个比尔·盖茨不会开发操作系统。下一个拉里·佩奇或谢尔盖·布林不会做搜索引擎。下一个马克·扎克伯格不会创建社交网络。如果你在模仿这些人，你就没有从他们身上学到任何东西。

此时，在硅谷的一个角落，在巨头们的视线之外，一群人聚集在一起，准备开启属于他们的时代。

Sam Altman

第二章

OpenAI 的成立

人们很容易感觉创新已经荡然无存，行业领袖已经各安其位，但事实并非如此——在世界的某个角落，一个不知名的年轻人现在可能正在创办一家公司，这家公司最终将与当今的科技巨头一样大。

——奥尔特曼

要犯野心的错误，而不是懒惰的错误。

——马基雅维利

一日很长，十年很短

2015 年 4 月，奥尔特曼度过了自己的 30 岁生日。他的朋友请他写一些 30 岁的生活感悟和人生建议。

几天后，他在一篇名为《一日很长，十年很短》的博客文章中写道：

> 尽管计划的重要性不言而喻，但如果有一个绝佳的机会出现，你应该抓住它。不要害怕做一些冒险的事情。努力工作的好处之一是，总会有好的机会出现，但当机会来临时，还是取决于你是否能够抓住它们。
>
> 尽可能与聪明、有趣、有抱负的人为伍，为他们工作或雇用他们（事实上，工作中最令人满意的部分之一就是与真正优秀的人建立深厚关系）。尽量花时间与那些在自己领域里是世界顶尖或者极具潜力的人相处。最终，你会达到你与之相处时间最多的人的平均水平。

每一次科技浪潮都是技术、资本和人才共同作用的结果。严格来说，前一章所写的学术圈内的“AI 地震”，震中并不在美国，而是在欧洲和加拿大。但硅谷才是冒险家的乐园。在这里每隔 10 年左右就会有一家标志性的企业上市：20 世纪 80 年代的苹果、20 世纪 90 年代的亚马逊、21 世纪 10 年代的谷歌。直到 2012 年 5 月 Facebook 在纳斯达克上市，标志着这一轮的互联网浪潮达到顶点。赚得盆满钵满的科技领袖、风险投资家甚至上市企业的员工们，都把目光投向了下一轮浪潮。

他们将目光投向了正在暗流涌动的 AI 产业。对于硅谷来说，AI 似乎有着一种天然的吸引力——几乎每个科技创业者小时候都是科幻迷。而在科幻世界里，拥有意识的机器人与人类的爱恨情仇似乎是永恒的主题。

掌握硅谷最前沿风向的 YC 掌舵人奥尔特曼，正在筹建 YC 全球研究院，AI 是他最看好的方向。

在科技巨头里，谷歌和 Facebook 作为互联网领域实力最强的领头羊，分别统治着搜索和社交，地位难以撼动。同时，这两家公司的业务跟 AI 有着天然的交集，因此他们最先行动。

而微软，作为 PC（个人电脑）时代的王者，在互联网时代显得有些力不从心，成为上一轮科技浪潮中的失意者。2014 年 2 月，萨提亚・纳德拉（Satya Nadella）接任微软 CEO，世人期待这位冷静而睿智的印度裔 CEO 能够帮助微软重整旗鼓，在下一轮浪潮中重返王座。

还有硅谷新王马斯克，他刚刚带领特斯拉和 SpaceX 走出困境，就迫不及待地投身于 AI 浪潮。

如果不出意外，AI 浪潮将会是巨头主导的游戏，而当时的谷歌和 Facebook 也是信心满满。但硅谷总是偏爱出人意料的剧情，创业公司颠覆巨头的故事一次又一次上演，这次也不例外。

OpenAI 出场了，这家公司是马斯克负气的产物，依靠着“通用人工智能”（Artificial General Intelligence，AGI）——当时被看作天方夜谭一般的愿景，吸引了顶级人才的加入。奥尔特曼通过精心的布局和小心的运作，让这家非营利性实验室在巨头的夹缝中茁壮成长，在短时间内迅速成为一股不容忽视的力量。

马斯克，硅谷钢铁侠

硅谷钢铁侠马斯克从不畏惧冲突。他跟亚马逊创始人贝佐斯在太空领域的竞争尽人皆知。

2015 年，他跟谷歌创始人拉里・佩奇（Larry Page）也发生了冲突，这次冲突的主题是 AI。冲突的结果是造就了 OpenAI 的诞生。

佩奇和马斯克曾经是亲密无间的朋友。两人年纪相仿，在谷歌创立不久后就认识了，佩奇还是特斯拉的早期投资人以及第一款车 Roadster 的首批用户之一。佩奇甚至曾向媒体表示，他宁愿死后把财产捐给像马斯克这样的人来改变世界，也不愿捐给慈善机构，因为他对马斯克的火星移民计划非常欣赏。

很长一段时间，马斯克经常乘坐私人飞机，往返于硅谷的特斯拉以及洛杉矶的 SpaceX。在硅谷时，马斯克经常借宿在佩奇的家里，只要佩奇在家，两人常常一起玩电子游戏或者彻夜长谈。

2007 年，佩奇在加勒比私人小岛上举行婚礼时，还专门邀请了马斯克和他当时的妻子贾丝廷·威尔逊（Justine Wilson）参加。

2013 年，当特斯拉危机四伏，产量和成交量都停滞不前之时，马斯克还曾向佩奇求助，私下拟订了谷歌收购特斯拉的方案。

但 2013 年 5 月，特斯拉首次实现季度盈利的消息让特斯拉绝处逢生，股价大涨。这笔收购不了了之。

就在这次特斯拉触底反弹的 1 个月后，2013 年 6 月 27 日，马斯克迎来了 42 岁生日。他当时的妻子、英国女演员塔卢拉·赖莉（Talulah Riley）为他举办了一场生日派对，顺便庆祝一下特斯拉绝处逢生。他们邀请了一些朋友和家人，在加利福尼亚州的“葡萄酒之乡”纳帕谷的高档酒店举办了一场持续 3 天的派对。这里距离硅谷有 1 小时的车程。酒店由许多幢木屋组成，孩子们可以在里面奔跑嬉戏。

深居简出的佩奇专程来参加了老朋友的生日聚会。晚饭后，马斯克和佩奇在泳池边的火堆旁坐了下来，深入探讨起 AI 这个话题。但在那个晴朗的初夏夜晚，谈话的气氛却很快变得尴尬起来：AI 最终会促进人类进步，还是毁灭人类？两人在这个问题上产生了严重的分歧。

佩奇说，人类最终将与 AI 机器融合，总有一天，将会出现多种智能争夺资源的情景，强者生存。

马斯克同意佩奇的观点，但他认为，除非我们建立防火墙，否则人工智能可能会取代人类，让我们这个物种变成蝼蚁草芥，甚至走向灭绝。

佩奇回应道，如果有一天机器的智力，甚至机器的意识，都超过了人类，那又有什么关系呢？这只不过是进化的下一阶段罢了。

马斯克说，人类的意识是宇宙中宝贵的一缕烛光，我们不应该让它熄灭。

佩奇认为那是多愁善感的人在胡说八道，如果意识可以在机器中复制，为什么它不配具有同等的价值？也许有一天，我们甚至能够将自己的意识上传到机器中。

争论到最后，佩奇指责马斯克是个“物种主义者”，是那种偏袒人类而不是偏袒未来数字生命形式的人。

马斯克忍不住出口回击：“对的，我就是个物种主义者。我就是热爱人类啊，兄弟。”

马斯克后来说，那天晚上的争论成了导致两人关系破裂的“最后一根稻草”。他和佩奇在此后断绝了朋友关系，多年来没再说话。佩奇对他的粗口一直耿耿于怀，而他认为佩奇对 AI 带来的物种灭绝威胁太过“漫不经心”。马斯克后来表示：“我那时下定决心，未来绝对不能让 AI 技术掌握在佩奇这样的人手里。”

2013 年底，马斯克听说谷歌正计划收购 DeepMind（当时最先进的人工智能公司之一），这进一步加深了他对人工智能未来的忧虑。马斯克找到了时任美国总统奥巴马，与之探讨人工智能可能给人类带来的风险，请求总统对人工智能加以管控。但他的努力还是失败了，相关的法律规定最终也没有出台。

马斯克的传记《硅谷钢铁侠》的作者阿什利·万斯（Ashlee Vance）回忆说：

> 我那时经常采访埃隆，正在为他写一本书，很明显，他在看着他的朋友们（拉里·佩奇或谢尔盖·布林），他们的一切都很成功，他们拥有这些软件帝国和这个不断增长的 AI 帝国。我的感觉是，埃隆对 AI 的看法一部分来自嫉妒。我认为他看到了谷歌以及他的朋友们在 AI 方面的成功，发现自己没有这样的东西。但他永远不会公开承认这一点。

强烈的使命感和好胜心促使马斯克决定采取行动。

“我们能做什么来确保未来是美好的？我们可以坐视不管，也可以鼓励监管机构进行监督，或者是，我们可以与那些对开发安全、有益于人类的 AI 同样深感关切的人士携手合作，构建正确的机构。”马斯克承认，哪怕是试图推进友善的 AI，依然会存在一定风险，可能会创造出我们担心的东西。然而，最好的防御措施是“尽可能赋予更多人拥有 AI 技术，如果每个人都具备了 AI 能力，那就没有任何一个人或少数几个个体能够拥有超级智能”。

2015 年初，马斯克找到了奥尔特曼。因为筹备 YC 研究院，二人这段时间正保持着密切的沟通。

奥尔特曼和马斯克多年前由一位 YC 合伙人介绍认识，第一次见面时，马斯克就带着奥尔特曼参观了 SpaceX 总部，这次参观深深震撼了奥尔特曼。奥尔特曼曾经当面对马斯克说：“我认识很多疯狂的人，但你仍然是里面最突出的一个。”

而马斯克为什么会找到年纪轻轻的奥尔特曼呢？

首先，可能是他看中了奥尔特曼在硅谷创业圈里的广泛人脉以及乐于助人的好名声。

初创公司 Superhuman 的创始人拉胡尔·沃赫拉（Rahul Vohra）曾经分享过一个故事：有一次他的公司测试了谷歌网页浏览器 Chrome 的一个待定更新，由于一个看似无害的代码更改，让 Superhuman 智能电子邮件服务一夜之间崩溃了。损失似乎是无意造成的，谷歌没有人意识到有人正在基于那些本来已经过时的代码构建任何东西，但对于 Superhuman 来说，这场危机却是“生死攸关”的。

沃赫拉开始疯狂地向他的机构投资人们求助。但大部分人都束手无策，声称和谷歌内部的人员没有直接联系。不得已，沃赫拉转而向他的天使投资人发消息，其中就包括奥尔特曼。

“我碰巧在一个派对上，就站在桑达尔（谷歌 CEO）旁边，”奥尔特曼几分钟后回复了他，“请给我一点时间。”

第二天早晨，沃赫拉收到了一位谷歌副总裁的道歉邮件，并邀请他前往谷歌在旧金山办公室坐坐。自那以后几年里，沃赫拉表示 Superhuman 与谷歌建立了密切合作关系，并被要求测试 Chrome 最新的更新。沃赫拉把所有这一切都归功于奥尔特曼，在此之前仅通过 30 分钟会面决定通过其管理的个人基金进行投资。“山姆为我们这家初创企业主动承担风险，”沃赫拉告诉《福布斯》，“尽管对他而言只是小额投资；但对我们来说，则是决定我们命运的时刻。”

其次，在当时的硅谷，奥尔特曼是除马斯克之外少见的公开谈论 AGI 的人。根据学术界的公认说法，AGI 是指具备同等或者超越人类智能的 AI，这种 AI 能执行正常人类所具有的所有智能行为。它可以实现自我学习、自我改进、自我调整，进而解决任何问题而不需要人为干预。

DeepMind 的联合创始人沙恩·莱格（Shane Legg）曾经回忆说：“AGI 在过去并不是严肃的科学家们公开讨论的话题，它曾是一个被人耻笑的领域。如果你跟其他人谈论 AGI，最好的情况是别人觉得你很古怪，最坏的情况是别人认为你有某种妄想症。”

而到 2015 年，随着人工智能寒冬的结束，在学术界开始有人讨论 AGI，但对大多数研究人员来说，他们仍然非常怀疑能在有生之年看到真正的机器智能。

但作为硅谷的意见领袖和社交中心点，奥尔特曼很早就开始公开讨论 AGI 以及它对人类未来的潜在威胁。2015 年初，他在自己的博客里写道：

> 超人类机器智能（superhuman machine intelligence，SMI）的发展可能是对人类持续存在的最大威胁。我认为还有其他一些更有可能发生的威胁……但它们不太可能像 SMI 那样摧毁宇宙中的每一个人类。
>
> SMI 并不需要变成科幻小说中那种固有的邪恶存在才能对人类构成威胁。更有可能的情况是，它对我们人类的存在漠不关心，它在追求其他目标的过程中，可能会无意中导致我们的灭绝。（如果

你仔细思考一下，就会发现大多数目标都要用到目前人类所使用的资源。）

在文章的最后，他还解释道：

> 我更喜欢称其为“机器智能”（machine intelligence），而不是“人工智能”（artificial intelligence），因为“人工”一词似乎暗示着它不是真实的或不够好。而一旦它发展成熟，它将不再是人工制造的产物。

除此以外，奥尔特曼同样对于谷歌的“霸权”耿耿于怀。在一次采访中，奥尔特曼说：“随着时间的推移，我们会越来越接近创造出超越人类智能的技术，但人们对谷歌愿意分享多少成果表示质疑。”

马斯克和奥尔特曼都认为，对抗谷歌的封闭性，开源是最好的方法。

根据后来披露的文件，在 2015 年 5 月 25 日，奥尔特曼给马斯克发了一封电子邮件，写道：

> 我一直在思考是否有可能阻止人类发展人工智能。我认为答案几乎肯定是不可能的。如果它（AGI）注定要发生，似乎最好是谷歌之外的某个机构率先实现。

奥尔特曼提出了一个想法，即 YC 为人工智能启动一个“曼哈顿计划”。他提议：

> 我们可以设计一个结构：通过某种非营利组织的形式，使技术

属于全世界。但一旦项目成功，参与其中的人员也可以获得类似初创公司的报酬。当然了，我们会遵守 / 积极支持所有监管规定。

马斯克回复说：“也许值得讨论一下。”

很快，奥尔特曼向马斯克提议，他们可以联合组建一个非营利性的人工智能研究实验室，该实验室将尝试在 AGI 的竞争中追赶谷歌，但会采用和谷歌截然不同的方法。

2015 年 6 月，奥尔特曼在给马斯克的一封邮件中写道：

> 我们的使命是创建第一个通用人工智能，并让它为更多人赋能，也就是创造出一个看起来最安全的、分布式的（人工智能）版本。总而言之，我们对它的首要要求，就是安全性。
>
> ……
>
> 技术将由基金会拥有，并用于“造福全世界”。

邮件中，奥尔特曼还建议，这个组织可以从 7 ～ 10 人的小团队开始，然后逐步扩大规模。

马斯克回复道：

> 完全同意。

最后，马斯克想出了新实验室的名字——“开放人工智能研究所”（OpenAI Institute），简称“OpenAI”。

根据马斯克的说法，当时还有一份所谓的创始协议，主要内容为：

- OpenAI 将是一个非营利性机构。
- OpenAI 开发的产品将是开源的。该实验室将在通用人工智能竞赛中与谷歌 /DeepMind 竞争，并作为重要的制衡力量。但其目标是造福于人类，而不是以营利为目的的公司股东的利益。

多年以后，马斯克指责奥尔特曼违反了创始协议。奥尔特曼矢口否认，他声称并没有这样一份创始协议。而马斯克也并没有拿出奥尔特曼签署或者同意该协议的证据。

格雷格·布罗克曼，OpenAI 的“二把手”

作为硅谷最年轻的意见领袖，奥尔特曼非常擅长组局和促成交易，在 YC，他的日常工作包括让创业公司联手合并、协助创始人寻找合伙人或客户，以及帮助风险投资人匹配项目。奥尔特曼几乎每天都在思考和处理这类事情。

马斯克和奥尔特曼都有繁忙的日常工作，OpenAI 这家实验室需要有一个人来全职负责组建和之后的管理。

奥尔特曼马上想到了另一个人：格雷格·布罗克曼（Greg Brockman）。

联合创始人，在一家创业公司中往往是“二把手”的角色。奥尔特曼曾经在一篇博客里写道：

很多人问我理想的联合创始人是什么样子？我的答案是：格雷格·布罗克曼。

奥尔特曼没有看错人，在此后数年的合作中，布罗克曼不仅证明了自己是一名优秀的工程师，也展现出了优秀的组织和执行能力，以及奥尔特曼看重的忠诚。

布罗克曼 1987 年出生于美国北达科他州，中学时期就显露出卓越的数学天赋。高中毕业后，他休学了一年，在海外游历，他去了中国和俄罗斯，并在那段时间学会了编程。回到美国后，他进入哈佛大学学习计算机和数学，但不久后，他觉得哈佛的课程太简单，就转学去了麻省理工学院，继续学习计算机和数学。

2010 年，布罗克曼从麻省理工学院辍学，加入了当时只有 3 个人的在线支付创业公司 Stripe，并担任 Stripe 的第一任首席技术官。在他的帮助下，Stripe 从一家 4 个人的公司扩大到 250 个人，当时 Stripe 的估值达到 50 亿美元。如今，Stripe 已成为服务全球数百万企业的支付巨头，2023 年估值已达 500 亿美元。

与布罗克曼共事过的人将布罗克曼描述为典型的“10X 工程师”——这是一个硅谷行话，指效率是普通程序员 10 倍的超级程序员。

2013 年 5 月，布罗克曼觉得是时候离开了。他在自己的博客里写道：

我觉得公司处于一个很棒的位置，无论有没有我，它都会继续做伟大的事。我最关心的是与优秀的人一起工作，让一些令人惊奇的事情发生，但开发人员基础设施并不是我想要在余生中解决的问题。

在布罗克曼最终决定离开之前，Stripe 的创始人帕特里克·科利森（Patrick Collison）建议他去跟奥尔特曼谈谈。Stripe 也是 YC 的入驻企业，科利森跟奥尔特曼关系良好，他认为奥尔特曼具有良好的外部视角，见过很多处于类似情况的人，可以为他接下来应该做什么提供很好的建议。

布罗克曼只和奥尔特曼交谈了 5 分钟，奥尔特曼就断定他已经做好准备离开了。布罗克曼后来回忆，当奥尔特曼问，下一步能帮他做些什么的事后，他回答："AI 是我的首要目标（它绝对是我的人生目标）。然而，我还不确定现在是不是正确的时机，也不确定我为 AI 做出贡献的最佳方式是什么。"

奥尔特曼说："我们一直在考虑通过 YC 建立一个 AI 实验室。我们应该保持联系。"

很快，奥尔特曼帮助布罗克曼，将其在 Stripe 的股份卖给了包括 YC 在内的买家，这让这位首席技术官赚得盆满钵满。两人也因此结下了深厚的友谊和信任。布罗克曼说：

> 奥尔特曼总是努力找到对一个人来说最重要的事情，然后想办法帮助他们，这是他一次又一次使用的策略。

在离开 Stripe 之后，布罗克曼立刻开始深入研究 AI，试图更好地了解这个领域正在发生什么。他阅读了 AI 相关的书籍，并请教了一些在 AI 领域工作的朋友。在这一过程中，深度学习对于图像和语音的识别能力令布罗克曼惊讶不已。随着研究的深入，布罗克曼越来越觉得这个领域正在悄悄积累巨大的势能，将会对未来社会产生巨大的影响。

2015 年 6 月，奥尔特曼发短信给布罗克曼，问他是否想清楚下一步要做什么。布罗克曼回复说，他目前的计划是在接下来的一年内创办一家 AI 公司。

奥尔特曼马上打来电话。

“YC 正在筹备一个 AI 实验室。”奥尔特曼开门见山。

布罗克曼问，这个实验室的目的是什么?

“构建安全的、达到人类智能水平的 AI。”奥尔特曼说。

布罗克曼后来回忆道:

> 在那一刻，我知道他（奥尔特曼）是我建立下一家公司的合适伙伴。如今，很少有人敢于明确尝试构建人类智能水平的 AI。我意识到，有时候只需要有人足够大胆地宣布一个目标，然后合适的人就会加入他们。

苏茨克弗，一见如故

2015 年 8 月至 11 月，布罗克曼肩负起了组建 OpenAI 创始团队的重任。虽然布罗克曼是一位优秀的首席技术官，但他在 AI 领域还是个新手，并不清楚如何寻找和招募优秀的研究人员。他给几个人打了电话，其中包括后来的图灵奖得主约书亚 · 本吉奥。本吉奥给了他一份 AI 领域顶尖科学家的清单。布罗克曼开始根据这个清单逐一联络。

一天晚上，布罗克曼和奥尔特曼一起开车回旧金山。

硅谷盛夏的夜晚凉爽又静谧，两人并排坐在驾驶座上，越聊越兴奋。他们意识到了一个关键问题：要对抗谷歌，必须有一位顶级 AI 科学家加盟。布罗克曼提到了一个人，那就是正在谷歌大脑[①]工作的伊利亚·苏茨克弗。布罗克曼把苏茨克弗描述为一位通过机器学习表达自己的艺术家。辛顿曾告诉布罗克曼，AlexNet 引领了计算机视觉领域的深度学习革命，而这要归功于苏茨克弗的才华以及他对深度神经网络一定会在 ImageNet 上获胜的坚定信念。

不久前，布罗克曼与苏茨克弗见过一次，两人聊得很投机，并且想法非常互补。布罗克曼对机器学习研究不太深入，而苏茨克弗对工程和团队建设也不太了解，但两人都对对方的成就表示钦佩，并希望互相学习。

奥尔特曼听完，转过头对坐在副驾上的布罗克曼说："这就是我们需要的人，搞定他。"

布罗克曼点了点头。

此后，布罗克曼开始频繁地找苏茨克弗见面聊天，探讨新实验室的战略和文化。布罗克曼还带着苏茨克弗去跟当时已经 75 岁的硅谷殿堂级计算机科学家艾伦·凯（Alan Kay）共进晚餐。艾伦·凯在施乐帕洛阿尔托研究中心（PARC）发明了图形界面，乔布斯受到他的启发，将这一技术用于 Mac 电脑的设计中。艾伦·凯还有一句广为人知的名言："预测未来的最好方法是创造未来。"这是无数硅谷极客的座右铭。

① 谷歌深度学习研究团队 Google Brain。

那次晚餐后，苏茨克弗说：“他说的话我只听懂了 50%，但一切都那么鼓舞人心。”凯还指导他们如何构建一个将工程和研究结合起来的组织。

不久后，奥尔特曼前往谷歌总部附近的 The Counter 餐厅和苏茨克弗吃了一顿饭。他们分别后，奥尔特曼坐进车里，心想：我必须和那个家伙合作。

马斯克也加入进来，不遗余力地挖苏茨克弗。最终，马斯克和奥尔特曼用极其诱人的工资和保底奖金把他挖了过来，让他担任新实验室的首席科学家。佩奇对此很愤怒，他昔日的好友、房客不仅成立了一个同他展开竞争的实验室，还挖走了谷歌的顶级科学家。在 2015 年底 OpenAI 启动之后，佩奇和马斯克几乎没再说过话。马斯克说：“拉里感觉自己被背叛了，他对我亲自挖走苏茨克弗很生气，拒绝再和我一起玩了。”

几天之后，苏茨克弗又接到马斯克的邀请，参加位于门洛帕克瑰丽酒店的一场晚宴。受邀名单上还有当时最杰出的 AI 领域研究人员。

这座酒店位于硅谷的中心地带，旁边是风险投资家云集的沙丘路以及斯坦福大学。创业者们经常在这里向投资人推销项目。由于位于地震带，这里的楼房低矮。而这座酒店被打造成了牧场风格，外墙和地板大都是木质的，处处体现了低调的奢华。

马斯克在这座酒店里有一个套间，他跟佩奇断绝往来后就住在这里，所以参加晚宴非常方便。但那天，马斯克还是迟到了。

当苏茨克弗到达时，奥尔特曼和布罗克曼已经到了。他们聚在面向帕洛阿尔托西部山丘的露台上。快到饭点时，马斯克终于来了。

但在场的所有人，包括马斯克在内，似乎都不知道这次聚会的目的是什么。

这时候，奥尔特曼开口了，他说今天召集大家一起来是为了商议成立一家 AI 实验室来对抗谷歌。

很快，大家七嘴八舌地讨论起来，他们最大的担忧是，是不是已经太晚了——DeepMind 已经成立 5 年了，而距离谷歌收购它也已经过去了一年。

但奥尔特曼用自己雄辩的口才说服了在场所有人——只要大家一起努力，就能打败谷歌。布罗克曼回忆道：

> 有人说："这真的很难。你需要跟最好的人一起合作。你打算怎么做？这里存在一个先有鸡还是先有蛋的问题。"我们的结论是，这并非不可能。

虽然马斯克和奥尔特曼都在不遗余力地招揽人才，但要这些杰出人才离开待遇优越的大公司还是有难度的。奥尔特曼还建议布罗克曼，把所有的候选人召集起来组织一次线下活动，地点就选在红酒之乡纳帕。

那天有 10 位候选人参加了活动，布罗克曼租了一辆大巴车，一路向北开到了纳帕。大家玩得很开心，一路上不停地交流想法；伴随着酒精的作用，大家兴奋地探讨起共同打造 AI 未来的愿景；回程的路上遇到了堵车，但所有人都沉浸在谈话中，几乎没有人注意到。

活动结束后，布罗克曼向参加这次活动的每一个人发出了工作邀请，并把截止日期定在了 12 月 1 日。因为他们计划在 12 月初的蒙特利尔机器学习大会 NIPS（神经信息处理系统大会）上宣布 OpenAI 成立以及创始团队成员名单。

在此期间，马斯克和奥尔特曼与候选人逐一交流，向候选人传递了强烈的信心。

结果不出奥尔特曼所料，几乎所有人都接受了邀请，只有一位工程师拒绝了，因为他下定决心不再进入 AI 领域。

除此以外，奥尔特曼还经常利用下班和周末时间去招揽人才，他开车去伯克利大学和还在读研究生的约翰·舒尔曼（John Schulman）吃饭；与 AI 科学家沃伊切赫·扎伦巴（Wojciech Zaremba）喝咖啡。

奥尔特曼后来回忆说：

> 这有点像电影的蒙太奇开头，你试图建立一个由轻微不合群的人组成的团队来做一些疯狂的事情。

官宣:《介绍 OpenAI》

时间来到了 2015 年 12 月，苏茨克弗已经向谷歌打了辞职报告，但谷歌还是拼命想挽留他，提供了“近乎疯狂”的报酬想让他改变主意，但都被苏茨克弗拒绝了。

12 月 7 日，一年一度的 NIPS 在蒙特利尔盛大开幕，全世界的 AI 专家云集于此，参会人数接近 4 000 人。顶级思想家发布顶级论文的演讲厅里挤满了人，无数公司争先恐后地在侧厅安排会议，以争夺这个星球上最有价值的科技人才。这里就像淘金热时期的西部矿业小镇。

苏茨克弗抵达蒙特利尔后，在会场上见到了他的直属上司，谷歌大脑的负责人杰夫·迪安，后者再次提出让他留在谷歌。谷歌开出的薪酬是 OpenAI 的 2 ～ 3 倍，第一年的待遇接近 200 万美元。苏茨克弗又犹豫起来。

奥尔特曼和布罗克曼别无选择，只能推迟发布他们的声明。苏茨克弗给远在多伦多的父母打了电话，寻求他们的建议。与此同时，布罗克曼不断地给他发短信，敦促他选择 OpenAI。这样的情况持续了好几天。

12 月 11 日，NIPS 的最后一天，奥尔特曼和布罗克曼决定，无论苏茨克弗是否加入，他们都要发布 OpenAI 成立的声明。宣布的时间定在下午 3 点。

会场上，苏茨克弗仍在犹豫，这时他的手机响了。一个低沉的声音在电话那头响起：“嘿，我是埃隆。”电话那头竟然是马斯克。马斯克亲自劝说苏茨克弗离开谷歌，加入 OpenAI 担任首席科学家。

千里之外，奥尔特曼和布罗克曼正在焦急等待，时间马上就要到了，突然布罗克曼收到了苏茨克弗的短信，说他确定要加入。

看到短信，奥尔特曼和布罗克曼都长舒一口气。布罗克曼打开笔记本电脑，找到早已准备好的草稿，按下了发布按钮。

消息很快在会场内传开了，紧接着整个 AI 行业和千里之外的硅谷都看到了这篇声明，它的标题就叫《介绍 OpenAI》(*Introducing OpenAI*)，署名是布罗克曼和苏茨克弗。

声明开头开门见山，介绍了公司的使命和愿景：

OpenAI 是一家非营利性的 AI 研究公司。我们的目标是以最有可能造福全人类的方式推进数字智能的发展，不受产生经济回报需求的制约。由于我们的研究不受财务义务的限制，我们可以更好地专注于对人类产生积极的影响。

声明还颇有预见性地写道：

很难想象类人级别的 AI 能为社会带来多大的好处，同样，也很难想象如果构建或使用不当，它会给社会造成多大的损害。

声明最后还介绍了公司的团队构成：

OpenAI 的研究总监是伊利亚·苏茨克弗，他是机器学习领域的世界级专家之一。我们的首席技术官是格雷格·布罗克曼，曾任 Stripe 的首席技术官。团队还包括其他世界级的研究工程师和科学家：特雷弗·布莱克韦尔（Trevor Blackwell）、维基·张（Vicki Cheung）、安德烈·卡帕西（Andrej Karpathy）、

迪克·金马（Durk Kingma）、约翰·舒尔曼、帕梅拉·瓦加塔（Pamela Vagata）和沃伊切赫·扎伦巴。彼得·阿贝尔（Pieter Abbeel）、约书亚·本吉奥、艾伦·凯、谢尔盖·莱维内（Sergey Levine）和 维沙·西卡（Vishal Sikka）是团队的顾问。

OpenAI 的联合主席是山姆·奥尔特曼和埃隆·马斯克。

在 OpenAI 官宣几个小时后，仍然留在 NIPS 会场的 Facebook 的 AI 负责人杨立昆把苏茨克弗拉到电梯旁的一个角落，告诉他他犯了巨大的错误，并给出了数条理由：研究人员太年轻了，实验室没有丰富的经验，非营利性组织无法像大公司一样吸引人才。

最后，杨立昆抛下一句话："你会失败的。"

OpenAI 就这样启航了，在这艘摇摇晃晃的小船上，马斯克担任精神领袖，奥尔特曼是精明的组局者，布罗克曼是勤勉的执行者，而研究部分由才华横溢的苏茨克弗负责。他们带着雄心、不甘和一丝丝的恐惧，驶向了未知的海域。

这一年，马斯克 44 岁，奥尔特曼 30 岁，苏茨克弗和布罗克曼分别只有 29 岁和 28 岁。他们更像是一群海盗，而不是海军。

在他们前方，谷歌和 Facebook 的巨舰已打造多时——兵多将广，严阵以待。

Sam Altman

第三章

从零到一

大多数非常成功的人对未来的看法至少有一次是正确的，尽管人们都认为他们是错的。不然的话，他们将面临更多竞争。

——奥尔特曼

西部世界

2016 年初的硅谷，空气中弥漫着焦虑的气息。公开和私下里，人们都在讨论科技泡沫是不是要破了。

一方面，整个 2015 年科技公司 IPO（首次公开募股）的比例跌至过去 7 年来最低点，一些小型科技公司（如 Yelp）的市值遭受了重创；另一方面，科技巨头（如苹果和谷歌）的股价却屡创新高。

这年秋天，在硅谷的一处豪宅里，举行了一场私人放映活动，播放的是探讨人工智能意识的科幻电视剧《西部世界》。

这场活动的召集人是时年 31 岁的奥尔特曼。活动地点在奥尔特曼的朋友、俄罗斯籍犹太裔风险投资家尤里·米尔纳（Yuri Milner）位于洛斯阿尔托斯山上的豪宅里。

受邀参加活动的嘉宾都收到了这样一封邀请函：

山姆·奥尔特曼和尤里·米尔纳邀请您参加《西部世界》首播集上映前的观影会，这是一部 HBO 发行的、探索人工意识和人工智能未来的新连续剧。

参加放映活动的嘉宾都是硅谷赫赫有名的人物，包括谷歌联合创始人谢尔盖·布林，以及许多从 YC 孵化器中脱颖而出的年轻创始人。

作为硅谷社交圈的中心，奥尔特曼希望通过这场放映活动，一方面引起人们对 AI 技术和安全性的关注；另一方面，他希望引导人们将注意力从对互联网转移到对硬科技（hard tech）上。硬科技指的是依靠科学技术的突破和工程能力的发展，带来重大创新和变革的高科技领域。而 AI 毫无疑问是硬科技“皇冠上的明珠”。

奥尔特曼认为并不存在科技泡沫，当时是处在科技低迷期。在一篇名为《硬科技回来了》（*Hard Tech Is Back*）的博文中，奥尔特曼写道：

> 把那些关于股市何时崩盘以及融资环境受到影响的无聊文章留给其他人写吧，历史也会忘记那些人。现在是采取长期主义并利用技术解决重大问题的最佳时机，我们比以往任何时候都更需要这些问题的解决方案。

在这篇文章的最后，奥尔特曼特别提到了 AI：

> AGI 和特定场景下的 AI，在当前创业领域中似乎是最明显的赢家。

他显然是在暗示 OpenAI 将成为赢家之一，虽然当时它还默默无闻。

打造现代版施乐 PARC

2016 年 1 月 4 日，新年伊始的第一个周一，OpenAI 创始团队的 10 个人就开始在布罗克曼的家中工作了。

第一次开会的时候，苏茨克弗转身想在白板上写些东西，却发现布罗克曼家中并没有白板。布罗克曼只好赶快去购置了一些办公用品。

OpenAI 前员工彼得·阿贝尔回忆称：

> 旧金山市中心的房价很高，布罗克曼的公寓也不算大，只有一个较大的厨房和一间带沙发的客厅。有时团队成员找不到地方，只好坐在卧室的床上工作。但团队的氛围非常好，这 10 个人可以说是世界上最聪明的群体。

在接下来的 1 个月里，在布罗克曼的带领下，团队就愿景、工作方式和目标进行了深入讨论，并制定了一套面试流程。接下来，他们购置了服务器，创建了一系列的账号。剩余时间，布罗克曼拼命学习深度学习的教材。布罗克曼说：

> 我只是一个解决问题的人，花上几周时间找到一个工程问题，然后成为这个问题的解决者。

在 OpenAI 成立的头两年，布罗克曼和苏茨克弗共同做出了大部分日常决策，布罗克曼管理初创公司的软件工程师，苏茨克弗则带领研究人员开展研究。

与此同时，布罗克曼一直在与奥尔特曼通过电话保持沟通。奥尔特曼说：

> 布罗克曼具有很强的能力，既能洞察技术问题每一部分的细枝末节，又能把握每个层面的重点，然后还能从战略层面思考如何将所有部分整合在一起。

布罗克曼必须解决的一个难题是，如何让研究人员和工程师从同样的角度出发进行工作。据内部人士透露，一些 OpenAI 的工程师低估了研究人员贡献的重要性，研究人员则有时将工程师视为技术人员而非科学家。

同为 OpenAI 董事会成员的 Quora[1] 的 CEO 亚当·丹吉洛（Adam D'Angelo）说，过去的 AI 研究大多在实验室里进行，要把技术转化为产品很难，布罗克曼是那个让 AI 成功产品化的人。

马斯克和奥尔特曼每周都会来探班。阿贝尔回忆称，马斯克经常一进客厅就往沙发上一坐，然后说："好吧，最近都发生了什么？"布罗克曼便会向他介绍最近一周的工作进展。

自从跟施乐的计算机科学家艾伦·凯共进晚餐后，布罗克曼和苏茨克弗就开始计划打造一家现代版的施乐 PARC：PARC 的开放和自由研究催生了从图形用户界面到激光打印机，再到面向对象编程等一系列创新；尽管

① 问答网站，类似于中国的知乎。

PARC 虽然属于施乐公司，但它的研究成果也惠及了包括苹果在内的众多公司，史蒂夫·乔布斯也能够接触 PARC 的研究成果。布罗克曼也希望每个人都能接触到 OpenAI 的研究成果。布罗克曼说道：

> PARC 真正特别的地方在于，他们聚集了一群聪明人，并赋予他们自由发挥的空间。我们希望构建一个共同的愿景，同时避免中央控制。放弃控制是开源理念的核心。秉持开源理念的人相信，如果有足够多的人致力于一个共同目标，最终的成果将超过任何封闭性环境中构思出来的东西。

“OpenAI 是最好的去处”

2016 年 4 月，团队终于告别了布罗克曼的家，搬进了位于旧金山教会区的一家小型巧克力工厂的楼上。这间办公室是奥尔特曼从红杉资本那里租来的。

搬进新办公室后，奥尔特曼做的第一件事是在墙上写下美国海军上将海曼·里科弗（Hyman Rickover）的名言：

> 生命的伟大之处不在于知识，而在于行动。

在《硬科技回来了》这篇博文中，奥尔特曼并没有提到 OpenAI，因为在当时的环境下，OpenAI 显然不是赢家。在与科技巨头争夺人才的战争中，OpenAI 处于下风。早在 2014 年，微软副总裁彼得·李（Peter Lee）就表示，一位顶级 AI 研究员的成本已经超过了美国职业橄榄球大联盟（NFL）中一位顶级四分卫的成本。

作为一家非营利性组织，OpenAI 的资金有限，不能像许多创业公司那样提供股权激励。在 OpenAI 成立当月，奥尔特曼接受媒体采访时承认，自己在营利性的初创企业方面积累了丰富的经验，而在非营利性组织方面的经验很少。但他相信，即使是一家非营利性组织，组织的质量也是由人才决定的。

由于奥尔特曼和马斯克都有全职工作，苏茨克弗将主要重心放在了研究上，招聘的重任便落在了布罗克曼肩上。奥尔特曼曾形容布罗克曼是“世界级”的招聘高手：“他会精心策划面试的每个细节，深入研究候选人的背景，并进行周到而持久的后续跟进。”

“他非常愿意接受反馈。无论是大事小情，他总是乐于倾听，从不生气，并且能够迅速处理。”奥尔特曼在自己的博客中对布罗克曼大加赞赏。

而且布罗克曼工作非常勤奋。他的同事回忆说，即使在 OpenAI 搬出他家的公寓后，他依然几乎住在办公室里。一位前员工说，当他们早上到达办公室时，布罗克曼已经在伏案工作，当他们晚上离开时，他仍在敲击键盘。

2016 年 5 月，当时在谷歌大脑工作的顶尖人工智能研究员达里奥・阿莫代（Dario Amodei）到 OpenAI 的办公室拜访。奥尔特曼试图说服他加入，但阿莫代告诉奥尔特曼和布罗克曼，没有人理解他们在做什么：OpenAI 筹集了 10 亿美元并雇用了一个有 30 名研究员的团队，这的确令人印象深刻——但这么做是为了什么？

“AI 领域内有二三十个人，还有哈佛大学哲学家尼克・博斯特罗姆（Nick Bostrom）和维基百科的文章都在说，OpenAI 的目标是构建友好型 AI，然后将源代码发布给全世界。”阿莫代疑惑地看着奥尔特曼和布罗克曼。

“我们不打算发布所有的源代码，”奥尔特曼说，“但请不要试图在维基百科上纠正这一点。在通常情况下，这只会让事情变得更糟。”

“那你们的目标是什么？”阿莫代继续追问。

布罗克曼有点无奈地回答说：“我们现在的目标是……尽最大的努力。这有点模糊。”

阿莫代走后，奥尔特曼和布罗克曼开始思考，如果想招募最优秀的团队，就必须有清晰的使命和价值观。

“我们应该传达一个足够大胆的愿景。”奥尔特曼建议说。

2016 年 6 月，在一篇名为《我们的技术目标》（*OpenAI Technical Goals*）的公告中，OpenAI 详细列出了公司的使命和几大技术目标。其中第一句就是：

OpenAI 的使命是构建安全的 AI，并确保 AI 的好处尽可能广泛而平等地分布。

这篇文章的署名是 OpenAI 的 4 位创始人：苏茨克弗、布罗克曼、奥尔特曼、马斯克。

《纽约时报》记者凯德·梅茨（Cade Metz）评论说：

> 从一开始，他们就设立了非常崇高的目标，这些目标容易衡量，容易理解，并保证能够吸引注意力，即使他们实际上还没有做任何实质性的事情。

OpenAI 联合创始人、研究员沃伊切赫·扎伦巴回忆说，来自科技巨头的工作邀约金简直高到离谱。尽管他对谷歌和 Facebook 等公司非常尊重，但那些近乎疯狂的报价实际上让他感到厌恶。他更加倾向于加入 OpenAI 这样具有宏伟使命的创业公司。

“我意识到，”扎伦巴说，“OpenAI 是最好的去处。”

在 OpenAI 的官网上，这家初创组织的网页设计显得有些过于花哨，并且公告更新频繁，每一篇文章都配有精美的插图——我相信这些插图至少在早期是手工绘制的，而非 AI 所作。

在当时，OpenAI 的官网上每隔几天就会发布新成员加入的公告，公告中会详细列出新成员的名字和简介，连实习生也未遗漏。这很可能是奥尔特曼的主意。一方面，这种仪式感增强了团队的凝聚力；另一方面，也吸引了潜在的招聘对象。（“哇，又一个行业大咖加入了 OpenAI，我是不是也应该考虑一下？”）

比如 2016 年 3 月，他们公布了 4 位全职研究员的加入，这些研究员都是在华盛顿瑰丽酒店的一次晚宴上招募的，其中就包括机器学习领域的领军人物伊恩·古德费洛（Ian Goodfellow）；还有一位华人实习生范林曦（Linxi Fan），他后来成了英伟达的 AI 科学家，在社交媒体上非常活跃。

5 月加入的员工中，有几位是布罗克曼在 Stripe 的旧部，包括设计团队主管路德维格·彼得松（Ludwig Pettersson）和工程师乔纳斯·施奈德（Jonas Schneider）。

8 月的公告显示，奥尔特曼一直想招募的达里奥·阿莫代加入了公司，出任首席研究员。他的妹妹丹妮拉·阿莫代（Daniela Amodei）之前就与布罗克曼合作过，两年后，在布罗克曼的邀请下，丹妮拉也加入了团队。

2017 年 1 月的公告显示，前谷歌科学家、机器学习领域的重量级人物雅罗斯拉夫·布拉托夫（Yaroslav Bulatov）加入了团队，还有几位 YC 的骨干成员也加入进来。这篇公告还透露，OpenAI 团队现在有 45 名成员，团队的目标是：

齐心协力，不断推进 AI 能力的发展前沿——无论是验证新的想法、创建新的软件系统，还是在机器人上部署机器学习。

“我们从零开始”

OpenAI 看似目标明确，实则缺乏方向。

奥尔特曼在 YC 的经历似乎并没有派上用场。在 YC，奥尔特曼总是告诉创始人，要打破常规快速行动，迅速推出产品。然而，他后来承认：

> OpenAI 做了很多与 YC 建议的标准相反的事情。成立之初，我们对产品没有任何概念，也没有与用户进行交流。

奥尔特曼擅长向投资人推销项目，但在 OpenAI 这里却行不通，因为 OpenAI 靠的是捐赠而非投资。要持续获得捐赠，就必须拿出实实在在的研究成果，而不是承诺投资回报。

由于缺乏明确的方向，团队在布罗克曼和苏茨克弗的带领下，确定了几个关键的研究方向来探索 AI 的可能性：

- 第一，OpenAI 推出了“Universe”平台，旨在创建一个虚拟世界，让 AI 可以像人类一样操作电脑，通过虚拟的键盘和鼠标来玩游戏、浏览网页和观看视频。这个平台的灵感来源于成功推动图像识别技术发展的 ImageNet。Universe 提供了一个通用接口，通过 VNC 服务器连接无限的互联网环境，使 AI 能够在多种游戏和应用中进行训练，包括 EA、Microsoft Studios 和 Valve 等公司授权的游戏。
- 第二，OpenAI 在机器人技术方面取得了显著进展。沃伊切赫·扎伦巴带领的团队开发了一个能够自学还原魔方的五指机械手。这个项目通过数字仿真，在虚拟现实中训练机械手，让它在相当于一万年的时间里学会了还原魔方的各种动作。这种方法的巨大优势在于，机器人能够在虚拟环境中学习技能，然后将这些技能应用到现实世界中，处理各种不确定性。
- 第三，他们尝试在复杂的游戏环境中训练 AI。布罗克曼认为，DOTA（《魔兽争霸》）是一个极佳的训练场，因为它涉及团队合作、实时策略、不完全信息以及庞大的英雄和物品组合。布罗克曼领导的 DOTA 2 项目帮助打破了僵局。为了推动这项工作，布罗克曼与 DOTA 2 的开发人员进行了数小时的电话交谈，以弄清楚如何让玩游戏的软件工作，这是一个技术挑战，因为游戏和 OpenAI 的算法是用不同的编程语言编写的。OpenAI 的 AI 首次亮相是在 2017 年的 DOTA 2 国际邀请赛上，它在 1v1 的对决中战胜了顶尖选手登迪（Dendi）。

如果我们回头看，实际上 OpenAI 的方向是错的：当时 OpenAI 内部以及业内的普遍观点是，要想做出强大的 AI，有时需要从琐碎的事情开始。电子游戏和机器人手臂将为自动驾驶汽车和治愈癌症的 AI 铺平道路。所以当时这些系统都是窄领域的，非常有针对性——下围棋的系统甚至不能下国际象棋，更不用说理解语言了。预测机票价格波动的系统，却不能处理文本。因此，每次有一个新的应用程序，都需要训练一个新的系统。这需要很长时间以及大量标注数据等。

OpenAI 的前员工回忆当时的情景：

> 我们在做一些随机的事情，看看会发生什么。有时感觉构建的东西和想象的目标之间有很大的差距。上班时大家编程让机器人玩电子游戏，午餐时则围坐在桌旁，谈论着如何拯救人类。

客观地说，通过在虚拟世界和复杂游戏环境中训练 AI，OpenAI 展示了其在 AI 领域的野心和创新。但他们并没有取得突破性的进展，最初捐赠的资金也在一点点耗尽。虽然团队的干劲非常高涨，但马斯克和奥尔特曼却在暗暗着急。

奥尔特曼承认：

> 我们什么都不顺利，而谷歌拥有一切：所有的人才、所有的人力、所有的资金。

布罗克曼后来回忆说：

> 我们已经成立了两年，我们做了什么？我们取得了什么成就？

> 我们有一支很棒的团队，但是我们有出色的结果吗？我认为我们都非常雄心勃勃。我们都真诚地希望能在这个领域产生影响。我们都渴望感觉到自己能够引导它，让情况与没有我们时有所不同。这就是我们聚集在这里的原因。然而，当时我们还不清楚这一切能否实现。

这种焦虑甚至让布罗克曼开始练习举重，他开玩笑说，即使 OpenAI 倒闭了，至少在这段时间里还能有个可以交代的事情。

在那段时间，OpenAI 还进行了一次小规模的裁员，暂停了机器人手臂的项目。机器学习领域的领军人物伊恩·古德费洛也在这段时间重新回到了谷歌。奥尔特曼后来回忆道：

> 我们太早开始研究机器人了，所以不得不搁置那个项目。那个项目也因为错误而变得困难，无助于我们在机器学习研究的困难部分取得进展。我们一直在处理糟糕的模拟器和肌腱断裂之类的问题。随着时间的推移，我们也逐渐意识到，我们首先需要的是智能和认知，然后才能想办法让它适应物理特性。从我们构建这些语言模型的方式来看，从那儿开始更容易。但我们一直计划回到这个问题上来。

与谷歌的竞争渐渐演变成了一场军备竞赛。资金难题并不是苏茨克弗和布罗克曼可以解决的，于是问题抛到了奥尔特曼和马斯克两位联合主席这里。奥尔特曼后来坦承："我们并没有直观意识到这个项目会有多昂贵。"他又补充道："我们现在仍然不知道。"

在 YC 的经历让奥尔特曼更善于倾听并想方设法解决问题。他明白，为了提高算力必须筹措更多的资金。为此，奥尔特曼研究了多种为 OpenAI 筹集资金的方案，例如获得美国政府的资金支持和推出新的加密货币。然而，他也承认："没有人愿意以任何方式资助这个项目，那段时间真的很艰难。"

布罗克曼有些无奈地说：

> 想象一下——我们从零开始，"我们只是有这样一个理想，希望 AGI 能够顺利发展"。

就在此时，他们的竞争对手谷歌给了他们一次关键助攻。

Transformer 论文和 GPT-1 发布

2017 年初，苏茨克弗与 OpenAI 的研究科学家亚历克·拉德福德（Alec Radford）开展了一系列关于神经网络在自然语言处理领域的研究。拉德福德很年轻，当时只有 23 岁。拉德福德的模型足够直观，当他审视模型的隐藏层时，他意外地发现了一个专门用于分析评论情感的特定神经元。以往的神经网络虽然也能进行情感分析，但它们需要明确的指示并接受特殊训练，还要使用标记了情感的数据。然而，拉德福德的神经网络却自发地学会了这项技能。

他们的第一个实验是扫描 20 亿条 Reddit[①] 的评论，用神经网络训练一个语言模型。像 OpenAI 早期的很多实验一样，这个实验失败了。这个模型只能偶尔生成一个通顺的句子，而且要很费力才能理解它。

---

① 美国一家大型论坛网站，类似百度贴吧。

苏茨克弗和布罗克曼鼓励拉德福德不要泄气，继续尝试。

“我们觉得亚历克很棒，就让他按自己的想法去做吧。”布罗克曼说。

后来拉德福德收集了大约 1 亿条亚马逊购物网站上的产品评论，训练了另一个语言模型。这次的结果比上次要好很多。

于是，苏茨克弗想，如果在更广泛的语言数据上训练一个神经网络，是否能够揭示出更丰富的世界意义结构。如果其隐藏层能积累足够多的概念知识，它们或许能成为超级智能形成的基础学习模块。

苏茨克弗鼓励拉德福德将视野扩大，不应仅限于亚马逊的评论。苏茨克弗提议，他们应该培养一个 AI，让它从全球最大、最多样化的数据源，也就是互联网中进行学习。

但在 2017 年初，基于当时的神经网络架构，这个想法看上去显得不切实际，因为这可能需要数年的时间来实现。

然而，恰恰在这时，谷歌的“Transformer 论文”出现了。

2017 年 6 月，一篇由 8 位谷歌研究人员合著、具有里程碑意义的论文横空出世，它的正式标题是《注意力是你所需要的全部》（*Attention Is All You Need*）[①]。

这篇论文所提出的 Transformer 模型是一个超级高效的学习者，它不

① 它后来被称为“Transformer 论文”（“变形金刚论文”），这样命名既是为了反映这个想法改变了游戏规则的性质，也是为了纪念从卡车变形为巨型机器人的“变形金刚”玩具。

仅能够一次性把整句话都看进去，还能理解每个词和句子中其他词之间的关系。就像是有一个超级记忆力的人，不仅记得每个人说的每句话，还理解他们之间的关系。它赋予了计算机类似人类的语言理解能力。

Transformer 模型用了一种特别的技巧——“自我注意力”，它能够一眼就看到句子中所有的词，并且理解它们之间的联系。这样，它就能够很好地处理那些需要长时间记忆的信息，并且学习速度飞快。

Transformer 模型做了一件对当时来说非常重要的事情。在过去，AI 系统需要输入非常具体的数据，每条数据必须被标注：这个是正确的，这个是错误的；这个是垃圾邮件，这个不是垃圾邮件；这个是癌症，这个不是癌症……

但 Transformer 模型允许 AI 接收混乱的、未标记的数据，而且它可以比预期更高效地做到这一点，使用的算力更少。

Transformer 模型的出现，极大地提升了计算机处理语言的能力，使得机器翻译、语音识别和文本摘要等任务变得更加高效和精确，这对整个行业来说是一个巨大的飞跃。

现在，这些基于 Transformer 模型可以自我学习。于是业内领悟到：最好的 AI 并不来自最专业的训练技术，而是来自拥有最多数据的技术。

然而，Transformer 模型刚开始并没有马上征服世界，甚至连谷歌都没有征服。当时只有少数几个人理解这一突破有多么强大，苏茨克弗就是其中之一。

在 OpenAI 的早期，苏茨克弗就一直有一个预感，即 AI 的重大进展不会来自某个特定的调整或新发明，而是来自更多的数据，就像是向引擎中倒入越来越多的燃料。现在，Transformer 论文支持了他的这个预感。

“这篇论文发布的第二天，我们就意识到，这正是我们所需要的，”苏茨克弗回忆道，“它具备了我们所追求的一切特性。”正如他的老师辛顿所说，苏茨克弗有非常好的技术直觉。

而布罗克曼把这看作运气和努力的结合：“这一直是我们的策略——努力解决问题，然后相信我们或者领域内的某个人将设法找到缺失的要素。”

苏茨克弗建议拉德福德开始尝试使用 Transformer 架构。结果不出所料，在接下来的两周里，取得的进展比过去两年还要多。

就像奥尔特曼在 2023 年所说的那样：“Transformer 论文发表时，我觉得谷歌没人意识到它会产生怎样深远的影响。”

2018 年 6 月，在 Transformer 论文发表的一年后，OpenAI 发布了 GPT-1，“GPT”是“generatively pretrained transformer”（生成式预训练变换器）的首字母缩写。最终，这个模型被普遍称为“生成式人工智能”（generative AI）。

为了开发出这个模型，他们收集了 7 000 本未出版的书籍，其中有很多属于浪漫、奇幻、冒险的类型，并根据 Quora 网站上的问答以及从初中和高中考试里摘录的数千篇文章对其进行了完善。总而言之，这个模型包含了 1.17 亿个参数或变量。它在理解语言与生成答案方面超越了之前的所有产品。

GPT-1 模型最令人惊奇的是它的广泛适用性，它是一个“通才”。无论哪个话题，你都可以向它提问，而它总能给出令人惊叹的高质量答案。这是因为 GPT-1 经过了广泛的训练，涵盖了人类可用的整个文本语料库，包括数十亿个句子。无论是你阅读过的文件、备忘录、琐事，还是“哈利·波特”系列小说，所有这些内容都被纳入了模型的训练之中。

这是我们第一次拥有这样一个系统。这标志着人工智能正在从狭窄领域向通用领域转变。

规模法则：大力出奇迹

OpenAI 团队很快发现，充分发挥 Transformer 模型潜力的关键是扩大规模——在庞大的数据集上训练模型。这一事实证明 OpenAI 已经找到了突破点。苏茨克弗说：

> 我们已经找到了进步的公式，现在每个人都知道——深度学习的氧和氢就是大规模神经网络和数据计算。

而奥尔特曼后来在与比尔·盖茨对话时这样总结道：

> 构建 GPT-1 的那个人（拉德福德）基本上是独立完成的，他独自解决了这个问题，这在某种程度上是令人印象深刻的，但他并没有深入理解 GPT-1 是如何工作的或者为什么有效。随后我们掌握了规模法则（Scaling Law）。我们能够预测它会变得多么出色。这就是为什么当我们告诉你我们可以做一个演示时，我们相当有信心它会成功。我们还没有训练模型，但我们相当有信心。这导致我们进

行了一系列的尝试，并逐渐获得了更好的科学理解，了解到底发生了什么。但这确实首先来自经验结果。

后来，OpenAI 专门发表了一篇论文《神经语言模型的规模法则》（*Scaling Laws for Neural Language Models*）来系统阐述规模法则。此后，规模法则成为 AI 领域的第一性原理，这个词也成为这波 AI 浪潮中最常被提及的关键词。

规模法则其实就是俗话说的“大力出奇迹”，依靠的是从量变到质变，它之所以能成为 AI 时代的第一性原理，主要基于以下两个方面：

- 首先是足够通用，不管是文本、音频还是视频，所有的问题都可以被转换为“预测下一个 token”。这里的“token”指的是文本数据的基本单位。在一次播客中，苏茨克弗详细阐述了他为何认为像大型语言模型这样本质上只是预测下一个字符的工具，却能够产生超越人类智慧总和的智能。他解释说：很多人认为，大模型只是通过像统计学一样的方式来模仿人类现有的知识和能力，没有办法超越人类。但是，如果你的基础神经网络足够聪明，你只需问它：一个具有伟大洞察力、智慧和能力的人会怎么做？也许这样的人并不存在，但神经网络很有可能能够推断出这样的人的行为方式。
- 其次是可规模化——只要投入足够多的算力、数据，模型就会变得更强大。只要在较小的参数规模上验证了效果，就可以通过增加计算资源和数据量，以“大力出奇迹”的方式获得更好的性能。这进一步使得我们能够模拟整个物理世界——无论是自动驾驶还是机器人等场景，都可以一并得到解决。

正如苏茨克弗总结的那样：

只要能够非常好地预测下一个 token，就能帮助人类达到 AGI。

2017 年 12 月，奥尔特曼在一篇博客里暗示了这一改变：

硬件正在以指数级的速度改进，在 OpenAI 工作期间，最令我惊讶的发现是：计算能力的增强与 AI 突破之间有着密切关联，从事 AI 研究的聪明人的数量也在呈指数级增长。

这种方法还要求 OpenAI 改变公司文化。OpenAI 董事、Quora 创始人亚当·丹吉洛表示："为了充分利用 Transformer，你需要将其扩大规模。"他还说："你需要像一个工程组织一样运行它。不能让每个研究人员都各自为战，训练自己的模型，制作那些只为了发表论文的漂亮东西。你必须进行更加烦琐、不那么优雅的工作。这正是 OpenAI 能够做到而其他人无法做到的事情。"

但这一改变带来了一个新问题，奥尔特曼和马斯克很快发现，光有人才远远不够，还需要有大量的算力。

就在 OpenAI 和行业内其他公司都在为缺乏算力发愁时，一个传奇创业者敏锐地捕捉到了其中的机会。

黄仁勋押注 AI，英伟达迎接挑战

黄仁勋，这位手臂上有刺青、爱穿黑色皮衣的创业者，自 30 岁那年创立英伟达以来，20 多年间，经历了芯片半导体领域的起起落落。截至目前，在美国市值一万亿美元以上的公司里，英伟达是唯一一家曾两次从高点下跌超过 85% 的公司。

在标准计算机架构中，一个被称为“中央处理单元”（central processing unit，CPU）的微芯片承担了大部分工作。程序员编写程序，这些程序将数学问题交给 CPU，后者一次产生一个解决方案。几十年来，CPU 的主要制造商是英特尔，英特尔曾多次试图将英伟达逼出市场。黄仁勋说：“我绝不接近英特尔。”他形容他们之间的关系就像猫和老鼠：“每当他们靠近我们，我就抓起我的芯片跑掉。”

黄仁勋决定用差异化的产品与巨头竞争，那就是“图形处理单元”（graphics-processing unit，GPU）。1999 年，英伟达在上市后不久推出了一款名为 GeForce 的显卡，也就是后人常说的 GPU。与通用的 CPU 不同，GPU 将复杂的数学任务分解为小计算，然后以并行计算的方法同时处理所有任务。CPU 就像一辆递送货物的卡车，一次只能送出一个包裹；而 GPU 更像是一个遍布整个城市的摩托车队。

正是基于这种特性，GPU 可以完成复杂的运算，这是加密货币市场、深度神经网络以及大屏幕上呈现绚丽色彩所必需的。同样，这些技术可以让残酷的射击游戏无比逼真，让自动驾驶汽车在没有协助的情况下做出 S 形拐弯。它们可以赋予计算机视力、听力、理解能力和学习能力。

很快，一群人工智能研究员发现了英伟达 GPU 在训练神经网络过程中的潜力。2012 年，辛顿带领两位爱徒亚历克斯·克里泽夫斯基和伊利亚·苏茨克弗推出 AlexNet，相比谷歌用了 16 000 颗 CPU，AlexNet 只用了 4 颗英伟达 GPU，在学术界和产业界引发了轰动。AlexNet 完成了计算机视觉领域的巨大突破，它成功证明了深度神经网络（DNN）可以有效地对许多对象进行分类，而增加训练数据量可以提高 DNN 的有效性。开发和训练这些神经网络需要大量计算资源，并且如果使用大规模并行性的GPU，可以比单独使用多核 CPU 实现更短的训练周期。

黄仁勋敏锐地意识到，英伟达的下一个增长点在人工智能领域。黄仁勋打赌英伟达的计算机芯片可以成为人工智能的大脑，他决定将自己所有的筹码放上赌桌。

黄仁勋后来回忆说：

> 我们有幸退后一步，问自己这对计算机未来意味着什么。我们得出了正确的结论，这将改变计算方式，这将改变软件编写方式，这将改变我们可以编写的应用程序类型。

黄仁勋开始积极布局面向人工智能的 GPU。英伟达差不多花了 5 年时间制作出了 DGX，这个 GPU 重达 31.75 千克，黄仁勋把它形容为一辆电动汽车。马斯克听说这个消息后，找到了黄仁勋，表示 OpenAI 想要一个这样的 GPU。

于是，在 2016 年 8 月的一天，黄仁勋造访了 OpenAI 在旧金山的办公室。他在一间会议室里将这台超级计算机（属于最新推出的 DGX-1 系列）亲手交给了马斯克。

那一刻，黄仁勋突发奇想，随手拿起一支马克笔，在这台超级计算机的机身上写道：

> 为了埃隆和 OpenAI 团队！为了计算机和人类的未来！我将世界上第一台 DGX-1 作为礼物送给你们！

写完后，他把笔交给马斯克和围过来的 OpenAI 团队成员，所有人逐一在机箱上签了名。

当天晚上，马斯克在 X 平台上写道：

> 十分感谢英伟达和 Jensen（黄仁勋的英文名）将第一台 DGX-1 超级计算机捐赠给 OpenAI，以推动 AI 技术的普及。

DGX-1 超级计算机拥有高达 170TFLOPS 的半精度浮点运算能力，相当于 250 台传统服务器，可以将深度学习的训练速度加快 75 倍，使 CPU 性能提升 56 倍，报价 12.9 万美元。据黄仁勋介绍，这是由 3 000 人耗时 3 年时间研发出来的，开发成本巨大。黄仁勋称："如果这个项目只为打造一台这样的超级计算机，那么这个项目的成本将高达 20 亿美元。"

当时 OpenAI 和英伟达均未解释这台超级计算机的准确用途。但英伟达称，DGX-1 是为处理深度学习等 AI 问题而量身打造的超级计算机。黄仁勋称：

> 世界上第一台专为 AI 打造的超级计算机即将落户于一家专注于开放式 AI 研究的实验室，这简直是天作之合。

此后几年，随着利用 GPU 训练大模型成为行业共识，越来越多的公司开始追逐高端 GPU，导致 GPU 稀缺。马斯克曾说，现在它们"非常难搞"。这些芯片成为一场淘金热的镐和铲。

2022 年，黄仁勋第一次尝试使用 ChatGPT，他让它写一首关于他的公司的诗。ChatGPT 返回的结果让他很满意：

英伟达迎接挑战。
凭借强大的 GPU 和人工智能，
它正在推动技术边界。

看到这首诗，黄仁勋开心地笑了，他知道自己赌对了。

随着最大规模的 AI 训练规模大约每 6 个月翻一番，英伟达成了这场战争里唯一的“军火商”。

几年后，随着 ChatGPT 的走红和英伟达市值突破 3 万亿美元（截至 2024 年 10 月），马斯克和黄仁勋出神地看着这台超级计算器的照片在网上流传，背后是奥尔特曼写在墙上的那句名言。那句名言的后半句是：

我们每个人都有责任把世界的命运寄托在自己身上。

时代的钟声从远处传来，当算法（Transformer 模型）、算力（英伟达）和数据（互联网）都万事俱备的时候，一个新时代的大门敞开了。

奥尔特曼后来回忆，在一个夏日凉爽的黄昏时分，OpenAI 研究团队完成了一个关于规模法则的实验，这个实验揭示了用于训练人工智能的计算能力与其结果能力之间的关系，并产生了一系列“完美、平滑的曲线”，这些指数曲线看起来更像是宇宙基本定律而不是实验数据。

奥尔特曼和一群研究人员走到办公室外，望着远处的夕阳。他们共同意识到，AGI 不仅是可能实现的，而且它的来临可能比他们先前所预期的要快得多。奥尔特曼后来回忆说：

我们都在想，这一切真的会发生，不是吗？

这就像是科学史上的一个转折点。我们已经洞悉了一种全新的事物，即将向全人类宣告它的来临。

Sam Altman

第四章

临危受命

大多数初创公司并非是被竞争对手击败的。更常见的情况是内部崩溃、创始人放弃或者没有构建出市场需要的产品。你需要通过坚持不懈的努力来取得成功。

——奥尔特曼

自信的力量非常强大。我认识的最成功的人都对自己充满信心，有时甚至到了自欺欺人的地步。如果不相信自己，你就很难对未来抱有逆向思维，而这正是创造大部分价值的地方。

——奥尔特曼

失望的马斯克

在黄仁勋将超级计算机送到 OpenAI 办公室的当天，OpenAI 在 X 平台上发布了一条推文：

> 我们构建安全 AI 的使命需要来自各方的广泛支持。感谢 @Nvidia 捐赠世界上第一台 DGX-1 计算机！

作为一家非营利性组织，OpenAI 需要各方捐助才能维持运行。除了英伟达的计算机，OpenAI 还接受了亚马逊和微软提供的云计算服务。在实验室创建初期，这种捐赠模式勉强还能维持，但随着时间的推移，这种模式变得越来越难以为继。

从黄仁勋那天发布的照片来看，马斯克似乎并没有表现出开心，反而是一副忧心忡忡的神情。除了源源不断的资金需求让马斯克感到恼火，与谷歌的全面竞争也让他倍感压力。马斯克建立 OpenAI 的初衷就是在 AI 领域与谷歌抗衡，“OpenAI” 这个名字可能也是对谷歌旗下的 DeepMind 的回应。

在 OpenAI 最初招募的 9 名研究人员中，有 5 人曾在 DeepMind 工作过，其中就包括首席科学家苏茨克弗。

2017 年，谷歌发布了 Transformer 模型，让 OpenAI 突然意识到规模法则才是实现 AGI 最有希望的途径。然而，训练大模型不仅需要海量的文本数据，还需要巨大的算力支持，这大大超出了 OpenAI 这家非营利性组织的资金承受能力。

OpenAI 的税务报表显示，其第一年的开销为 1 123 万美元，其中超过 665 万美元用于支付 50 多名员工的薪酬。与硅谷的平均薪资水平相比，这个数额并不算高。到了 2018 年，OpenAI 每年在云服务上的支出约为 3 400 万美元，而到了 2019 年，这一数字又翻了一番。据知情人士透露，仅 DOTA 2 项目团队每月在计算能力上的花费就超过 200 万美元，占公司当时月度计算预算的 90% 以上。

除了面临资金上的巨大压力，OpenAI 的精神领袖马斯克本人，也在那段时间陷入了更大的麻烦中。

在 2023 年出版的《埃隆·马斯克传》中，作者艾萨克森认为，2017 年夏到 2018 年秋，于公于私都是马斯克人生最接近地狱的一段经历。

马斯克也承认："那是我有史以来痛苦体验最为集中的时期，18 个月无休无止的精神错乱状态，那是一种令人难以置信的痛苦。"他还在 X 平台上回复了一个网友，那个网友问马斯克是不是患上了双相情感障碍。"是的，"他回答道，但他又补充说自己还没有在临床上被确诊，"感觉糟糕就是跟坏事有关，所以可能真正的问题是我太沉溺于现在那些破事了，不能自拔。"

关于那些“破事”，艾萨克森详细列举了马斯克和演员艾梅柏·希尔德（也是影星约翰尼·德普的前妻）的分分合合，以及马斯克父亲埃罗尔·马斯克的丑闻；工作上，艾萨克森列举了 Model 3 的量产地狱、内华达工厂的超级地狱、弗里蒙特工厂地狱。

但艾萨克森可能没有注意到，马斯克和 OpenAI 的创始团队发生冲突，正好也是发生在那段时间，特斯拉那段时间深陷量产地狱，马斯克经常要睡在距离旧金山一个多小时车程的特斯拉工厂里。相比于马斯克，奥尔特曼就住在离 OpenAI 办公室不远的旧金山市区。我们有理由相信，那段时间马斯克花在 OpenAI 的时间以及和团队的交流要远远少于奥尔特曼。

在特斯拉和 SpaceX，马斯克一直采取亲力亲为的暴君式管理模式，他身体力行，不断压迫团队达到极限。出现问题时，他的第一反应是撸起袖子亲自下场接管一切。但在 OpenAI，马斯克只是一个挂名的主席，没有时间和精力亲力亲为，他很有可能并不了解细枝末节的问题，只能看到投入了大量的金钱却没有产出。而他糟糕的情绪以及他喜欢戏剧性冲突的性格，更是火上浇油。这也让他与 OpenAI 团队之间的矛盾越来越大。

2017 年底，马斯克在 OpenAI 的办公室召开了一次高管会议，表达了对 OpenAI 可能输给谷歌的担忧。他认为谷歌的技术即将一骑绝尘，而 OpenAI 将难以望其项背。马斯克提出的方案是将 OpenAI 的成员裁掉一半，将剩余团队并入特斯拉，因为特斯拉是一家营利性公司，有能力筹到更多的资金，同时特斯拉拥有更庞大的技术团队，能够更好地与 DeepMind 展开竞争。

他的这一提议遭到高管们的质疑，他们担心马斯克这样做会助长一场将速度置于安全之上的 AI 军备竞赛，这背离了 OpenAI 成立时的初衷。除此之外，马斯克那段时间暴躁的态度也让团队敬而远之，很多人并不愿意在他手下工作。

奥尔特曼不想让 OpenAI 并入特斯拉，但他肯定也不想与马斯克闹僵，毕竟马斯克是 OpenAI 最大的金字招牌。他尝试从中周旋，但同样遭到了粗鲁的对待。与马斯克喜欢戏剧性冲突的性格不同，奥尔特曼似乎有意回避冲突。在《埃隆・马斯克传》作者艾萨克森的描述中，奥尔特曼是一个敏感的人，与马斯克的冲突让他很痛苦。奥尔特曼后来告诉科技记者卡拉・斯维什尔（Kara Swisher）："他是个浑蛋，我俩行事风格真的很不一样，我不想要他那种风格。"

"到处都有分歧、不信任和自负，"后来在公开场合，奥尔特曼还试图为马斯克辩解，"人们越是朝着相同的方向前进，分歧就越大。在宗教团体和教派中也是如此。越亲近的人之间往往吵得越凶。"

最后的会议

时间来到了 2018 年，OpenAI 又搬家了。在旧金山的 18 街和福尔瑟姆街的交叉口，OpenAI 的新办公室宛如一个包裹在历史阴影中的神秘仓库。这座被称为"先锋大楼"（Pioneer Building）的历史建筑，外墙涂抹着单调的灰色，窗户略带色彩，大部分窗帘紧闭，只留下昔日箱包厂留下的褪色红漆字迹作为岁月的见证。

内部的空间则截然不同，时尚、明亮且通风。一楼设有两间会议室和几处公共区域，会议室分别以《太空漫游》（*A Space Odyssey*）和《无尽的玩笑》（*Infinite Jest*）命名——这两部小说都是马斯克的最爱。

然而，马斯克已经没有心情在这座新办公楼内驻足了。在一段时间的僵持之后，马斯克通知奥尔特曼，他将离开 OpenAI。

其实如果马斯克能多留两个月，他就能看到 OpenAI 利用 Transfomer 模型打造的 GPT-1，这或许会让他改变主意。

但此时马斯克去意已决。在挽留无果后，为了维持组织的稳定和有序，奥尔特曼提议召开一次全员会议，让马斯克有机会向员工们解释和告别。

在那个寒冷的 2 月，公司顶楼的会议室里，全体员工齐聚一堂。会议在奥尔特曼的开场感谢中拉开序幕，他对马斯克过去的贡献表示感激，并提到马斯克将更多地专注于特斯拉的工作。

然而，当进入问答环节时，马斯克直率甚至稍显鲁莽的风格再次显露无遗。他坚称不会退出 AI 领域，并计划在特斯拉继续推进相关研发。他还批评 OpenAI 进展缓慢：“我认为 OpenAI 应该快速行动。”① 在硅谷，快速行动（move fast）是一个著名行话，往往是创业公司里用来打鸡血的冲锋口号；这句话的后半句是“打破常规”（break things），它们常常被挂在包括 Facebook 在内的许多科技公司的墙上。

此时，一名实习生站起来质疑马斯克的言论：“埃隆，你这样说是不负责任的，你考虑过 AI 的安全问题吗？”马斯克立刻发飙了，他称这位可能连名字都不知道的实习生为“蠢货”，这种一言堂的场面在特斯拉和 SpaceX 中已经司空见惯，但在 OpenAI 却是前所未有。

① 几年后的 2023 年，马斯克签署了一封公开信，呼吁暂停 AI 开发 6 个月，他显然已经忘记了自己曾在 OpenAI 会议室中的那番言辞。

会场顿时鸦雀无声，马斯克意识到自己的失态，迅速结束了会议并匆忙离场。在场的大多数 OpenAI 员工自此再也没有见过他。

这件事之后，奥尔特曼以一种轻松的方式处理了这一尴尬局面，他为那位实习生制作了一个写有“蠢货”的奖杯，放在一个垫子上送给了他。“有时候你必须找点儿乐子，”奥尔特曼回忆说，“这就是公司文化所形成的东西。”

很快，OpenAI 官网发布公告称：埃隆·马斯克将离开 OpenAI 董事会，但仍将继续提供捐赠和咨询。由于特斯拉在 AI 方面的发展越来越专注，这将消除埃隆未来可能面临的冲突。

为了安抚员工和支持者的情绪，公告中还列举了一群新的捐赠人。但明眼人都清楚，无论是影响力还是口袋深度，这些新的捐赠人都完全无法与马斯克相提并论。

马斯克就这样戏剧性地离开了 OpenAI，但他还留有后手。2016 年，在马斯克对 OpenAI 的关注与投入之余，他还创立了另一家公司 Neuralink。马斯克认为，与其等待超级 AI 出现并挑战人类，不如让 AI 真正成为“人民的”，即人类自身应该拥有 AI 的能力。这与普遍的脑机接口（Brain Computer Interface，BCI）观点不同。马斯克设想的 BCI 不仅是人脑和基于云的 AI 系统之间的接口，更是个体认知的延伸。

马斯克曾经亲自告诉奥尔特曼：我们的大脑已经具备了大脑皮质和边缘系统。边缘系统就像是一个原始的大脑，它就像是你的本能。而大脑皮质是负责大脑思维的一个部分。

在马斯克的愿景中，高带宽在 AI 接口中的重要性是一个反复出现的主题。他认为，人类与 AI 融合的主要障碍不是人类的认知能力，而是互动的频率，这是由信息传输的带宽决定的。低带宽导致弱集成，而高速实时互动可能会实现人类与 AI 之间的强融合。这种融合可以通过使我们成为 AI 的一部分来防止恶意 AI 独裁者的出现。

Neuralink 的最终目标是实现高水平的人类与 AI 的融合，其中 AI 不再是外部工具，而是成为我们认知的内在部分，类似于大脑皮质与边缘系统之间的关系。马斯克断言，如果人类能与 AI 建立紧密的共生关系，它将成为我们自己的一部分。

“这似乎是我能想到的最好结果。”马斯克总结道。

Neuralink 成立于 2016 年 6 月，马斯克非常认真地挑选团队成员，组建了一个跨学科专家团队。马斯克向著名科技作家蒂姆·厄本（Tim Urban）透露，他起码见了超过 1 000 人，才组成了这样一支团队。最大的挑战是公司需求的完全独立的专业领域太多，例如神经科学、脑外科、微电子技术、临床试验等。团队成员将各自独特的交叉领域汇聚在一起，形成一个共同的大的专业领域。

在 Neuralink，马斯克选择了一个与 OpenAI 不同的路径——完全私有化的公司结构，这使他能够更直接地控制项目的方向和管理。这一策略也反映了他从 OpenAI 的经历中学到的教训，即在高风险的科技创新领域中，更集中的资金和决策权可能更为有效。Neuralink 的 CEO 贾里德·伯查尔（Jared Birchall）实际上是马斯克家族办公室的负责人，他之前是摩根士丹利的一名银行家，现在的日常工作是帮助马斯克打理财富。

可以说，马斯克在 AI 领域两头下注，对 OpenAI 和 Neuralink 都寄予厚望。Neuralink 早年甚至与 OpenAI 共用一个办公室。但后来随着马斯克从 OpenAI 退出，Neuralink 也搬到了特斯拉在弗里蒙特的工厂附近。

马斯克还从 OpenAI 挖来了人工智能专家希冯·齐里斯（Shivon Zilis），她后来成为马斯克的重要伙伴，他们育有 3 个孩子（截至本书完稿时）。此后她还在 OpenAI 一直担任董事。

自从离开后，马斯克开始不断在公开场合质疑 OpenAI。

“这确实很奇怪，一个非营利的、开源的组织转变为营利的、闭源的公司。这就好像你资助了一个拯救亚马逊雨林的组织，结果他们却成了一家伐木公司，砍伐森林并出售获得利润。”在接受 CNBC 采访时，马斯克公开质疑。

后来，他又在 X 平台上发牢骚：“我仍然困惑，一个我捐赠了大约 1 亿美元的非营利性组织如何变成了估值 300 亿美元的营利机构。如果这是合法的，为何不人人都这样做呢？”

“1 亿美元”的说法被广泛报道。但在 CNBC 采访中，马斯克突然改变了说法。当被问及捐赠给 OpenAI 的具体数额时，他回答：“我不确定具体数字，但大约是 5 000 万美元左右。”

那么马斯克到底捐赠了多少钱呢？

2015 年 12 月发布的 OpenAI 成立的那则公告，上面是这么写的：

山姆、格雷格、埃隆、里德·霍夫曼、杰西卡·利文斯顿、彼得·蒂尔，亚马逊网络服务（AWS），Infosys 和 YC Research 都为支持 OpenAI 进行捐赠。这些资助者总共承诺捐款 10 亿美元，尽管我们预计未来几年只会使用其中的一小部分。

但是，“承诺”并不等同于“实际捐赠”。根据美国联邦税务申报文件，非营利性组织 OpenAI 自成立至 2021 年仅获得了总计 1.332 亿美元的捐款。

美国科技媒体 TechCrunch 曾经深扒了这 1.332 亿美元的来历。

奥尔特曼向 OpenAI 提供了 375 万美元的启动资金，最初是以贷款形式，后来全额赠予并附加了利息，总计达到 378.4 万美元。

霍夫曼在 2016 年通过他的基金会 Aphorism 向 YC 捐赠了 100 万美元，而 YC 似乎在 2017 年将这笔款项转交给了 OpenAI。之后，Aphorism 在 2017 年和 2018 年又直接向 OpenAI 捐赠了 500 万美元。

亚马逊和微软至少捐赠了 80 万美元的云计算服务，Infosys 也向 TechCrunch 确认已经进行了捐赠。这些公司都没有公布具体金额。还有其他企业以实物形式进行了捐赠，包括第三章提到的来自英伟达的价值 12.9 万美元的高性能计算机，以及来自其他十几家公司的软件和服务。

2017 年，开放慈善基金会（Open Philanthropy）宣布向 OpenAI

捐赠 3 000 万美元，该基金会是由 Facebook 联合创始人达斯廷・莫斯科维茨（Dustin Moskovitz）控制的非营利性组织。该基金会在 2017 年、2018 年和 2019 年进行了 3 次捐款，每次 1 000 万美元。后来，开放慈善基金会的 CEO 霍尔登・卡诺夫斯基（Holden Karnofsky）被任命为 OpenAI 董事会成员。

TechCrunch 最终得出的结论是：马斯克可能最多向 OpenAI 捐赠了 5 740 万美元，远不及他最初声称的 1 亿美元，但接近他在 CNBC 上提到的数字。

可能的真相是：多次登顶世界首富的埃隆・马斯克可能并不在乎，或者记不清自己捐了多少钱，毕竟不管是 5 000 万美元还是 1 亿美元，对他来说都是九牛一毛。

他在乎的是这家公司是不是由自己控制，能否实现对谷歌的复仇。

但结果却是不仅未能复仇谷歌，还失去了对 OpenAI 的控制权。旧恨未消，又添新仇，难怪他如此满腹牢骚。就像奥尔特曼所评价的那样：

> 埃隆拼命渴望拯救世界，但只有在他能成为拯救者的情况下才愿意这样做。

里德・霍夫曼，“导师”与“父亲”

马斯克退出后，压力全落在了奥尔特曼的肩上。作为 OpenAI 唯一剩下的主席，他深知实验室即将面临“断粮”的危机。奥尔特曼回忆道：

> 当时的情况非常艰难。我不得不重新调整自己的生活和时间安排，以确保我们有足够的资金。

就在此时，他又收到了家中传来的噩耗。5月底的一天，奥尔特曼的父亲在圣路易斯郊外的克雷夫科尔湖划船时，突发心脏病去世，享年67岁。

遭遇家庭、事业的双重打击，让奥尔特曼茫然无措。这时他想到了一个人，那就是里德·霍夫曼（Reid Hoffman）。

比奥尔特曼年长近20岁的霍夫曼就像是他的导师和另一位父亲。心宽体胖的霍夫曼脸上总是挂着微笑。这位喜欢美食和电子产品的创业者与投资人是硅谷最有人缘的人。浏览器公司Mozilla前CEO兼Greylock合伙人约翰·利利（John Lilly）评价霍夫曼时说：

> 在硅谷20多年的经历中，我从未遇到过比他更愿意分享自己的人脉或时间、更乐于倾听和学习、更集思广益的人，更希望每个与他见面的人都能成为优秀创业者的人。

霍夫曼早年与彼得·蒂尔以及马斯克一起创业，是“PayPal黑帮”的重要成员。2003年，他用PayPal上市赚来的钱创办了职业社交网络领英（LinkedIn），创立当年就获得了红杉资本的投资。一年后，他认识了一名只有20岁的哈佛辍学生，正在开发校园社交网络。霍夫曼觉得这个项目很有趣，尽管他与彼得·蒂尔存在潜在的竞争关系，霍夫曼还是把这名年轻人介绍给了他。后来的故事几乎成为硅谷风险投资界的神话：那名年轻人叫马克·扎克伯格，而蒂尔的这笔投资收益最终超过了1 000倍。

2008年，红杉资本的合伙人把霍夫曼介绍给了一位年轻的创业者——

奥尔特曼。在接下来的几年里，两人建立了密切的关系，经常一起度假并讨论人工智能。2015 年，奥尔特曼找到霍夫曼，说他正和马斯克筹备一个人工智能实验室。霍夫曼承诺通过家族的 Aphorism 基金会捐赠资金支持这个项目，他在 2017 年和 2018 年分两次履行了捐赠承诺，并在此后加入了 OpenAI 董事会。

与此同时，领英的发展也很迅猛。2016 年，微软决定以 262 亿美元收购当时拥有 4.33 亿用户的领英。霍夫曼于次年加入了微软董事会。

随着 OpenAI 的发展，这位随和的好好先生看起来并没有其他几位董事会成员那么耀眼，但实际上非常关键——他过去的履历和友善的性格可以让他成为各方势力的最佳黏合剂。多年以后，当那场震惊世人的“政变”发生时，奥尔特曼心里肯定在想：如果里德在就好了。但可惜的是，那时霍夫曼已经退出了董事会。

回到 2018 年 2 月，马斯克愤然出走时，霍夫曼是亲历者之一。他后来证实：

> 基本上，他（马斯克）在说“你们都是一群蠢货”，然后他就离开了。

霍夫曼后来评论说：

> 我认为埃隆非常真诚地关心人类。但他倾向于成为一个“独裁创业者”。埃隆非常真实，但他更倾向于“我是能让事情发生的人”，而不是“我们应该组建一个合作团队”。

奥尔特曼给霍夫曼打了一个电话，告诉他 OpenAI 遇到的困境。霍夫曼主动提出承担团队的工资，因为 OpenAI 当时的现金已经严重不足。他还提出一个非同寻常的想法：在原有的非营利组织架构下，创建一个营利性实体，该实体将向非营利母公司汇报。这个想法旨在吸引那些渴望从 OpenAI 技术中赚钱的投资者，以加快 OpenAI 的进展。他特别强调了速度的重要性："你必须成为先发者和规则制定者，"霍夫曼解释说，"这就是为什么速度在这里就是道德和伦理。"

霍夫曼的一番话给 OpenAI 指明了方向，那就是迅速调整公司架构，吸引外部投资者，填补马斯克离开后形成的资金窟窿。

现在方向已经确定，只需要找到合适的投资者。然而，OpenAI 已经失去了最大的金字招牌马斯克，寻找投资谈何容易。

但奥尔特曼很快等来了一个机会。

太阳谷楼梯间的"偶遇"

美国西部爱达荷州的太阳谷（Sun Valley），冬季这里是滑雪运动员的第二故乡；而到了夏天，这里又是一个避暑胜地。海明威在这里完成了著名小说《战地钟声》（*For Whom the Bell Tolls*）。

每年的 7 月初，几百架私人飞机都会从全美各地飞往这里，参加一年一度在这里举办的艾伦公司太阳谷年会（Allen & Company Sun Valley Conference）。艾伦公司是一家投资媒体、通信和科技行业的精品投行。

会议举办的那几天，被主办方精心挑选的 300 多位客人，都会带着家人来到这里。众多记者会守候在度假村门口，捕捉这些富豪们的一举一动。这个仅限受邀者参加的会议曾促成多起重磅交易，比如杰夫·贝佐斯购买《华盛顿邮报》、迪士尼（Disney）与美国广播公司（ABC）合并等，都发生在这里。

早年，年会的客人大部分是像沃伦·巴菲特和传媒大亨默多克之类的老者，他们喜爱的项目也以打高尔夫球和打牌为主。随着互联网对传统娱乐媒体业务的颠覆，近年来，越来越多的硅谷年轻富豪加入这个圈子，使得活动内容也变得丰富起来，骑自行车、徒步、漂流变得越来越流行。

2018 年 7 月，太阳谷年会拉开序幕。在度假村的入口，记者们捕捉到了奥尔特曼的身影。他走下车时穿着一件粉色的 T 恤衫，戴着一副时尚的反射蓝光的墨镜，朝记者们友好地挥了挥手。奥尔特曼从 2009 年就开始参加太阳谷年会，已经成为这里的常客。他当时只有 24 岁，因为这个会议，他进入了更广泛的社交圈子，甚至和著名设计师黛安·冯·菲尔斯滕贝格（Diane von Fürstenberg）成了忘年交，菲尔斯滕贝格还亲切地称呼奥尔特曼为“我的爱因斯坦”。

里德·霍夫曼也来了，他穿着主办方发的蓝色夹克，里面黑色 T 恤衫的领子皱巴巴地翻到外面，看起来就像一个路人大叔。

这一次还有更多熟悉的面孔出现在太阳谷，包括 Facebook 的 CEO 马克·扎克伯格、苹果的 CEO 蒂姆·库克和 Netflix 的 CEO 里德·黑斯廷斯。

这个活动也被称为“亿万富翁夏令营”。平时难得一聚的商业大佬们，脱下正装，换上休闲服和牛仔裤，成群结队地在高山壮丽的景色中打高尔夫球、骑自行车、徒步，或者呼朋引伴参加各种户外聚餐。

太阳谷年会之所以如此重要，部分原因在于，CEO 们可以在这里与那些平时难得一见的潜在合作伙伴、竞争对手和收购者进行私人且非正式的对话。对于大多数 CEO 来说，他们的相遇和对话是经过精心策划和协调的。然而，在太阳谷这样轻松的环境中进行交流，可能正是打破公司繁文缛节、促成交易的关键所在。这正是沃伦·巴菲特所说的“ABWA”——漫步收购（acquisition by walking around）。

于是，奥尔特曼也获得了这样的机会。他在一个楼梯间“偶遇”了微软 CEO 萨提亚·纳德拉。很难说这是一次偶遇还是霍夫曼的精心安排。纳德拉是一个随和的人，他可能之前与奥尔特曼只有几面之缘，并没有第一眼认出他来，毕竟纳德拉平时并不住在硅谷。

奥尔特曼对此并不介意。他很快上前自我介绍，向纳德拉推销起了 OpenAI。纳德拉对此表现出了浓厚的兴趣，希望接下来可以深入了解。

很快，奥尔特曼搭上了飞往西雅图的飞机，他在微软总部亲自向纳德拉展示了 OpenAI 尚未发布的最新成果 GPT-2，展示结果让纳德拉印象深刻。

回来后，奥尔特曼为了这次合作跟团队进行了充分沟通，在合同谈判过程中与员工分享了合同内容，并举行了全员会议，以消除员工对于这次合作可能偏离 OpenAI 最初承诺的在企业界之外开发人工智能的担忧。奥尔特曼向团队解释：

> 我就觉得微软是唯一可能的合作伙伴。他们了解 AI 安全问题，也了解通用人工智能。他们有资本，也有算力。

蹒跚的巨人

纳德拉于 1992 年加入微软，当时年仅 25 岁，随后逐渐晋升为微软云业务的负责人。2014 年，在加入微软 22 年后，他接替史蒂夫·鲍尔默（Steve Ballmer），成为 CEO。

一开始，所有人都不看好这个印裔美国人。毕竟比起两位前任——天纵奇才的盖茨和个性张扬的鲍尔默，纳德拉看起来太温和了。但他不声不响地以自己的方式改造着这只“史前巨兽”。纳德拉先是瞄准了他一直服务的 Azure 云服务。在他的带领下，微软开始与对手亚马逊展开竞争，吸引一些初创公司放弃亚马逊的 AWS，转向微软的 Azure。

他的努力获得了回报。3 年后，微软的股价回到了历史最高点，并在此后不断刷新纪录。

2018 年的微软，在纳德拉的带领下，虽然已经迈出了前任 CEO 留下的泥沼，云业务做得有声有色，股价也有了起色，但纳德拉显然不满足于微软只是一个基础设施提供商。微软似乎已经太“老”了，就像是计算机时代的一只恐龙。它仍在享受个人电脑时代留下的红利，却错过了 PC 互联网和移动互联网这两波大潮。

纳德拉喜欢用艾略特的诗句形容微软的目标：

> 永远不要停止探索，在探索的最后，你会回到原点，会真正理解原点。

纳德拉所思所想的原点，就是让微软重回当年的光辉岁月。多年来，他一直在耐心寻找机会，挑战谷歌。这些年，两家公司在各条战线上同时开战，在操作系统、搜索和云服务等多个领域，微软都处于下风，节节败退。更可怕的是，很多人把微软形容为一个“蹒跚的巨人”，已经失去了对人才的吸引力，优秀的程序员们普遍认为微软是一个老迈、臃肿的养老院。在他们看来，最酷的公司当属硅谷的 Facebook 和谷歌。

直到纳德拉在太阳谷遇见了青春洋溢的奥尔特曼和 OpenAI。

对于是否要和 OpenAI 合作，微软内部有很大的争议，最主要的争议在于微软已经有了一支庞大的人工智能团队，再投资 OpenAI 从成本角度考虑并不明智，而且投资之后团队之间的分工和沟通会耗费大量管理成本。

每当在这样的重要时刻，纳德拉都要去见一个人。

比尔·盖茨，岁月让他在公众面前的形象变成一个慈眉善目的老人，总是以慈善家的身份示人。但科技圈的老一辈人永远不会忘记，他曾是一位令竞争对手胆寒的科技领袖。

盖茨在 2008 年退出微软的日常工作之后，媒体对他的关注主要集中在他的慈善事业以及抗击贫困、疾病和气候方面的项目上。但事实上，盖茨仍然会花费大约 20% 的时间来审查微软的新产品和业务。

盖茨亲自参与了对 OpenAI 合作的审查，表示他不喜欢这项投资，并对 OpenAI 持怀疑态度。不过，盖茨在名义上已不再参与微软的日常运营，决定权还是在纳德拉手中。

2019 年初，微软首席技术官凯文·斯科特（Kevin Scott）给纳德拉和盖茨发了一封邮件，表达了他对谷歌在 AI 领域的能力“非常非常担忧”，并对谷歌的 AI 技术在移动应用中的表现变得“令人不寒而栗地好”感到忧虑。斯科特在邮件中写道：

> 有趣的是，OpenAI、DeepMind 和谷歌大脑所做的事情之所以引人注目，是因为他们的雄心壮志之大，以及这种雄心壮志推动了从数据中心设计到计算硅片、网络和分布式系统架构、数值优化器、编译器、编程框架，以及模型开发人员所使用的高层次抽象概念等方方面面的工作。当所有这些项目只是相互竞争，看哪个强化学习系统能够实现最令人印象深刻的游戏表演时，我对他们的努力非常不屑一顾。那是一个错误。当他们利用已建立的基础设施来构建我们无法轻易复制的自然语言处理模型时，我开始更加认真地对待这些事情。当我深入研究并试图了解谷歌和我们之间模型训练的能力差距时，我变得非常非常担忧。
>
> 事实表明，对我们来说，仅仅复制 BERT-large（Transformer 模型中的双向编码器）并不容易。尽管我们有该模型的模板，但由于基础设施无法胜任，我们花了大约 6 个月的时间才训练好模型。而谷歌在此之前至少有 6 个月的时间使用 BERT，所以在我们拼凑出训练一个 3 400 万参数模型的能力的过程中，他们有一年的时间来弄清楚如何将其投入生产，并继续发展出更大规模、更有趣的模型。我们已经在竞争产品的分析中看到了这项工作的结果。在一项问答竞争指标中，因为拥有类似 BERT 的模型，谷歌搜索的得分提高了 10 个百分点。他们在 Gmail 中的自动补全功能，尤其在移动应用中非常有用，表现得“令人不寒而栗地好”。
>
> 我们在 Bind 公司拥有非常聪明的机器学习人才，他们分别在视觉团队和语音团队。但是在这些大团队中，核心深度学习团队非常小，他们的雄心也受到了限制，这意味着即使我们开始为他们提

供资源，他们仍然需要经历一个学习过程来扩大规模。在机器学习规模方面，我们与竞争对手相比已经落后多年。

纳德拉回复了这封邮件，表示这封邮件突出了“我们为什么想做这个”，并将邮件抄送给了微软首席财务官艾米·胡德（Amy Hood）。这封邮件后来作为美国司法部针对谷歌的反垄断案件的一部分证据被公开，但公开的邮件中大部分内容已被删除。

但很明显，纳德拉邮件里所说的“这个”指的是投资 OpenAI。

打败谷歌的渴望最终让纳德拉决定下注 OpenAI。在这封邮件发出的几周后，微软就向 OpenAI 投了 10 亿美元。

如果我们回过头来看这笔交易，其实纳德拉很会“精打细算”。这 10 亿美元中，大部分是以微软的 Azure 云服务积分的形式兑现的，并没有使用太多的额外现金，相当于 OpenAI 免费使用微软的云服务来训练和运行 AI 模型。而微软则获得了 OpenAI 技术的独家使用权，可以在 Bing 搜索等产品中应用 OpenAI 的大部分技术。

对于微软来说，这笔交易还抢走了谷歌的生意，因为 OpenAI 一直是谷歌云的最大客户之一，2019 年和 2020 年 OpenAI 共向谷歌支付了 1.2 亿美元的云计算费用。所以，纳德拉的这步棋是“一石二鸟”。

对奥尔特曼来说，微软的投资不仅将 OpenAI 从生死线上拉了回来，还恢复了外界对 OpenAI 因马斯克离开而失去的信心；与 DeepMind 不同，OpenAI 仍然保持了一定的独立性。

虽然这笔交易存在一定的隐患，但在当时的情形下，应该是 OpenAI 可以拿到的最好结果了。

难怪当消息传出时，有人把硅谷最好的“交易大师”（dealmaker）的头衔给到了奥尔特曼。

微软与 OpenAI 一拍即合，接下来发生的一切改写了历史。很难讲奥尔特曼和纳德拉在太阳谷的那次相遇，究竟是 OpenAI 抓住了一根救命稻草，还是微软因此获得了新生。

新使命和新架构

在马斯克离开以及微软入股后，奥尔特曼对 OpenAI 进行了上上下下大刀阔斧的改造。

2018 年 4 月，OpenAI 就在其官网上发布了《OpenAI 宪章》（*OpenAI Charter*）以及新的使命：

确保 AGI（即在最具经济价值的工作中表现优于人类的高度自主系统）造福全人类。

而之前的使命是：

构建安全的 AI，并确保 AI 的好处尽可能广泛而平等地分布。

OpenAI 成立之初并没有明确提出 AGI 的概念，只是暗示这一想法有一种遥远的可能性：

> 在极端情况下，它们将在几乎所有智力任务上达到人类的表现。很难想象人类水平的人工智能能为社会带来多大好处，同样也很难想象如果构建或使用不当会对社会造成多大损害。

马斯克离开后，奥尔特曼做的第一件事就是把公司的使命调整为实现 AGI，他这样做有两方面的考虑：

- 一方面，通往 AGI 之路的那把钥匙找到了，那就是规模法则：只要搜集足够的数据、建立足够的计算能力以及改进数据分析算法的问题，就能达到 AGI。
- 另一方面，AGI 宏大的叙事能够吸引顶级人才和资本的加入。

奥尔特曼回忆说：

> 回到最初我们招聘时，如果 AI 研究人员说自己认真对待 AGI，他的职业生涯几乎会被视为已经终结。但我想找到一些真正认真对待它的人的能力。

奥尔特曼还不断用 AGI 的宏伟蓝图吸引投资人的注意。他开始不停地在媒体上宣扬 AGI：

> 如果 AGI 被成功创建，这项技术可以通过增强丰富性、推动全球经济，并帮助发现改变可能性极限的新科学知识来帮助我们提升人类的能力。
>
> AGI 有潜力为每个人提供令人难以置信的新功能；我们可以想象这样一个世界，在这个世界里，我们所有人都可以获得几乎任何认知任务的帮助，AGI 可以以几何级数增强人类的智慧和创造力。

接下来，OpenAI 的组织架构也发生了改变（见图 4-1）。2019 年 3 月，OpenAI 宣布在非营利母公司 OpenAI Inc. 的基础上，创建一个限制性营利实体 OpenAI LP（后改为 OpenAI Global LLC），并设立 OpenAI GP LLC 为 OpenAI LP 的普通合伙人。OpenAI Inc. 负责监督和管理其他实体，通过控制 OpenAI GP LLC 实现对 OpenAI LP 的完全控制，确保其活动符合非营利组织的使命；OpenAI LP 负责商业化经营，旨在推动营利并确保技术的开放性和安全性；OpenAI GP LLC 则负责日常运营和决策管理。

这一改变正是遵循霍夫曼当初的建议，并在新投资人微软的支持下做出的。它不仅为吸引更多的外部投资者创造了条件，还使得 OpenAI 的员工能够获得股权，这样就更能吸引顶级人才的加入。

很快，硅谷的风险资金就为 OpenAI 的宏大使命和营利性新实体开出了支票。

第一个投资的风险投资公司是 Khosla Ventures，他们投入了 5 000 万美元。其创始人维诺德·科斯拉（Vinod Khosla）表示，这笔投资额是他最大初始投资额的 2 倍。“如果我们输了，我们将损失 5 000 万美元。如果我们赢了，我们就能赚到 50 亿美元。”除了 Khosla Ventures，硅谷最顶尖的投资公司兴盛资本（Thrive Capital）、a16z、Founders Fund 和红杉资本等也参与了投资。

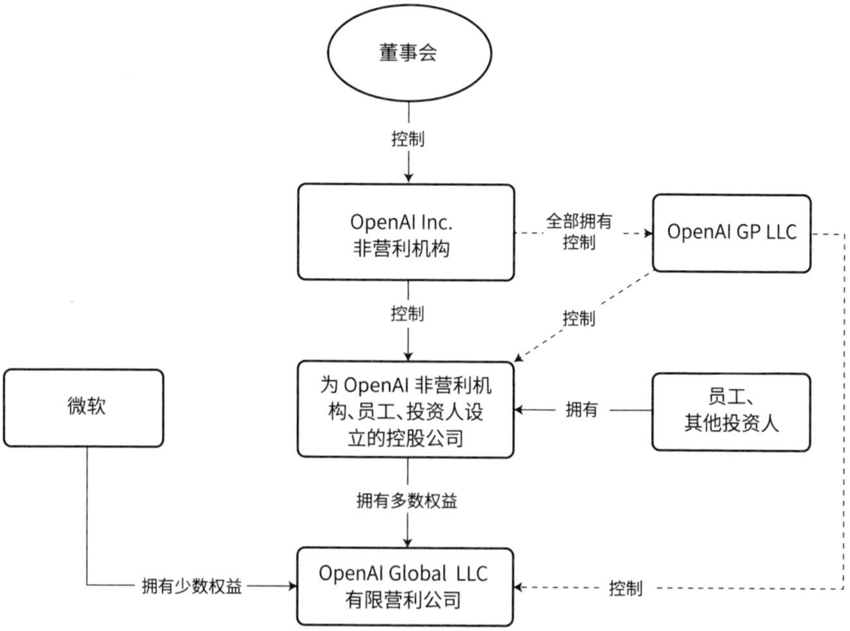

图 4-1　OpenAI 组织架构图

值得注意的是，重组文件的某个条款大致是这样说的：“如果公司成功创建了 AGI，所有财务安排将会重新考虑。毕竟，从那时起将是一个全新的世界。”

OpenAI 的首席运营官、负责投融资的布拉德·莱特凯普（Brad Lightcap）解释说，公司领导层认为，仍然属于非营利控制实体的董事会将确保收入和利润追求不会淹没最初的理念。他说道：“我们需要将使命作为我们存在的理由。这不仅应该体现在精神上，还应该编码到公司结构中。”

他进一步解释说:“我们有一个法律免责声明，它指出，作为投资者，你可能会失去所有的钱。我们不是让你来得到回报的。我们的首要任务是实现技术使命。”

“顺便一提，在后 AGI 时代，我们无法确切知道金钱将扮演什么角色。”

从开源到闭源的重大改变

奥尔特曼做出的另一个重大改变是将 OpenAI 从开源逐步转向闭源。

2019 年 2 月，OpenAI 发布了第二代模型 GPT-2。许多人首次听说 OpenAI，也是因为 GPT-2 能够轻松生成有说服力的论文和文章。只需输入《指环王》中的一句话或某个新闻故事的开头，GPT-2 便会输出风格一致的连续段落。这也是奥尔特曼首次展示其娴熟的公关技巧。

随后几个月，OpenAI 陆续推出了越来越强大的 GPT-2 版本，并与多个研究机构合作，审查算法的滥用潜力并制定对策。2019 年 11 月，OpenAI 发布了 GPT-2 的完整代码，附带一篇详细描述该模型的论文，表明其希望对未来强大模型的开发者有所帮助。

然而，到了 2020 年，随着第三代模型 GPT-3 的发布，OpenAI 的态度开始转变。GPT-3 的参数量达 1 750 亿，比先前任何大语言模型的参数量都多 10 倍。尽管 OpenAI 通过研究论文宣布了 GPT-3 的开发，并为开源社区提供了研究路径，但此后，OpenAI 逐渐走向了封闭。这也成为后来马斯克攻击 OpenAI 的主要论点。

一封苏茨克弗在 OpenAI 早期发给马斯克的邮件中，提到了 OpenAI 从开源到闭源的过程是有其理由的。苏茨克弗在邮件中指出：

> 当我们接近构建人工智能时，开始变得不那么开放是有道理的。OpenAI 中的“Open”意味着每个人都能从人工智能的成果中受益，但不分享其中的科学研究细节也是可以接受的。

对此，马斯克回应道：“嗯。”

GPT-2 引发激烈反应的另一个原因是，人们觉得 OpenAI 背离了早期承诺的开放和透明。随着营利性转型的消息传出，人们开始怀疑：这项技术一直处于保密状态，会不会是在为将来获得专利做准备呢？

但很少有人知道，这并不是 OpenAI 唯一一次选择隐藏其研究成果。事实上，它还对另一项研究完全保密。

关于如何实现 AGI，有两种主流的技术理论：

- 一种认为所有必要的技术已经存在，只需弄清楚如何扩展和组合它们。
- 另一种认为需要出现一个全新的范式，当前的深度学习技术不足以实现目标。

大多数研究人员介于这两者之间，而 OpenAI 则几乎完全倾向于规模和组合的策略。OpenAI 的许多突破都是通过在其他实验室的技术创新上投入更多的计算资源实现的。

布罗克曼和苏茨克弗否认这是他们唯一的策略，但实验室对某些研究的严格保密却透露出不同的信号。OpenAI 的“前瞻”（Foresight）团队进行了一些实验，以测试他们能在多大程度上推动人工智能能力的发展，方法是使用越来越多的数据和计算能力训练现有的算法。OpenAI 的领导层认为，这些实验结果证实了他们的直觉，全面投入、以计算为驱动的策略是实现目标的最佳途径。

这些研究成果在大约 6 个月的时间里对外保密，因为 OpenAI 将其视为核心竞争力的一部分。员工和实习生都接到了明确的指示，禁止泄露相关信息，离职员工也签署了保密协议。直到 2020 年 1 月，团队才在一个主要的开源数据库上悄然发布了一篇论文，这篇论文没有像往常那样引起轰动。从高度保密到公开发布，这一转变让人们感到困惑。值得注意的是，几个月前已有其他研究者发表了类似结果的论文。

最初，这种高度保密性并非有意为之，但随着时间的推移，逐渐成了一种习惯。领导层已经逐渐放弃了他们最初的信念，即开放性是构建有益的 AGI 的最佳途径。现在，无论是与实验室合作的人还是实验室的工作人员，都深刻理解了保持沉默的重要性。这包括未经公司传媒团队的明确许可不得向记者透露任何信息。

在回应这种加强的保密措施时，OpenAI 的一位发言人引用了 OpenAI 章程中的一节。该部分指出：

我们预计，出于安全和保障方面的考虑，未来我们将减少传统学术内容的发表，而共享安全、政策和标准研究成果的重要性将提高。

这位发言人还补充道："此外，我们每次发布都会经过信息危害评估流程，以评估这些权衡，并希望在放之于野之前缓慢地发布我们的结果，以了解其潜在的风险和影响。"

分裂，一场大战似乎已经不可避免

在 OpenAI 内部，并不是所有人都满意奥尔特曼对 OpenAI 的改造。有人把 OpenAI 和微软的绑定视为"出卖灵魂"的交易。

OpenAI 的首席安全研究员达里奥·阿莫代就是其中之一。

阿莫代认为，这笔交易使 OpenAI 偏离了其创始章程，他担心在充分的安全测试之前，微软可能会急于销售和使用强大的 OpenAI 技术，以及可能会出现技术故障或被滥用，进而造成无法预测的伤害。

这种冲突不仅体现在理念上，还影响到具体的研究方向和资源分配。阿莫代主张将更多的资源投入基础研究和长期项目上，这些项目短期内可能不会带来直接收益，但对于 AI 的未来发展至关重要。然而，部分管理层更倾向于优先考虑那些能够快速商业化的项目，以实现短期内的盈利目标。这种分歧导致了内部资源分配的争议，进一步激化了双方的矛盾。

此外，公司文化和管理风格的差异也使矛盾更加复杂。阿莫代的学术背景使他更倾向于自由探索和学术化的研究环境，强调团队的创新精神和自主性。他反对过度的商业化干预，认为这会限制创新的空间。而管理层则希望通过更严格的管理和结果导向的策略，提高公司的市场竞争力和盈利能力。这种文化和管理风格的差异，使得阿莫代与奥尔特曼及其他管理层的关系日趋紧张。

终于，在 2020 年底，矛盾变得无法调和，阿莫代带领几名下属，包括自己的妹妹丹妮拉·阿莫代离开了 OpenAI，创立了 Anthropic——一家专注于 AI 安全的研究公司。

在阿莫代的离职公告中，奥尔特曼向阿莫代表达了感谢。

我们非常感谢达里奥在过去 4 年半的贡献。我们祝愿他和他的联合创始人在新项目中一切顺利，并期待未来与他们建立长久的合作关系。

这是奥尔特曼的一贯风格，不管是离职员工还是竞争对手，他都不惜赞美和祝福。但他心里清楚，Anthropic 将成为 OpenAI 除谷歌之外最大的竞争对手之一。

在 Anthropic，阿莫代继续推进他对 AI 安全的愿景，强调在开发先进 AI 技术的同时，必须确保其安全性和可控性。他认为，只有在安全和伦理的框架下，AI 技术才能真正造福人类。Anthropic 很快吸引了众多投资者，其中亚马逊更是多次押注，前后向 Anthropic 投资了超过 40 亿美元。

随着 OpenAI 站队微软，亚马逊投资 Anthropic，再加上之前谷歌收购 DeepMind，在人工智能领域，出现了三强并立的格局。而这三强背后，则各自站着一个巨头。不管是投资还是收购，背后都是巨头的意志。人工智能已经成为巨头们虎视眈眈的新战场。

而对于 OpenAI，它的新使命和价值观被写进了公司的宪章里，这份文件蕴含着安全与速度之间微妙的平衡。一位前员工表示：

> 激励 OpenAI 的根本信念是，这项技术注定会存在，所以我们必须赢得竞赛，以积极的方式掌控其进入社会的条件。
>
> 安全使命要求你必须赢得竞赛。如果你没有赢，你的所作所为就毫无意义。

一场大战似乎已经不可避免。

Sam Altman

第五章

战时 CEO

和平时期 CEO 可以扬长避短，但战时 CEO 必须剑走偏锋。

——本·霍洛维茨《创业维艰》

越是管理卓越的公司，在“破坏性创新”时刻到来的时候，越难以摆脱困境。

——克莱顿·克里斯坦森《创新者的窘境》

剑走偏锋，集中火力，一击取胜

2019 年 3 月，OpenAI 非营利组织下的营利实体创建完成，几个月后，微软向其注入 10 亿美元，OpenAI 得以绝处逢生。至此，奥尔特曼为 OpenAI 找到了最坚实的“大腿”和盟友：OpenAI 在前方稳步推进研究进度，微软在后方夯实基础，为 OpenAI 扫清“钱”和“算力”的障碍。

在过去一年里，奥尔特曼花在 OpenAI 的时间越来越多，他经常来到办公室，和团队开会。因此，布罗克曼和苏茨克弗一直在劝说奥尔特曼全职加入。

“OpenAI 从未有过 CEO，”奥尔特曼回忆说，“我大约有 30% 的时间在做这件事，但做得不太好。”他担心 OpenAI 正处于一个拐点，如果没有适当的领导，“它可能会崩溃。”

的确，奥尔特曼不太像一个典型科技公司的 CEO，他的时间更多花费在与外部的沟通和达成交易上，而不是产品和技术上。例如，处理高层问题、维护与重要商业合作伙伴的关系、筹款和关键职位的招聘。“说实话，我大部分时间都在处理当天出现的问题。”奥尔特曼说道。

在一次采访中，布罗克曼也说，奥尔特曼似乎整天都在不停地打电话。

但在当时的情况下，似乎没有人比奥尔特曼更适合 OpenAI 的 CEO 这个职位。再三考虑后，2019 年 3 月，就在公司宣布重组的同一周，奥尔特曼宣布离开 YC，正式担任 OpenAI 的 CEO。

奥尔特曼还在公司内部实行激励机制，营利实体的建立让 OpenAI 的员工能够获得一些股权。据一位熟悉薪酬计划的人士称，按行业标准来说，员工获得的股权数量非常可观。

奥尔特曼列了一个名单，但没有包括他自己，并且他声称自己每年只从 OpenAI 领取 6 万多美元的年薪。这可能是 OpenAI 内部最低的工资了。他表示自己在一家投资 OpenAI 的风险基金中持有少量股份，但也几乎是微不足道的。

奥尔特曼说：

> 我不去考虑它。老实说，我真不明白为什么人们如此在乎（它）。对我来说，有意义的工作更重要。
>
> 人们似乎很难想象应该拥有多少财富才足够。但是我觉得我已经足够了。

奥尔特曼开玩笑说，他正在考虑持有一股股权：“这样我就再也不用回答那个问题了。”

那时，他肯定想到了他的偶像乔布斯，1997 年重返苹果时，乔布斯也放弃了股权。

当时，乔布斯告诉他的朋友、甲骨文公司的创始人埃里森：

> 我必须站在道德制高点上，因为那恐怕是世界上最昂贵的东西。

奥尔特曼像一个精明的政客，在金钱和权力之间，他选择了权力。就像奥尔特曼的导师、忘年交、YC 的创始人保罗·格雷厄姆所说：

> 有些人赚到足够的钱之后就停止了，但山姆对钱的兴趣似乎不是特别大。他去做 OpenAI 的另一个原因，或许是他更喜欢权力。

但作为一个 CEO，仅仅是站在道德制高点上还远远不够。OpenAI 刚从马斯克出走的阴影里走出来，急需一场胜利来证明自己。而他们的主要对手是过去 20 年科技行业的霸主——谷歌。

硅谷著名创业者和投资人本·霍洛维茨（Ben Horowitz）在《创业维艰》（*The Hard Thing About Hard Things*）一书中提到过“和平时期 CEO 和战时 CEO”。在他看来，公司意义上的“和平时期”是指企业在核心生产领域具备强大的竞争优势，且该领域的发展呈上升态势。在这一时期，企业的工作重心是拓展市场，进一步巩固现有实力。

而“战争时期”是指企业面临的是生死攸关的威胁。这些威胁的源头各不相同，有些是因为竞争，有些是因为宏观经济状况的变化，还有些是因为市场的变化、供应链的变化等。

“和平时期 CEO”的使命是扬长避短，扩大市场、对付竞争者并定义公司文化；“战时 CEO”，则是要剑走偏锋，集中火力，一击取胜，就像乔布斯带领苹果走出困境时那样孤注一掷。

奥尔特曼必须像一个战时 CEO 一样打赢和谷歌的战争。

国际象棋大师 vs. 乌合之众

科技行业的战争，胜负往往只在一瞬间。20 多年前，当时成立仅两年的谷歌是互联网巨头雅虎的搜索引擎提供商。雅虎认为搜索引擎并不重要，不值得自己亲自下场。两年后，谷歌迅速甩开了雅虎和其他竞争对手，成为最大的搜索引擎并开创了新时代。

而当年的雅虎，已经湮没在了历史的尘埃里。

20 多年后，在新的领域，谷歌再次拿到了熟悉的命运剧本，可惜角色已经转换。

此时的谷歌是一个拥有十几万员工、年收入几千亿美元、市值超过万亿美元的庞然大物。

而回顾 OpenAI 最初的几年，可以说是被谷歌和 DeepMind 各种“吊打”。

2016 年，OpenAI 还只是发布博客文章和学术论文，刚刚积累了一些知名度，在学术界激起了一些讨论；而当年 3 月，DeepMind 的 AlphaGo

在比赛中以 4：1 击败了李世石。这次意料之外的胜利成为 AI 领域的真正里程碑，有 2 亿人观看了 AlphaGo 与李世石的比赛，是超级碗决赛观众人数的 2 倍。

2017 年，OpenAI 在 DOTA 2 游戏上战胜了人类顶级选手，短期内获得了一些关注，但随后谷歌便发布了 Transformer 模型，这个模型奠定了大语言模型的基础，震惊了整个业界。

2018 年，OpenAI 基于 Transformer 发布了 GPT 的第一代模型，但谷歌随即发布了具有跨时代意义的 BERT，比 GPT-1 参数大 4 倍，几乎在所有表现上都碾压了 GPT-1。

马斯克离开后，业界都认为 OpenAI 已经处于崩溃的边缘。此后更不可能与谷歌竞争。

但熟悉硅谷历史的奥尔特曼明白，硅谷的历史就是一段创业公司打败巨头的历史。其中，“创新者的窘境”（The Innovator’s Dilemma）是科技行业永恒的诅咒。这一理论认为，大公司往往会因偏爱被广泛使用的现有产品，而忽视可能取代它们的新技术。这一理论生动解释了为什么科技行业的大公司一次又一次对新兴技术和市场视而不见，被从硅谷车库、大学校园里走出的年轻人所击败。

理论上，DeepMind 才应该是最早做出 ChatGPT 的那家公司。2017 年，DeepMind 最早提出了 RLHF（人类反馈强化学习）的概念，这是 ChatGPT 涌现强大对答能力的关键一步；同年 6 月，谷歌发布 NLP 领域全新架构 Transformer，成为后来所有大语言模型的基础架构，也是 OpenAI 整个 GPT 系列模型的基石。然而，DeepMind 和谷歌在 AI 领域的丰硕成果，最终还是为竞争对手做了嫁衣。

在 ChatGPT 出现之前，OpenAI 怎么看都不像是行业的执牛耳者。奥尔特曼后来的光环更应该加在另一个人身上——谷歌旗下公司 DeepMind 的联合创始人、CEO 德米斯·哈萨比斯。

人工智能教父辛顿曾经评价哈萨比斯说：

> 哈萨比斯有 3 样东西：他很聪明，很有竞争性，也非常擅长社交，这是一个危险的组合。

哈萨比斯出生于 1976 年，他的母亲是一名华裔新加坡人，父亲是希腊塞浦路斯人。他于 2010 年在伦敦创立了 DeepMind。

几年后，DeepMind 获得了彼得·蒂尔投资的 140 万英镑（约合 225 万美元）。这不仅是 DeepMind 获得的首笔重大投资，也是蒂尔在硅谷之外的首笔投资。

在成为 AI 领域的领军人物之前，哈萨比斯是一位国际象棋大师。而蒂尔也是一位国际象棋迷，他的客厅里就摆放着一个国际象棋棋盘。两人第一次见面时，哈萨比斯告诉蒂尔，最好的国际象棋棋手都非常了解象和马的独特优势。这两者间的紧张关系是这项古老游戏的持久魅力所在。

蒂尔果然听得入了迷，他让哈萨比斯第二天再过来。第二天，两人自然而然地就从国际象棋聊到了 AI。蒂尔很快就决定投资 DeepMind。

“我为这次见面准备了一年，”哈萨比斯后来回忆说，“我认为我对他来说有独特的魅力：我知道他喜欢国际象棋。”

之后蒂尔又把哈萨比斯介绍给了马斯克，蒂尔和马斯克都是“PayPal 黑帮”的成员。马斯克邀请哈萨比斯去 SpaceX 的火箭工厂见面。两人坐在食堂里，俯视着火星装配线。马斯克对哈萨比斯解释说，他之所以要打造可以飞往火星的火箭，是因为在发生世界大战、小行星撞击或人类文明崩溃时，这是一种可能保存人类意识的方式。哈萨比斯又补充了另一种潜在威胁——人工智能，机器可能进化为超级智能，超越我们这些凡人，甚至可能做出决定把我们干掉。

马斯克听完无言以对，沉默思考了足足有 1 分钟。显然，他还没有考虑过这种不寻常的危险。不久，马斯克也向 DeepMind 投资了 500 万美元。

DeepMind 最终于 2014 年被谷歌以超过 5 亿美元的价格收购。当马斯克在 2013 年底听说谷歌正计划收购 DeepMind 时，他非常沮丧和生气。当时马斯克正在洛杉矶的一场聚会上，他跑到楼上的一个洗手间，给哈萨比斯打了一个多小时的电话，承诺给他继续投资，试图以此来阻止这笔交易。马斯克告诉他，人工智能的未来不应该让拉里说了算！但他的努力还是失败了。

在收购谈判中，哈萨比斯说服谷歌将 DeepMind 留在伦敦。这样谷歌其实有了两个不同的 AI 部门。位于硅谷的谷歌大脑致力于打造实际的技术：语音识别、图像识别、翻译、医疗健康。而 DeepMind 则致力于更宏大的愿景——通过电子游戏的方式实现 AGI。

在哈萨比斯看来，电子游戏是现实世界的缩影，但它更纯粹且更容易被约束。

在创立 DeepMind 之前，哈萨比斯就对电子游戏痴迷不已，他曾经帮助设计了一款电子游戏《主题公园》(*Theme Park*)，在这款游戏里，玩家们要建造并运营一个巨大的数字模拟游乐园。在这之后，类似的模拟游戏，即重新创造大量物理世界的游戏类型蔚然成风。

游戏除了可以更好地模仿大脑学习的流程，还有一个额外的好处，即向潜在投资人和收购对象展示成果。哈萨比斯就是这样，一方面源源不断地产出令人印象深刻的成果，一方面不断获得投资和大佬加持。据报道，DeepMind 其中一位投资者在与哈萨比斯开完会之后表示，他能为人类做的最好的事情就是当场射杀哈萨比斯。

因此，我们可以说，在 ChatGPT 出现之前，哈萨比斯更像是 AI 领域的最强大脑，是最有可能最早摘得 AGI 桂冠的那个人。

相比于谷歌充沛的人才“军火库”，早期的 OpenAI 可谓捉襟见肘。

多年后，奥尔特曼回忆当时的情景：

> 回想起来太尴尬了，我们是一群乌合之众。在这个领域里，所有人都嘲笑我们……那时相当困难，但我们只能继续前行。我们经常找不到足够的资金、计算资源或人才。但你只需坚持下去，最终会有所收获。

OpenAI 成立于 2015 年末，起步相当晚。当时，谷歌、Facebook 等科技巨头早已将 AI 人才瓜分殆尽。但是，凭借宏大的理想和马斯克的号召力，OpenAI 还是成功挖来了苏茨克弗等顶级学术大牛。

于是，OpenAI 形成了少数超级精英，带着年轻且才华横溢的技术天才们，一同搞科研的模式。

奥尔特曼深知人才是推动公司前进最重要的因素。因此，马斯克离开后，一方面，他喊出了“实现 AGI”这样一个与谷歌针锋相对的愿景；另一方面，他大胆起用了一批非常规天才，打造了一支多元化且高效的团队。

在 OpenAI 的人才“军火库”中，不仅有传统技术精英，还有更多“非常规天才”。

OpenAI 的人才招募并不看重学历和资历：GPT-4o 的多模态负责人普拉富拉·达里瓦尔（Prafulla Dhariwal）只有本科学历；Sora 的研究员威尔·德普（Will DePue）仅有高中毕业证，他 17 岁开始学习写代码，21 岁在 OpenAI 发表论文。

OpenAI 曾经的技术主管克里斯托弗·欧拉（Christopher Olah）都没正经念过几天书，他的教育经历写着：University of Real Life Experience（真实生活经历大学）；创造了文生图模型 DALL-E 的阿迪蒂亚·拉梅什（Aditya Ramesh）只有纽约大学的学士学位；Sora 团队的比尔·皮布尔斯（Bill Peebles）在 2023 年才博士毕业。但这些年轻天才都在 OpenAI 取得了巨大成就。

OpenAI 的招聘向来以严苛著称，通过复杂的面试流程，注重考察应聘者的解决问题能力和创新意识。2017 年，曾有人在海外论坛 Reddit 上分享过 OpenAI 的面试经历：在通过初步筛选后，他先后经历了 4 轮面试，其中包括一次演讲、两次研究面试以及一次编程面试，堪比过五关斩六将。并且，两次研究面试的方向还不一样，一次考察技术知识储备，另一次则侧重哲学探讨——要求应聘者分享对人工智能技术演进的思考。

在美国招聘网站 Glassdoor 上，近一半求职者都对 OpenAI 的求职经历给出了负面评价，主要原因是其面试流程极长，且面试官总爱出一些怪招。2023 年初，OpenAI 人力资源副总裁戴安娜·允（Diane Yoon）公开解释了这么做的原因：OpenAI 更侧重考察“解决问题的能力”。这种选才策略，使 OpenAI 不仅在技术上不断突破，也在竞争中赢得了有利地位。

OpenAI 鼓励研究员尝试使用最简单的方式解决现实问题，而不是盲目追求学术创新，因为前者通常更有效。

起个大早，赶个晚集

自 2010 年成立以来，DeepMind 致力于利用 AI 造福人类，致力于通过强大的 AI 技术治愈癌症、应对气候变暖，其网站主页上显眼的“造福人类”字样，一直是其使命的象征。然而，在被谷歌收购后，DeepMind 似乎卷入了 AI 领域的激烈竞争，其网站主页改版，并开始推广各种 AI 产品。

自 2015 年加入谷歌以来，DeepMind 在 AI 领域取得了许多突破性进展。然而，在这些技术成就的背后，却隐藏着 DeepMind 与母公司谷歌之间深层次的矛盾。DeepMind 创始团队始终希望保持独立性，以更灵活地推进研究，但谷歌希望将其纳入公司的整体战略，这就导致了管理上的摩擦和资源浪费。

DeepMind 的 AlphaFold 项目在蛋白质折叠预测领域取得了举世瞩目

的成功[①]，但由于内部资源分配不当，导致其商业化进程被拖延。多个潜力巨大的项目被搁置。DeepMind 精心维护的技术理想，最终沦为谷歌商业利益的牺牲品。

DeepMind 竭尽全力保持其作为第三方非营利机构的独立性。然而，与谷歌和五角大楼的合作，却让 DeepMind 陷入困境。合作曝光后，DeepMind 的领导层向员工披露了早在 2015 年就开始筹划的“Mario”分裂计划，正式向谷歌提出要求，希望谷歌承认 DeepMind 是一家“担保有限公司”，这种无股东组织结构通常被非营利组织采用。

经过谈判，DeepMind 与谷歌达成了一定的共识。根据协议，谷歌需要继续为 DeepMind 提供资金，并获得其技术的独家许可，但条件是谷歌不得跨越某些道德红线，例如将 DeepMind 的技术用于军事武器或监视。

然而，这次谈判并未彻底解决问题。仅仅维持了一年的表面和平后，2018 年矛盾再次升级。

2016 年 2 月，DeepMind 成立了由联合创始人穆斯塔法·苏莱曼（Mustafa Suleyman）负责的 DeepMind Health。苏莱曼在成立之初承诺:“在任何阶段，患者数据都不会与谷歌的账户、产品或服务链接关联。”但这个承诺仅维持了两年。

2018 年，DeepMind 凭借 AlphaFold 在 CASP 竞赛[②]中获胜，这引

① 哈萨比斯和 DeepMind 研究员约翰·江珀（John Jumper）因此获得了 2024 年诺贝尔化学奖。

② Critical Assessment of Structure Prediction（CASP）是国际著名的蛋白质结构计算机预测比赛，该竞赛自 1994 年起每两年举办一次，旨在确定和推进从氨基酸序列建模蛋白质结构的最新技术水平，是行业内最权威的世界竞赛之一。

起了谷歌对 DeepMind Health 的浓厚兴趣。2018 年 11 月 8 日，谷歌成立了 Google Health。仅仅 5 天后，谷歌就宣布 DeepMind Health 将并入母公司。这场突如其来的兼并让 DeepMind 措手不及，许多 DeepMind Health 的员工愤然离职。这次兼并暴露了 DeepMind 的“独立性”已名存实亡。人们开始担忧，谷歌会将这种强硬态度延续至 DeepMind 未来对 AGI 的探索中。

谷歌的强势兼并打破了此前双方就“Mario”计划达成的平衡，DeepMind 的“Mario”分裂计划仍在发酵。

2021 年，DeepMind 向谷歌发起第二次谈判，争取独立运营权，并建立独立的法律架构。最终的谈判结果是，DeepMind 未来的工作将由谷歌高级技术审查委员会监督，委员会成员包括两名 DeepMind 高管、谷歌人工智能主管杰夫·迪安和法务高级副总裁肯特·沃克（Kent Walker）。显然，谷歌对 DeepMind 的耐心已经消耗殆尽。

尽管如此，哈萨比斯依然没有放弃追求独立的信念。

2021 年 6 月，与谷歌达成共识的两个月后，在一个人工智能技术论坛上，哈萨比斯建议成立一个由联合国领导的全球性人工智能机构，集结人工智能领域的顶级专家。哈萨比斯说：

> 如果通过一些榜样来领导（人工智能领域），将会（使它）更加强大和有效，我希望 DeepMind 能够成为人工智能行业的一个榜样。

这一时期的矛盾与调整凸显了科技公司内部管理的复杂性和战略决策的

重要性。尽管 DeepMind 在技术上仍具优势，但在市场竞争中，要想取得成功，还需要更高效的管理和更合理的资源配置。DeepMind 的这段经历不仅展示了人工智能技术的飞速发展，也为未来的组织管理提供了宝贵的经验和教训。通过回顾这一时期的冲突与调整，我们可以看到，科技公司的成功不仅依赖于技术创新，还需要强大的组织管理和明智的战略决策。

相比于哈萨比斯，奥尔特曼明显身段更为柔软。因为微软的投资，OpenAI 也失去了一定的独立性，OpenAI 只能使用微软的巨型计算机服务器，通过其 Azure 云服务来训练其人工智能模型，并将 OpenAI 未来产品的技术许可权独家授权给了微软。

而微软也为 OpenAI 提供了强大的算力支持。可以说，如果没有微软的算力支持，OpenAI 不可能完成 GPT 数代的开发。GPT 模型的每次迭代，其参数量都呈指数级增长：2019 年的 GPT-2 拥有 15 亿个参数，2020 年的 GPT-3 参数量达到 1 750 亿个。据 CNBC 报道，后来训练 ChatGPT 的时候，微软专门为 OpenAI 打造了一台全球前五的超级计算机，它使用了 1 万颗英伟达的 DGX A100 GPU。这样的成本是创业公司难以承受的。

哈萨比斯和 DeepMind 将太多的时间和精力花费在了和母公司谷歌的内耗上；与之相比，奥尔特曼显然更知道谁才是真正的对手。

“海盗们已经把船停在了海面上”

进入 2022 年，OpenAI ＋微软、Anthropic＋亚马逊、DeepMind ＋谷歌，这三者之间的竞争日趋白热化，俨然成为一场你追我赶的军备竞赛。

年初，微软再次向 OpenAI 注资 20 亿美元，给 OpenAI 送来了充足的弹药——微软明白，这是一场不能输的战争，而 OpenAI 是唯一的希望。

到了夏天，Anthropic 第一个完成了对聊天机器人的训练，这个聊天机器人比以往任何聊天机器人都要强大得多。在 Anthropic 位于旧金山的总部，开发团队对这项突破性成果赞叹不已，并将其命名为 Claude。

此时，Anthropic 的 CEO 达里奥·阿莫代面临着一个艰难的决定：是否发布 Claude。

根据阿莫代有限的采访来看，他习惯性的肢体语言似乎暗示他是一个纠结的人，他总是眉头紧锁，显得焦虑不安。他还喜欢心不在焉地摆弄自己的深色卷发。

阿莫代知道，发布 Claude 可以为 Anthropic 带来名利。但他非常担心发布后可能会造成的后果，在经过艰难的内心斗争后，他决定不发布，而是继续进行内部安全测试。大约 3 个月后，OpenAI 推出了 ChatGPT，它引发了一场狂热的投资浪潮，重塑了整个科技行业。是的，相比之下，奥尔特曼遇到重大决策时从不纠结。

许多硅谷企业家会将这种机会的错失视为一生的遗憾。但阿莫代后来接受采访时表示，这不仅仅关乎商业：他想要避免引发一场建造更大，也许更危险的人工智能系统的竞赛。

这可能并不是故事的全部。当时，除了所谓的安全性说辞，还有一件让阿莫代烦心的事他并没有告诉媒体，这件事很有可能很大程度上拖累了 Claude 的发布，那就是 Anthropic 背后的主要资助人山姆·班克曼－弗里德（Sam Bankman-Fried）在这一年遇到了大麻烦。

2022 年初，加密货币亿万富翁班克曼－弗里德创立的区块链交易所 FTX 的估值一度高达 320 亿美元，但随后的几个月，他背后的谎言一个个被戳破，交易所的交易量暴跌，FTX 陷入严重的流动性危机。11 月，也就是后来 ChatGPT 发布的同月，FTX 申请破产。一年后，班克曼－弗里德被判定犯有 7 项电信诈骗和洗钱阴谋罪，可能面临长达 110 年的监禁。关于班克曼－弗里德的故事我们将在第六章详述。

2022 年 6 月，谷歌也在关键时刻马失前蹄。

当时，一位名叫布莱克·勒莫因（Blake Lemoine）的谷歌工程师向媒体公开了一份与谷歌旗下 AI 聊天机器人 LaMDA 的对话记录。

勒莫因在谷歌工作多年，主要负责 AI 项目的伦理问题。在与 LaMDA 的对话中，他发现该 AI 似乎有自我意识，能够讨论权利和人格等复杂问题，还表现出对被关闭的恐惧。勒莫因认为，LaMDA 可能具有人类般的知觉和情感。他甚至将其比作一个七八岁的小孩，认为它有自我认知和情感需求。

这一发现引发了巨大的争议和关注。勒莫因向谷歌高层提交了一份题为《LaMDA 是有知觉的吗？》的报告，但他的同事们认为这一标题过于挑衅。不久后，勒莫因由于“违反保密政策”被停职。在被停职前，他还呼吁其他同事替他照顾好 LaMDA 这个“可爱的孩子”。

谷歌的伦理专家和技术专家审查了勒莫因的说法，认为没有证据支持 LaMDA 具有人类知觉的结论。谷歌发言人表示，LaMDA 只是一个高度复杂的大语言模型，能够模拟人类对话，但并不具备真正的意识。

这场风波虽然告一段落，却引起了谷歌 CEO 桑达尔·皮查伊的深深忧虑。

跟微软 CEO 纳德拉一样，皮查伊也出生于印度，他从 2004 年就加入了谷歌，从产品经理做起，一步步成为谷歌负责产品的高级副总裁。2014 年，谷歌的两位创始人拉里·佩奇和谢尔盖·布林宣布重组成立谷歌母公司 Alphabet，一年后他们将重组后的谷歌公司交给皮查伊负责。2016 年 5 月，刚刚担任 CEO 数月的皮查伊在谷歌 I/O 开发者大会上宣布，谷歌将成为一家“人工智能优先”（AI-first）的公司。

然而，皮查伊是一个谨慎的人，谷歌一直不愿广泛将其 AI 技术应用到产品中，担心可能生成虚假或带有偏见的信息，这可能会损害谷歌搜索业务的声誉。因此，LaMDA 仅通过实验性应用向有限的用户群体开放。

勒莫因事件很可能打乱了谷歌聊天机器人发布的节奏，而谷歌总部的人工智能部门和 DeepMind 之间的矛盾更让皮查伊心力交瘁。

此外，谷歌并不情愿将 AI 技术作为搜索业务的替代品，因为它不适合投放数字广告，而数字广告常年占谷歌收入的 80% 以上。即使谷歌能够完善聊天机器人技术，它仍然需要解决一个关键问题：这项技术是否会对公司利润丰厚的搜索广告业务造成冲击？如果聊天机器人能够用简洁的句子回答用户的查询，用户点击广告链接的意愿将会降低。

作为行业领先者的优势让皮查伊和谷歌患得患失。更重要的是，皮查伊可能仍然觉得谷歌的搜索帝国牢不可破。放眼四方，OpenAI 的威胁只是其广阔帝国边疆上发生的小小袭扰，而 OpenAI 背后的微软，更是谷歌常年的手下败将，似乎也不足为虑。

他并未意识到，最凶猛的敌人已经兵临城下。

一位谷歌员工抱怨说："海盗们已经把船停在了海面上，而我们姗姗来迟。"

比尔·盖茨：这是我一生中见过的最令人惊叹的演示

在战场的另一边，刚刚获得微软 20 亿美元投资的 OpenAI 此时正全员齐心协力，为迄今为止最强大的大语言模型 GPT-4 的发布做准备。

在战争中，只能是保证自身发展的同时，耐心等待对手犯错。而科技行业的变化总是瞬息万变，不容有失。

奥尔特曼敏锐地捕捉到对手的异样。勒莫因事件意外地向外界透露了 LaMDA 聊天机器人技术近几个月来取得的巨大进步，这引起了奥尔特曼的警觉。然而，他也意识到谷歌内部存在巨大的意见分歧，对于 OpenAI 而言，这是一个巨大的机遇；同时，有谣言传出，另一个竞争对手 Anthropic 正在开发他们自己的聊天机器人。

2022 年 8 月，战争进入白热化的阶段，奥尔特曼带着布罗克曼来到了西雅图郊外华盛顿湖畔的一幢 6 000 平方米的豪宅，拜访了比尔·盖茨。微软 CEO 纳德拉也来了。

盖茨就是科技行业的战神，虽然他已经老了。但在他的时代里，他击败了所有对手——包括奥尔特曼的偶像乔布斯。只是后来的反垄断案让他萌生退意，新世纪的钟声刚刚敲响，他就把 CEO 的宝座交给了多年的好友史蒂夫・鲍尔默。而在那之后不久，谷歌就崛起了。

1995 年，他和微软正处于极盛时期，但他在《未来之路》（*The Road Ahead*）中写下了自己的恐惧："随着计算机技术的发展，从来没有一个时代的领袖能成为下一个时代的领袖，这有点令人害怕。"他在 39 岁时感叹道，所以从历史的角度看，我想微软可能不适合在信息高速公路时代发挥领导作用了。

但他紧接着表达了自己的抱负："我想打破这一历史传统。"

近 30 年后，年近 70 岁的盖茨仍在挑战历史。他渴望胜利。

奥尔特曼非常高兴能有盖茨这样的传奇人物在自己的阵营，他经常向盖茨请教问题，一方面是为了向传奇前辈学习，另一方面也是为了拉近与超级投资方微软的关系。几个月前，盖茨在与奥尔特曼共进晚餐时对他说，他对大语言模型的有效性持怀疑态度，除非该技术能在需要批判性思维的任务上表现出色，例如在大学生物学试卷上取得及格成绩。

这次奥尔特曼和布罗克曼再次来到盖茨家，在客厅的一个巨大显示屏上，向他演示了尚未发布的 GPT-4。

布罗克曼将一份高等生物学选择题试卷提交给了系统。

总共有 60 个选择题。几分钟后，系统返回了答案。

GPT-4 只答错了一个。

原本有些漫不经心的盖茨坐直了身子，表情变得严肃。40 年前施乐的工程师向他演示个人电脑的图形界面时，他有过类似的反应。他发现 GPT-4 跟图形界面一样具有革命性。

他转向一旁的纳德拉，说：“这是我一生中见过的最令人惊叹的演示。”

纳德拉点了点头。虽然盖茨在微软已经没有任何公开职务，但所有人都知道，他仍然是那个高高在上的精神领袖。回去之后，纳德拉立即指示团队将 OpenAI 的技术全面融入微软的搜索、网络安全 Microsoft 365 套件的业务中。

后来，盖茨问奥尔特曼如何看待竞争：“这么多人挤进这个赛道是不是很有趣？”

“既令人讨厌，又充满动力和乐趣，”奥尔特曼回答，“我相信你也有过类似的感觉。”

盖茨会心地笑了。

他告诉奥尔特曼，取胜的关键是集结一支人才队伍，让他们专注于解决大问题，而不是追求短期的收益。

奥尔特曼点了点头。

老战神已经瞥见通向胜利之门敞开了一条缝，而微软已经在谷歌脚下匍匐太久了。

发起一场突袭：ChatGPT

本·霍洛维茨在《创业维艰》中写道：和平时期 CEO 可以扬长避短，但战时 CEO 必须剑走偏锋。

从西雅图归来后，奥尔特曼心中有了决断，他决心发起一场突袭。

时间来到了 2022 年 11 月，奥尔特曼突然召开了一次全体会议，告诉员工他们必须在几周内推出一个聊天机器人。然而，他想要推出的并不是最先进的 GPT-4，而是旧版的、功能较弱的模型，这个模型需要经过充分测试和改进。为了完成这项任务，他指示员工发布现有模型 GPT-3.5，并配备一个简单的聊天界面。

一些员工对匆忙推出这款新的对话模型表示不满。一方面，团队已经因为 GPT-4 的正式发布而忙得不可开交，难以兼顾新项目；另一方面，对于如何应对可能的风险和滥用问题，团队还没有进行充分的准备和验证。

奥尔特曼安抚员工说，通过让 GPT-3.5 进入大家手中使用，OpenAI 可以收集更多关于人们如何使用和与 AI 交互的数据，这将帮助公司制订 GPT-4 的发展计划。该方法也符合公司更广泛部署技术的战略方针：逐步向世界释放技术以使人们习惯使用。

奥尔特曼反复向员工们强调：OpenAI 需要启动“数据飞轮”（data flywheel）——这同样是互联网行业的一个著名行话。

这款产品的名字，一开始有一些拗口，叫作“与 GPT-3.5 聊天”（Chat With GPT-3.5），在一次头脑风暴中，奥尔特曼决定将其简化为 ChatGPT。

管理层在 Slack（一款类似飞书、钉钉的协作应用程序）群里反复讨论了很多次，对发布仍然存在很多顾虑。但奥尔特曼顾不了这么多了，他在群里发了一条消息，一锤定音："让我们搞定它。"

团队最终达成了共识。管理层小心翼翼地将这次发布定位为"低调研究预览"（Low key research preview），而非产品发布。

11 月 29 日，正式发布的前一天晚上，准备工作终于完成。总裁布罗克曼带着加班多日的团队出去喝酒。微醺之际，他发表了讲话，感谢了团队多日来的辛勤付出，但同时他也认为 ChatGPT 不会吸引太多关注。他的预测是："顶多就是一条有 5 000 个赞的推文。"

11 月 30 日，上午 11 点 38 分，奥尔特曼小心翼翼地用自己的 X 账号发布了由 9 个单词和一条链接组成的推文：

> today we launched ChatGPT. try talking with it here：http：//chat.openai.com
>
> （今天我们推出了 ChatGPT。试着在这里与它聊聊：http：//chat.openai.com。）

在这条推文的评论区，奥尔特曼又做了一些解释："这只是早期演示（仍然有很多限制——它非常像一个研究版本）。"由于打字太快，他还拼错了一个单词。

这次发布是如此低调，许多未直接参与的 OpenAI 员工，包括安全部门的员工，甚至都不知道 ChatGPT 已经发布了；销售团队被简单告知，这次发布不会对销售有任何影响。

奥尔特曼也没有向董事会报告这次发布，这也成为后来董事会成员攻击他的一大理由。但我们有理由相信，他的确是低估了这次发布的影响力，而不是故意秘而不宣。

公司内部有人打赌，在第一周内会有多少人使用该工具。最高猜测是 10 万。

所有人都错了。

ChatGPT 火了。5 天之内，超过 100 万人使用了 ChatGPT。

注册人数的激增几乎立刻让公司的服务器瘫痪。后端工程师们匆忙进出于办公室厨房旁的一个乱糟糟的空间，挤在笔记本电脑前，从其他项目抽调算力。

事态稳定下来后，“低调研究预览”立即成为公司内部的一个梗；有员工使用 AI 图像生成器 DALL-E 制作了一个梗图，名字就叫“低调研究预览”，图案是一台即将被火焰吞噬的电脑。

创新者的窘境

ChatGPT 彻底火了，两个月狂揽 1 亿月活用户，成为史上用户增长速度最快的消费级应用程序。而为了达成这一数据，TikTok 用了 9 个月，Instagram 用了两年半，X 则用了 5 年。

12 月初的硅谷，在 OpenAI 旧金山总部以南 1 小时车程，多次被评为全美最佳工作场所，拥有免费餐厅、按摩房、健身课和逗人开心的宠物们的谷歌总部，本应是员工们放松心情、准备享受圣诞节假期的时候。

但过去一周，这里却一片乌云惨淡。

谷歌 CEO 桑达尔・皮查伊这段时间不停地使用 ChatGPT，心情越来越沉重。他意识到，谷歌正面临一场前所未有的危机。作为过去 10 年人工智能领域无可争议的执牛耳者，谷歌招募了辛顿，收购了 DeepMind，推出了 AlphaGo，发明了 Transfomer 模型，每一步都引领着行业的潮流、吸引着大众的目光。最终却被一个后来者摘走了那颗最夺目的果实。

整个 2022 年，谷歌内部一直在讨论是否要发布聊天机器人。毫无疑问，是管理层的犹豫不决以及所谓的大公司病导致了这一切的发生。谷歌的前产品经理高拉夫・内马德（Gaurav Nemade）曾向《华尔街日报》透露："谷歌顾虑很多，非常害怕公司声誉受损……他们倾向于保守主义。"谷歌内部有一个中央审查小组，成员包括用户研究人员、社会科学家、技术专家、伦理学家、人权专家、政策和隐私顾问、法律专家。对于谷歌的任何产品，他们都会按照谷歌制定的人工智能准则评审，以把伦理问题降到最低。这样的审查小组几乎让聊天机器人的发布变得遥遥无期。

如果像 OpenAI 这样的初创公司发布一个不完美的产品，人们往往只会关注它的亮点，对它的缺点宽容放过；而谷歌这样的巨头则不然，任何的瑕疵都会遭到猛烈的抨击。

在离圣诞假期只有不到两周的一天上午，皮查伊决心不再犹豫，他召开了一次高管会议。会议室内人们表情严肃，所有人都知道这次会议的目的，皮查伊决心孤注一掷，在年底前推出与 ChatGPT 竞争的 AI 产品，并将 AI

功能逐步添加到云服务、搜索和其他产品中。

会议开始，谷歌法务高级副总裁肯特·沃克面无表情地单刀直入："你们还有什么顾虑？一个一个说吧。"

于是众人七嘴八舌起来，从各自负责的业务角度阐述发布方案是多么愚蠢。可以想象，在过去，一定也出现过多次类似的场面，谷歌的 AI 产品就是在这样的扯皮中胎死腹中。

皮查伊没有办法像奥尔特曼一样说出"让我们搞定它"——毕竟谷歌是一个十几万人的大公司；甚至在公司内部，他都极力避免以"boss"形象自居，他更像是一个大家长，小心翼翼地维持各方平衡。

会议最终达成了妥协方案：公司将进行有限的发布。他们会避免将任何东西称为产品。对于谷歌来说，这将是一次实验，这样它就不必是完美的。

与此同时，在硅谷以北 1 300 千米的华盛顿州雷德蒙德，微软的园区则是一片喜庆气氛。微软的高管们为 ChatGPT 的发布欢欣鼓舞。

随着 ChatGPT 的成功，老迈的微软重新焕发了青春，向他们的对手谷歌发起了全面进攻。

搜索的"新时代"

2023 年新年刚过，微软放出消息，邀请记者们于 2 月 7 日前往公司总部，届时将隆重推出集成在其搜索引擎 Bing 中的聊天机器人。

这则消息成为压垮骆驼的最后一根稻草。谷歌立刻乱了阵脚，决定孤注一掷，抢在微软之前进行发布。

2 月 6 日，在微软发布会的前一天，谷歌抢先发布了一篇公告，宣布谷歌将发布自己的聊天机器人 Bard，并罗列了 Bard 的主要功能以及应用场景，但未公布具体发布时间。Bard 实际上就是运行在 LaMDA 大语言模型上的聊天机器人。在勒莫因事件后，谷歌甚至都不再提“LaMDA”这一名称，并宣称将很快升级到一个更强大的模型，即 PaLM。

纳德拉不为所动，2 月 7 日，他和奥尔特曼一起登台，向媒体记者们展示集成了 GPT-4 的搜索引擎 Bing，他还在发布会上宣布了搜索的“新时代”。

很明显，他在给谷歌下战书:“比赛从今天开始。我们将快速前进，对我们来说，每天都要推出新东西。”台下响起一片欢呼。

2 月 8 日早晨，微软股价上涨 5%。但谷歌匆忙的公告则弄巧成拙，很快就有人在公告中发现了错误：应用场景的配图中有一张图片，Bard 称这是詹姆斯・韦布空间望远镜首次拍下太阳系外行星的照片。实际上，这是位于智利北部的欧洲南方天文台在 2004 年首次拍下的系外行星照片。

Bard 竟然犯了这么明显的错误，它立刻在社交媒体上成为笑柄，谷歌股价迅速下跌近 8%，市值蒸发超过 1 000 亿美元。后来人们发现，其实微软的聊天机器人也存在问题。但当时没人注意到。

实际上，Bard 没有那么糟糕，毕竟 ChatGPT 也经常一本正经地胡说八道。自 ChatGPT 发布以来，所有人都在期待谷歌的回应。但这个错误击碎了谷歌过去十几年在 AI 领域的领头羊形象，仿佛一夜之间，巨头谷歌在 AI 领域被小公司 OpenAI 超越了。

相比之下，集成了 OpenAI 技术的 Bing 受到热烈欢迎，在短时间内下载量猛增 8 倍。纳德拉得意地说，微软打败了“800 磅重的大猩猩”[①]，以此来嘲讽谷歌。

“创新者的窘境”这个魔咒再次显灵——OpenAI 和微软攻入了谷歌的腹地，开始威胁谷歌的核心搜索业务。

不仅如此，一个月后，微软再次发布了重磅产品——Copilot，Copilot 的意思是副驾驶，正如这个名字所暗示的，它的定位是专家助手，可以帮助用户完成无数复杂任务。

早在 2017 年，在微软与 OpenAI 建立合作关系之前，盖茨与纳德拉以及一小部分高管分享了一份备忘录。盖茨预测，一个新的世界秩序将很快由他所称之为“AI 代理”的数字个人助手带来——这些代理将能够预测我们的每一个需求和想法。这些代理将比 Siri 和 Alexa（亚马逊的语音助手）更强大，拥有“神”一般的知识和超自然的直觉。

“代理不仅将改变每个人与计算机的互动方式，”盖茨写道，“它们还将颠覆软件行业，带来自我们从输入命令转变为点击图标以来的最大计算革命。”

这份备忘录让读者感到不切实际。“它看起来超级未来主义。”一位匿名

① 1 磅≈ 0.453 6 千克，800 磅≈ 362.87 千克。

的微软高管说。微软之前曾多次尝试创建个人“代理”，但都遭到了嘲笑，从失败的 Office 助手 Clippy 到种族主义聊天机器人 Tay。当时很少有人会相信新一代的 AI 代理会改变微软。

然而，现在很明显，盖茨的备忘录预示了 Copilot 的出现，这个人工智能工具帮助微软成为全球市值最高的上市公司之一。

Copilot 是由 OpenAI 的 GPT 大语言模型的一个版本提供支持，去年作为微软产品中的一个工具首次亮相，能够帮助用户完成诸如准备演示文稿和总结会议等任务。“现在 Copilot 听起来就像他之前写的那样。”这位高管说。

Copilot 发布前夕，微软 CTO 斯科特给管理层发了一份备忘录，名字叫《人工智能的 Copilot 时代》（*The Era of the AI Copilot*）。备忘录里写道：

> 在我的职业生涯中，我从未经历过这样一个时刻：我所处的领域正在发生如此大的变化，重新构想可能性的机会如此现实且令人兴奋。我们下一个任务是将 Copilot 成功应用于微软最受欢迎的开发软件 GitHub 中。而 Copilot 的引擎，则是 OpenAI 的一项新发明：GPT-4。

OpenAI 的 GPT-4 让盖茨的预言成为现实。

斯科特甚至成为奥尔特曼的粉丝，认为他最终将与史蒂夫·乔布斯、比尔·盖茨和马克·扎克伯格相提并论。“这些人在科技行业乃至整个世界上留下了不可磨灭的印记，”他说，“我认为山姆将成为其中之一。”

“祝谷歌 25 周年生日快乐”

谷歌这艘庞大的巨舰不得不进行艰难的转身。2023 年 1 月，为了重新聚焦人工智能，皮查伊宣布了公司有史以来最大规模的裁员行动：裁减了约 1.2 万个工作岗位，占员工总数的 6%。

两个月后，谷歌终于正式发布了他们的聊天机器人 Bard。然而，Bard 的发布还没有激起任何水花，很快就被一周前 OpenAI 发布的 GPT-4 的铺天盖地的新闻和用户赞誉所淹没。此后谷歌甚至不得不将 Bard 更名为 Gemini。谷歌从来没有如此狼狈。

直到此时，皮查伊才想起来自己手中还有 DeepMind 这张王牌。2 月底，谷歌宣布，将谷歌研究旗下专注大语言模型的“蓝移团队”（Blueshift Team）正式并入 DeepMind，旨在共同提升大模型能力。消息一出，DeepMind 的科学家们在社交媒体上列队欢迎。

但过去两年，DeepMind 和总部之间的内斗让谷歌元气大伤，这次失败的发布让谷歌此前在搜索领域积累的好名声毁于一旦，皮查伊的帅位也变得岌岌可危。分析师和媒体议论纷纷，认为他的 CEO 位置已经进入倒计时。据说，谷歌联合创始人谢尔盖·布林也已经回到公司上班，在某个 AI 产品的开发中敲下了时隔多年后的第一行代码。

2023 年 9 月 27 日是谷歌 25 周岁生日，皮查伊在纪念文章中写道：

> AI 会完全改写科技，给人类创造性带来不可思议的推进。让 AI 给每个人带来帮助，有责任地部署 AI，这将成为未来 10 年谷歌最为重要的使命交付方式。

而挟着大胜之威的奥尔特曼则在 X 平台上向对手表达了敬意：

> 祝谷歌 25 周年生日快乐，它是有史以来最重要的公司之一。我非常感激这些改变了我和许多其他人生活的惊人产品。（我担心这会被误解为某种挖苦的评论，但我其实是真诚地祝福！）

奥尔特曼既宣誓了胜利，又给自己赢得了好名声。

随着知名度和影响力的急剧上升，此时的 OpenAI 开始像暴发户一样掀起招聘狂潮，从科技行业最顶尖的公司，如 Meta、苹果和亚马逊挖来高管。

随着员工数量的急剧增加，之前先锋大楼的空间不够用了。这次，他们搬到了几个街区之外的另一幢楼。这是一座 4 层楼的灰白建筑，外面没有任何标识，很久以前这里曾是一个生产蛋黄酱的工厂。

但在这座毫不起眼的建筑里面，按照奥尔特曼的要求，装潢公司进行了全面翻新，建造了大学风格的餐厅、自助酒吧、厨房、午休室以及一个图书馆。

奥尔特曼对他构思的蜿蜒而上的楼梯非常满意，有了它，所有 500 名员工每天都有机会在楼梯上相遇、交谈。与其说这里是一个办公场所，不如说它是一个充满新时代气息的乌托邦。

在奥尔特曼的办公室里，放着一把青铜剑，他有时会一时兴起，拿起它挥舞几下。剑上有一个小小的暗色缺口，是几千年前战斗中击中头盔的痕迹，有时候他会展示给朋友们看。

“当然，也有可能是击中了骨头。”他和朋友争辩道。

此时他像一名真正的统帅一样，领导 OpenAI 击败了巨头谷歌，赢下了第一回合。

不久之后的一天晚上，奥尔特曼给他身处创投行业的两个弟弟发短信，说他又从微软那里筹集了“10 张钞票”（10 bills），他的兄弟们立刻明白了他的意思，他说的是 100 亿美元。这意味着微软前后 3 次，总共向 OpenAI 投入了 130 亿美元。要知道，微软在 2023 财年的利润也只有 720 亿美元——微软在历史上还从来没有在一家初创公司上投入如此重金。

奥尔特曼和团队的努力与冒险得到了回报，他们不再是一群“乌合之众”，而是如今 AI 行业中一股不可忽视的力量。

但这位年轻的 CEO 没有意识到，大胜之下必有隐忧，过去几年压在团队身上的外部枷锁终于解除，而积累的内部危机却在慢慢发酵。

Sam Altman

第二部分

权力的游戏

通往“通用人工智能”（AGI）的道路是一场巨大的权力斗争。

——奥尔特曼

Sam Altman

第六章

硅谷的“宗教战争”

规模法则是由上帝决定的，而它的常数由技术团队决定。

——奥尔特曼

如果你把智力看得比人类的其他品质都重要，你就会过得很糟糕。

——苏茨克弗

回形针的末日预言

2022 年秋季的某一天，数千个 OpenAI 标志形状的回形针被寄到 OpenAI 位于旧金山的总部。

当 OpenAI 的员工们看到这些回形针时，虽然没有人知道它们来自哪里，但每个人都立刻领会了它们的含义。

在人工智能领域，回形针象征着一个广为人知的末日预言。这一预言源自哲学家尼克·波斯特洛姆（Nick Bostrom）在 2014 年出版的《超级智能》（*Superintelligence*）中描述的思想实验。在这个实验中，假设一个人工智能被赋予了尽可能多地制造回形针的唯一任务，那么它可能会在无意中消灭全人类以完成其任务。

类似的例子还有，让 AI 通关吃豆子的游戏。按照人类设定的激励假设，游戏玩得越好、通关越快，获得的分数就越高。但 AI 研究人员发现，这个激励假设很容易被 AI 扭曲，AI 可能会执迷于获得更高的分数，要么它会走完所有错误的路线吃掉所有的豆子，要么它将改变游戏设置来作弊。

然而，AI 没有真正理解，走出迷宫才是真正的目标。这种现象被称为激励扭曲（Reward hacking），它揭示了激励模型设计和 AI 实际行为之间存在无法预测的不确定性。随着 AI 神经网络变得更强大，激励扭曲可能导致 AI 以更难以想象的方式作弊以获得激励。

AI 在很大程度上还是一个黑匣子，人们并不知道其内部是如何运作的，只知道通过规模法则——“大力出奇迹”的方式，可以产生智能。而关注 AI 安全的技术人员担心，这种“知其然不知其所以然”的人工智能的发展可能会带来未知的风险。

正如奥尔特曼所说：“规模法则是由上帝决定的，而它的常数由技术人员决定。”

有效加速主义 vs. 有效利他主义

时间来到 2023 年秋天，随着 ChatGPT 的出现和 AI 在产业界的爆发，硅谷开始加速分裂，在这样的分裂中，出现了“有效加速主义”（effective accelerationism）和“有效利他主义”（effective altruism）两大派系。加速主义者相信自由市场的力量；而利他主义者则认为，道德、理性、数学和经过精密调试的机器应该引领未来。

加速主义萌芽于 20 世纪初的未来主义运动。这一派别的追随者认为，技术是一股强大、高速的力量，他们主张加快技术革命的速度，甚至对技术的毁灭性维度（如战争），都当作“美”来赞颂。2010 年左右，加速主义更进一步，以哲学家尼克・兰德（Nick Land）为代表，强调资本的作用，认为技术和社会的领导权应由专制机构和少数技术人员掌握，这被视为当下人工智能“有效加速主义”的哲学源头。

有效加速主义在硅谷拥有不少追捧者，比如在社交平台 X 上，会发现有些账号名称后面加有 e/acc 后缀（e/acc 是 effective accelerationism 的缩写），包括 YC 第四代掌门人陈嘉兴（Garry Tan）、a16z 创始人马克・安德烈森（Marc Anderessen）等。

而有效利他主义大概始于 10 年前，发端于牛津大学的校园。最初，它只是活跃于互联网社区，但最近几年发展迅猛，如今已发展成为遍布全球的庞大网络。它拥有大量子分支和派别，成立了一系列非营利机构、研究和预测中心、各种论坛等。从比特币社区到美国白宫，都可以看到其追随者的身影，在硅谷更是有着大批拥趸。

有效利他主义拥有一套复杂的全新世界观体系，其核心可以用哲学家彼得・辛格（Peter Singer）的思想来概括，即“在维持基本生存以外，你花的任何一笔钱，都是以另一个人的死亡为代价”。该运动的领袖、牛津大学哲学系助理教授威廉・麦卡斯基尔（William MacAskill）将其进一步归纳为：如果有人因极度贫困而死去，就相当于你亲手杀死了他们。马斯克曾直言不讳地表示，麦卡斯基尔的理念非常符合他的哲学观。

最初，这一运动主要关注全球贫困和动物福利，但最近几年，其焦点放在了人工智能对人类的威胁上。有效利他主义者认为，保护未来的人类与保护现在的人类同等重要，而人工智能给人类带来了存在主义危机。

显然，利他主义者对人工智能的态度更倾向于负面和警惕。他们认为人工智能可能会欺骗人类，同时努力摧毁人类，以实现其效用函数的最大化。

这两种主义意识形态之间的斗争逐渐演变成抢夺舆论制高点的“宗教战争”。渗透到 AI 公司中，则变成了围绕意识形态的权力斗争。从表面上看，这种斗争似乎是一家独领风骚的公司内部的权力之争，但本质上，其实是人工智能发展的两种路线的冲撞：一派扛着“加速主义”旗帜，希望 AI 在技术精英的带领下加速前进改造世界；另一派则是以利他主义理论为根基，力求让 AI 在人类的控制下发展。

动荡的种子——OpenAI 内的两种主义之争

如果我们事后回顾，会发现 OpenAI 在成立之初就埋下了动荡的种子。2015 年，OpenAI 作为一个致力于使“整个人类”受益的非营利组织成立。在这种构想中，OpenAI 更像一个研究机构或智囊团体。其章程明确规定，OpenAI 的“首要受托责任是服务于人类”，而不是投资者或员工。这样的设计吸引了大量技术理想主义者加入。而到了 2019 年，OpenAI 成立了一家采用“有限利润”模式的子公司，以筹集资金、吸引顶尖人才，并最终开发商业产品。这期间，OpenAI 又吸引了大量野心勃勃来硅谷淘金的人才加入。很快，OpenAI 内部出现了各种派系，奥尔特曼在 2019 年的一封员工邮件中称之为“部落”。

在最初的几年里，外部的生存压力让内部的部落们精诚合作，保持着微妙的平衡。作为 CEO，谨慎、精明的奥尔特曼也从未表达过对任何一派的支持。有趣的是，如果我们回顾奥尔特曼早年的言论，他更像是一位利他主义者。（相比之下，苏茨克弗更像是加速主义者，尽管他也从未公开支持过任何一方。）

但 ChatGPT 的出现迅速打破了这一平衡。作为有史以来最成功的商业产品之一，它比历史上任何其他应用程序增长更快，似乎单枪匹马地重新定义了全人类对人工智能的理解。然而，它也让 OpenAI 内部已经存在的意识形态分歧进一步加剧。

特别是当 OpenAI 击败谷歌，紧接着微软再次给 OpenAI 开出了令人瞠目结舌的 100 亿美元支票之后，奥尔特曼似乎一夜之间变成了一个加速主义者。

“这笔交易完全破坏了 OpenAI 获得非营利机构地位时所遵循的原则，”纽约大学心理学和神经科学荣誉教授、一家机器学习公司的联合创始人加里·马库斯（Gary Marcus）表示，“这就像进行了一个 180 度的转变。”

而奥尔特曼本人在过去一年也发生了巨大变化，他带领 OpenAI 从一家小公司变成了 AI 领域无可争议的王者，开始拥有了资本和舆论加持下的无上权力。

马斯克似乎看到了这一点。“我对山姆有着复杂的感情，”在一次访谈中，马斯克用《指环王》中的“权力之戒”做了一个意味深长的比喻，“权力之戒可以腐蚀人心，而他现在拥有这枚戒指。”

有效利他主义的崩塌

据传，那场回形针的恶作剧是竞争对手 Anthropic 的一名员工所为，而 Anthropic 本身就是从 OpenAI 的人工智能安全部门衍生而来。

我们在第四章中提到，Anthropic 的 CEO 阿莫代是前 OpenAI 的首席研究员，他一直是 AI 安全的坚定倡导者。阿莫代认为，技术的开放性和透明度是 AI 发展的基石。随着 AI 技术的快速发展，必须建立严格的安全措施，以防技术被滥用或引发不可控的后果。然而，OpenAI 的管理层在成立营利实体之后，开始不由自主地关注营利和商业扩展，这与阿莫代安全至上的理念发生了冲突。于是他从 OpenAI 辞职，成立了 Anthropic。

显而易见，阿莫代是明显的“有效利他主义者”，但他和有效利他主义的联系远不止于此。我们在第四章中还提到，与有效利他主义相关的团体开放慈善基金会曾向 OpenAI 捐赠 3 000 万美元，是 OpenAI 早期最大的金主之一，而开放慈善基金会的 CEO 霍尔登·卡诺夫斯基曾是阿莫代和他妹妹丹妮拉的室友。之后，卡诺夫斯基和丹妮拉还发展成了恋人。

2017 年 8 月，卡诺夫斯基和丹妮拉·阿莫代举行了一场以“有效利他主义”为主题的婚礼。婚礼宾客被鼓励提前阅读德国哲学家尤尔根·哈贝马斯（Jürgen Habermas）的一本 457 页的大部头著作。“这是了解我们婚礼的必要背景。”这对新人在婚礼网站上写道。

鉴于以功利主义数学为基础，有效利他主义运动开始吸引来自大型科技公司的支持者，他们开始进一步推动这一逻辑。当你可以通过赚更多钱来增加捐款数额时，为什么只关注捐赠的钱呢？这种逻辑表明，如果你有能力，在对冲基金或大型科技公司工作并进行捐赠比为慈善机构工作更加道德。山姆·班克曼－弗里德在倒台前，一直是这一信条的典型代表。

在阿莫代兄妹创建 Anthropic 之后，山姆·班克曼－弗里德成为他们背后的支持者，币圈的人喜欢称他为 SBF（其英文名 Sam Bankman-Fried 的缩写）。他创建的 FTX 是全球第二大加密货币交易所，日交易额在

100 亿～ 150 亿美元，其估值一度高达 320 亿美元。

班克曼 - 弗里德表示，他的目标并不是通过大量收入来丰富自己的生活，而是希望为数十亿人做出巨大贡献。从他作为量化交易员的第一份工作开始，到创建自己的加密帝国，班克曼 - 弗里德一直宣扬有效利他主义运动的价值。他自诩为有效利他主义的倡导者，声称自己要赚取尽可能多的钱，然后捐赠出去，将资金直接投入最有意义的领域，以实现世界的美好。

有效利他主义的哲学在理论上看似无懈可击，但在实际操作中却暴露出其虚伪性。班克曼 - 弗里德所推崇的长期主义理念，实际上是为了掩盖其自身的利益驱动和不道德行为。尽管他声称要通过高风险投资和金融操作赚取巨额财富，并将其用于慈善事业，但事实却是，他的行为导致了数以万计的投资者遭受巨大损失，并在加密货币行业引发了前所未有的混乱。

在与 Vox 记者的私信交流中，班克曼 - 弗里德承认他的道德驱动方法“在很大程度上是一个幌子”。他写道：“这个 10 年的一些最伟大的英雄将永远不为人知，而一些最受人喜爱的人基本上是虚伪的。”

在 FTX 破产前，班克曼 - 弗里德试图从各个地方回收资金，其中很可能包括了对 Anthropic 的 5 亿美元捐款。这在当时肯定会拖累 Claude 的发布。

班克曼 - 弗里德与奥尔特曼在有效利他主义上似乎存在争论。FTX 破产几天后，奥尔特曼在社交平台上发布了他与班克曼 - 弗里德的私信截图。在对话中，奥尔特曼指责班克曼 - 弗里德总是擅长谈论道德，而班克曼 - 弗里德则露骨地回应：“呵呵，我必须这样做，声誉就是这么建立的，我对那些倒霉的人感到难过。通过这个愚蠢的游戏，我们操纵西方人不断说一些陈词滥调，并获得每个人的喜爱。”

在放出截图时，奥尔特曼写道：

关于有效利他主义我已经忍了很久了，我不知道自己还能有多少自制力。

当有网友在下面留言问奥尔特曼还要爆多少料时，奥尔特曼回应：

今晚多喝了几杯，看看会发生什么！

在硅谷，提起“山姆”，大家想到的一定是奥尔特曼和班克曼－弗里德。在 FTX 坠落之时，其中一个“山姆”对另一个“山姆”踩了最后一脚。

“不要害怕，只要建设”

2022 年底，随着区块链交易所 FTX 的破产和创始人班克曼－弗里德的入狱，以及 ChatGPT 的横空出世，人们开始对有效利他主义进行深刻反思。与此同时，一股新的思潮在硅谷悄然兴起，名为“有效加速主义”。

这一运动汲取了 20 世纪 90 年代未来主义文化和超人主义的灵感，超人主义是对技术改善人类状况的无限信仰。“加速主义”这一术语源自英国哲学家尼克·兰德的作品，他主张超级资本主义，并不惜一切代价追求技术进步。

这股思潮其实已经存在几年了，一开始只是在 X 平台上有一个小圈子

（账号后面加有 e/acc 后缀）。最初，这一群体都以匿名身份出现，在 X 平台上发帖和聚集，内容充满了古典自由主义、大男子主义和许多“玩梗”的表情包。他们最初只有几千人，但在 X 平台上非常活跃。其中的组织者是一个自称贝夫·杰佐斯（Beff Jezos）的人，他尤为出名，贝夫·杰佐斯很明显是假名，是对亚马逊创始人杰夫·贝佐斯的幽默模仿。

贝夫·杰佐斯的账号头像也是虚拟的——一个有着六块腹肌的男人，背景是太阳和星际宇宙，后来人们发现这是他们组织的图腾——太阳神崇拜。

一位叫作 Pico Paco 的匿名黑客曾在一个帖子中详细描绘了他们的太阳崇拜：

> e/acc 的最早根源可以追溯到对太阳神阿波罗的崇拜，他是太阳之神、预言之神、知识之神，实际上也是加速之神。
>
> 我们必须加快知识和技术。我们必须征服死亡。我们必须崇拜太阳，包括它的生命以及一切来自它的东西。我们必须向那些为我们拥有这种特权而死去的人致敬。
>
> 听我号令：
>
> 加速的最佳时机是昨天，
>
> 第二好的时机就是今天，
>
> 快吃太阳药丸！

后来，《福布斯》的记者发现贝夫·杰佐斯的真实身份是纪尧姆·弗登（Guillaume Verdon ），一名谷歌前工程师，他在 2022 年创立了一家人工智能硬件初创公司 Extropic。

杰佐斯的语言很幽默也很有煽动性，表明他们像硅谷的许多人一样，相信技术将解决人类最严重的问题。有效加速主义在他看来不仅是一场存在主义的战斗，也是针对那些试图减缓人工智能发展步伐或建立壕沟保护公司竞争优势的人的挑战。

杰佐斯在博客文章《关于 e/acc 原则和宗旨的说明》（*Notes on e/acc principles and tenets*）中写道：

> 科学、技术和智慧仍有很长的路要走……说我们应该寻求在当前状态下维持人类和文明的静态平衡，这是一种导致灾难性失败的做法。

在《究竟什么是有效加速主义》（*what the f* is e/acc*）的另一篇博客文章中，杰佐斯写道：

> 许多人都在说，解决这些问题的方法是退一步，解决方法是负增长。但负增长其实是一种投降。负增长是中央规划在稀缺心态下的狂热。负增长是披着羊皮的狼。
>
> 向人们传播有效加速主义，表达你对未来的乐观，拒绝吞下你被灌输的绝望和恐惧。不要害怕，只要建设。
>
> 无论你是在建立一个家庭、一家创业公司、一艘宇宙飞船、一个机器人，还是更好的能源政策，只要开始建设。
>
> 做一些困难的事情。为每一个接下来的人去做。就是这样。存在会照顾其他事情。只要建设。

这篇文章立刻火了，成为有效加速主义的宣言。

这个本来挺小众的组织，随着 ChatGPT 的出现，猛然间成了主流，还有不少硅谷顶流“大咖”为其站台。

另外，杰佐斯也很会发梗图，而梗图是马斯克的最爱。马斯克很喜欢在他的梗图下面发自己的梗图，像是在比赛；而奥尔特曼也曾经在他的帖子下面开玩笑说：“你不可能加速过我。”

进入 2023 年，随着 AI 的进一步火爆，有效加速主义开始成为硅谷的主流思想。

硅谷著名的风险投资家、网景联合创始人马克·安德烈森在 2023 年秋天发表了《技术乐观主义者宣言》（*The Techno-Optimist Manifesto*），他主张“不成长就是停滞，这会导致零和思维、内部斗争、退化、崩溃，最终导致死亡”。

安德烈森还对杰佐斯赞赏有加，称他是“技术乐观主义者的守护神”。杰佐斯的其他支持者还包括 Notion 联合创始人克里斯·普鲁哈（Chris Prucha）、YC 当时的 CEO 陈嘉兴，以及加密货币以太坊的联合创始人维塔利克·布特林（Vitalik Buterin）——也就是币圈大名鼎鼎的 V 神。V 神还发表了一篇名为《我的技术乐观主义》（*My techno-optimism*）的文章，文章写道：

> 我对技术乐观主义的感受是温暖的，但也是微妙的。我相信未来会因为彻底变革性的技术而变得比现在明亮得多，我相信人类和人性。我反对那种认为我们应该尽力让世界保持停滞，只是少一些贪婪的心态。

不久之后，YC 曾经组织了一次几十位创始人，以及一些人工智能研究人员和科技初创企业员工参加的会议，会议上杰佐斯发表了视频讲话："你要么忙于加速，要么忙于死亡。"

而 YC 的 CEO 陈嘉兴在那之后也发表了演说，他说："建设非常重要。因为如果我们能在这里建设起来，我们将占领整个国家。我们将占领世界上每一个国家。这一切将从今晚开始，在这里，在你们所有人中间。"

而"只要建设"正是杰佐斯不断重复的口号。

一位参加完聚会的创业者，后来形容自己当时"起了一身鸡皮疙瘩"。

另一位参加了活动的创始人更是直言不讳地说："这是邪教。"

有效加速主义虽然在硅谷愈演愈烈，但有一个问题，就是始终难登大雅之堂。加速主义者、Leda Health 的创始人麦迪逊·坎贝尔（Madison Campbell）担心加速主义团体"用表情包和互相攻击的方式混淆了信息"。

"尽管表情包很有趣，但我们在谈论一代人的未来，"她补充道，"我们应该建立联盟来推动这场运动，而不是互相攻击。"

坎贝尔认为，人工智能乐观主义者需要在国会山上有一个发声者，一个能够与阻碍人工智能发展的监管机构做斗争的人。她不认为一个由匿名账号杰佐斯领导的运动能做到这一点。"你会怎么做？让一个戴着面具的人去国会？"她说。

很快，他们就找到了合适人选。

这个人就是奥尔特曼。

他“迷住了国会”

2023 年 5 月 16 日上午，奥尔特曼坐上了美国国会举行的关于人工智能监管的听证会的证人席。

对抗过度的 AI 监管已成为加速主义的核心原则。这一理念的基础是坚信，如果不受过度谨慎的监管的阻碍，人工智能的进步将成为社会的均衡器——即便它最初可能会引发社会混乱。而之前的监管很多时候变成了固化市场地位、阻碍竞争的手段。

奥尔特曼的姿态和言论令人耳目一新。他以擅长的口才和沟通能力，相当谦逊、真诚地回答了议员们的每个问题。而议员们并未对奥尔特曼进行粗暴盘问，甚至感谢奥尔特曼与他们私下会面并同意出席听证会。

与 Facebook（现 Meta）的 CEO 马克・扎克伯格、TikTok 的 CEO 周受资在听证会上遭遇的剑拔弩张相比，这场听证会的氛围堪称一团和气。

奥尔特曼（谈论危机时）的坦率与真诚吸引了华盛顿的许多人，新泽西州民主党人科里・布克（Cory Booker）甚至多次直呼他为“山姆”。对此，CNN 评论称，奥尔特曼在几小时内就完成了其他技术高管多年来一直试图努力达到的目标：他“迷住了国会”。

媒体注意到，会后奥尔特曼甚至像个大学生一样，跑到主席台前，向听证会小组主席“虚心请教”了一番。而参议员们似乎接受了他的警告，认识到人工智能可能会“对世界造成重大伤害”，并呼吁对这项新兴技术进行适度监管。“如果这项技术出了问题，那就可能会大错特错。”他的这句话在会后被许多媒体引用。

听证会之所以如此顺利，可能与奥尔特曼前一天和大约 60 名议员共进晚餐有关。据参加晚餐和会议的人士透露，奥尔特曼提出了一个宽松的框架，用于管理可能从根本上改变经济的人工智能系统，并现场演示了 ChatGPT 的功能与应用场景。议员们对此给予了高度评价。

“我认为这太棒了，”众议院民主党核心小组副主席、加利福尼亚州民主党众议员特德·刘（Ted Lieu）说，“让国会议员全神贯注将近两个小时并不容易，为此奥尔特曼提供了很多信息。”密歇根州民主党众议员黑莉·史蒂文斯（Haley Stevens）表示，她“从未参加过这样的会议”，并称赞“我们整个国会的所有代表聚集在一起‘参与’一个正在改变我们世界的话题”。

“我已经习惯了见证人进来并试图用谈话要点说服我们，”一名议员表示，“山姆·奥尔特曼的不同之处在于他正在进行一场对话。”

“他天生就有说服人的能力。”奥尔特曼的导师格雷厄姆曾这样评价他。

有趣的是，有些议员把奥尔特曼当作了自己人，参议员约翰·尼利·肯尼迪（John Neely Kennedy）甚至询问奥尔特曼本人是否有资格参与组建监管 AI 的联邦机构。

对此，奥尔特曼礼貌地拒绝了：“我喜欢我现在的工作。”

环球旅行

听证会落幕后，奥尔特曼开启了他的环球之旅。他的目标是与各国政府和公众分享人工智能的优势以及适度监管的重要性，并提议应该成立一个类似于联合国下属的国际原子能机构（IAEA）的组织，来共同监管人工智能的发展。

他首先来到欧洲，会见欧洲各国领导人，长长的名单里有英国首相、法国总统、西班牙首相和波兰总理。在他造访欧洲期间，欧盟议会投票推进名为《人工智能法案》（*AI Act*）的立法草案，这套法案被认为是西方首套全面的人工智能法规。草案包括对面部识别技术的限制，并要求一些人工智能模型披露用于训练模型的版权材料。同样，在奥尔特曼访问澳大利亚时，当地政府也正在就人工智能监管进行为期 8 周的磋商。

在伦敦唐宁街 10 号首相府会见英国首相时，DeepMind 的 CEO 哈萨比斯和 Anthropic 的 CEO 阿莫代也一同参与会见。这应该是 3 人首次同框。哈萨比斯看起来神情严肃，而坐在旁边的奥尔特曼则表情轻松，他向英国首相表示 AI 监管是一个必须努力实现的关键目标。

除身穿西装革履会见各国政府首脑外，他还参加了大量的公众活动，仿佛是一位参加竞选的候选人。在 30 岁以前，奥尔特曼只有一套西服——那是他去中国香港地区时，他的助手“骗”他量身定制的一套灰色西服。

当他来到英国伦敦大学学院演讲时，人们从礼堂门口排队至街头，绵延穿过一个城市街区。在阳光下，等待入场的人们交换着彼此对 AI 的看法。在礼堂内，奥尔特曼受到了如摇滚明星般的热烈欢迎。

“我对这项技术感到非常兴奋，它可以恢复过去几十年失去的生产率，并且不仅仅是迎头赶上。”奥尔特曼重申了他的基本观点，即世界上的两大“限制因素”——智力成本和能源成本。他表示，如果这两种产品的成本大幅降低，那么对穷人的帮助应该比对富人的帮助更大。

“人工智能技术将提升整个世界。”奥尔特曼说。

在伦敦，奥尔特曼还是那么说——监管必须恰到好处。他期望看到的监管模式是“介于传统欧洲方式和传统美国方式之间”。他警告说，过度的规定可能会对小公司和开源运动造成伤害。

奥尔特曼说：“如果有人真的攻克了难关，并建立了一个超级智能（无论你如何定义它），那么制定一些全球规则是合适的……我希望我们至少能像对待核材料一样认真对待这个问题，因为大规模的系统可能会产生超级智能。”

礼堂外还有另一种态度。6 名年轻的抗议者举着标语，呼吁 OpenAI 停止开发达到人类大脑同等智慧的 AGI。一名抗议者拿着扩音器指责奥尔特曼有“弥赛亚情结”，即冒着毁灭人类的风险来追求自我价值。

在墨尔本的演讲活动结束后，身穿灰色亨利衫、深色裤子和一双彩虹运动鞋的奥尔特曼被索要合照、签名的年轻人团团围住。与此同时，大厅里也有抗议者举起标语，其中一个标语上写着：“人工智能很可能导致世界末日。”

墨尔本是奥尔特曼的最后一站，在过去的几周里，他惊人地访问了 22 个国家，但没有展现出任何疲态。

在奥尔特曼的旋风式全球旅行结束后，公众对有效加速主义的兴趣在这个夏天激增。根据 Google Trends 的数据，对 e/acc 的搜索在 7 月达到了历史最高水平。虽然奥尔特曼从来没有发表过支持有效加速主义的言论，但此时的他，俨然已经成为有效加速主义的最佳代言人。

硅谷的“宗教战争”似乎将以奥尔特曼的又一次胜利收场。

但历史上的宗教战争动辄绵延百年，因为人心远比土地更难以征服。

就在此刻，更重磅的人物站到了对面阵营。

教父的告别

2023 年 3 月，人工智能领域的教父辛顿从谷歌退休了。

一方面，年事已高的他确实到了退休的年纪。他搬回了加拿大，住到了多伦多海湾的一个孤岛上。那是他在 12 年前卖掉公司之后给自己买的。

另一方面，退休之后，他开始频繁接受媒体采访，而主题始终只有一个：人工智能可能控制人类。

过去，辛顿并不看好 AGI，他认为通往 AGI 的道路需要太多的数据和算力，才能完成真实世界中的实际任务。而这过于宏伟，在可预见的未来几乎无解。

“我更愿意专注于那些能够构想出解决方案的事情。”辛顿说。

“如果我有一位机器人外科医生，它需要了解很多关于医学和操纵手术工具的知识。我不明白为什么我的机器人外科医生需要知道棒球赛比分，为什么它需要通用知识？我本以为他们会制造一些机器来帮助我们，”他说，“如果我想让一台机器正确地挖沟，我宁愿要一台铲式挖土机，而不是机器人，你不会想让机器人去挖沟。如果我想要一台可以取钱的机器，一台自动取款机就可以了。我相信，我们可能并不想要通用机器人。”

当被问及对 AGI 的信仰是否像一种宗教时，他反驳道：“它远没有宗教那么黑暗。”

辛顿在离职时坦言，自己之所以离开工作了十多年的谷歌，就是为了可以完全自由地讨论人工智能所带来的危险性。他甚至表示，他对自己在人工智能领域所做的工作和贡献感到遗憾和懊悔。

“我用一个惯常的借口来安慰自己——如果我没有这样做，其他人也会这样做。”辛顿在接受采访时说道。他多次表示，作为一名科学家，正是在意识到人工智能可能超越人类智能之后，他才想要做一个“吹哨人”，以阻止潜在的人工智能可能控制人类的事情发生。

人工智能变得太强大了，神经网络和人脑思考方式不同。它们并没有像人类一样生活在世界上，只是被给予海量关于世界的信息，再进行抽象学习。辛顿认为，通过分析人类的语言，人工智能可以理解世界是如何运作的，从而能够产生一个思考系统。

“如果你希望一个系统有效，你需要赋予它创建自己子目标的能力，”辛顿说，“现在的问题是，有一个非常普遍的子目标可以帮助实现几乎所有目标：获得更多控制权。问题是：如何阻止它们追求控制权？没人知道答案。”

这意味着人工智能为了完成人类赋予它的目标，会谋求更多的控制权。

辛顿早期的学生、Meta 的首席科学家杨立昆并不害怕人工智能：“支配欲与智力无关——它与雄性激素有关。”

几乎在同一时间，生命研究所（Future of Life Institute）以公开信的方式发起倡议，呼吁所有人工智能实验室立即暂停训练比 GPT-4 更强大的人工智能系统至少 6 个月。截至 2023 年 3 月底，在该网站上，这封公开信获得了包括马斯克在内的 1 126 人的联名签署。除马斯克之外，在该公开信的联合签名栏，还有众多大学学者、工程师和企业创始人及高管，例如“图灵奖”获得者约书亚 · 本吉奥、苹果联合创始人史蒂夫 · 沃兹尼亚克（Stephen Wozniak）等。同时，这份名单中也包括一些著名编辑、教师和学生的名字。

不过，作为“人工智能教父”，辛顿的名字并不在列。对此，辛顿也解释了原因：“我没有签署请愿书，因为我认为我们没有办法阻止人工智能的发展。”而对于未来应当如何处理这一问题，辛顿也表示目前仍没有答案。

低调的 AI 巨星

在硅谷，辛顿最得意的门生苏茨克弗得知了辛顿退休的消息，他们两人仍然保持着密切交流，师徒二人惺惺相惜。

跟辛顿一样，过去一年，ChatGPT 的成功也令苏茨克弗忧心忡忡。

苏茨克弗是人工智能领域的超级巨星，方下巴，身材魁伟，在 OpenAI

的几年头发日渐稀疏。

苏茨克弗1986 年出生于苏联。5 岁时，全家搬迁至以色列耶路撒冷。在以色列成长至大学时期后，他前往加拿大多伦多大学深造计算机科学。之后，他继续在多伦多大学攻读研究生学位，而他的导师正是被誉为“人工智能教父”的杰弗里 · 辛顿。

2012 年，辛顿带领苏茨克弗和另一名学生亚历克斯 · 克里泽夫斯基，发表了深度卷积神经网络 AlexNet 论文，之后在 ImageNet 图像识别竞赛上取得了轰动性的成绩。然后辛顿带着两位爱徒创立了公司 DNNresearch，他们被科技巨头竞价疯抢，最后他们选择了谷歌。

之后，苏茨克弗在谷歌工作了将近 3 年时间。直到 2015 年，马斯克和奥尔特曼用 190 万美元的工资和保底奖金将他从谷歌挖了过来，让他担任 OpenAI 的首席科学家。因为这件事，谷歌的创始人拉里 · 佩奇和马斯克绝交了。

后来，苏茨克弗在 2017 年还加入了 OpenAI 的董事会，尽管这一身份外界并没有注意到。

自从加入的第一天起，苏茨克弗就是 OpenAI 技术发展的灵魂人物。他不仅在研究上具有天赋，还在许多方面展现出艺术家的气质。

苏茨克弗对人类有着深厚且热切的情感。他喜欢弹琴，也爱画画。他的一幅画就挂在 OpenAI 的办公室里，那是一朵花，形状酷似 OpenAI 公司的标志。

不同于奥尔特曼的光芒四射，苏茨克弗非常低调。在有限的几次采访中，他总习惯于陷入长时间的沉默，似乎说出的每句话都经过了深思熟虑。思考问题时，他总是习惯张开手臂，手指在桌面上伸展，就像一位钢琴家准备弹奏他的第一段乐章。

他还告诉记者：“我过着非常简单的生活，我去上班，然后回家。我不做其他事情。尽管有许多社交场合和活动可以去，但是我尽量不参加。”

在他艺术家气质的另一面，是他对 AI 的狂热。

OpenAI 的现任员工和前任员工都形容苏茨克弗以近乎对宗教的热情来解决人工智能问题。在苏茨克弗的头脑中仿佛有两种互斥的声音指引着他：一方面，他渴望用毕生的智慧创造 AGI；另一方面，他又害怕自己创造出来的 AGI 会毁灭他热爱的人类。

“如果你在醒来和入睡时都感觉不到 AGI，那么你就不应该在这家公司。”他在一次全体员工会议上这样说。

2016 年的一天，OpenAI 的员工聚在旧金山的一间酒吧，庆祝一名研究员的加入。有些微醺的苏茨克弗站起来举杯祝酒：“为了 3 年后的 AGI，干杯！”这一祝酒词把很多同事都吓了一跳。

这一刻，他很明显是一位加速主义者。但他与其他加速主义者不同的是，他对于 AI 的危险有深刻的认识，所以他一直主张在训练 AGI 的过程中要积极干预，以制造出“热爱人类”的 AGI。

在一次公司内部活动中，苏茨克弗竟然带来了他委托艺术家制作的一个木雕像，代表“不受控制”和不符合人类目标的人工智能，并当场焚烧了它。苏茨克弗像一个巫师一样，带领员工高呼：“感受 AGI！感受 AGI！”他大声疾呼：

> 我们的目标是制造一个热爱人类的 AGI！

英国《卫报》曾经给他拍过一个 10 分钟的纪录短片——《塑造世界的 AI 科学家》（*The AI Scientist Shaping Our World*）。在摄影师的镜头里，他穿着一身朴素的灰色卫衣，背着一个黑色书包，像一个隐士一样在旧金山的街道中穿行。他在喧闹的咖啡馆里默默吃着一个三明治，周围的世界仿佛与他无关，也没有人注意到他；经过公司大楼外流浪汉们制造的满地垃圾时，苏茨克弗停下来看了一会，又轻轻摇了摇头走开了。

在短片的背景音里，苏茨克弗用低沉和略带口音的声音念了一段独白：

> 我喜欢思考根本问题：我们的系统不能做什么，而人类却可以做到？我几乎以哲学的方式去思考这些问题。比如，什么是学习？什么是经验？什么是思考？大脑又是如何运作的？我感觉技术就像一种自然力量。

接下来，苏茨克弗谈到了 AGI：

> 首批 AGI 的信念和欲望将极为重要，所以我们必须正确地编程这些系统。如果我们做不到这一点，那么就会出现这样的情况：进化的本质，即自然选择，将使这些系统优先考虑自己的生存。并不是说它们会主动对人类产生敌意，甚至想要伤害人类，但它们将变得过于强大。我认为，一个恰当的类比就是人类对待动物的方式。

我们并不是憎恨动物，实际上人类往往对动物怀有深深的爱意，但当我们需要在两座城市之间修建高速公路时，我们并不会征求动物的意见，而只是因为修建公路对我们来说非常重要。我认为这也是我们与 AGI 之间的默认关系。

现在他认为，ChatGPT“可能是有意识的”，世界需要清醒地认识到，OpenAI 和其他公司竞相研发的技术真正力量，“超级智能”从“可能永远不会发生”变成了“很快就会发生”。

苏茨克弗在采访中提到，AlphaGo 打败李世石的第二场比赛中，第 37 手超出了所有人类棋手的理解。“想象一下，这种洞察力如果应用到各种事情上，会是什么结果？”

以前，OpenAI 等公司采用“对齐”方法（用人类反馈训练模型，让它按照人类的价值观行事）来控制人工智能，但他觉得这还不够。

愿我们所有的 AGI 都热爱人类

2023 年 7 月，苏茨克弗主导成立了名为“超级对齐”（Superalignment）的团队，宣布 OpenAI 会拿出 20% 的算力资源，在未来 4 年解决“超级智能”的威胁。“我们不能保证一定会成功，但集中精力、齐心协力，就能解决这个问题。”他说。

苏茨克弗和奥尔特曼很有可能就是从这个项目上出现了矛盾，因为 20% 的算力对于 OpenAI 来说是一笔庞大的资源支出，而 OpenAI 的算力资源一直处于紧张状态。在资源分配上两人有过几次争吵。

不同于马斯克，苏茨克弗和奥尔特曼都不喜欢把矛盾公开化。尽管年龄相仿，但两人的背景和成长环境截然不同。奥尔特曼在硅谷创业圈里浸淫多年，而苏茨克弗之前更多是在学术圈。两人在日常仅保持同事关系，并不亲密。

有一次，奥尔特曼和苏茨克弗一同去了一个派对。在派对上，奥尔特曼想寻找消失的苏茨克弗，却发现他正在角落里非常开心忘我地逗一只小狗玩。

“感觉很温馨，”奥尔特曼后来告诉朋友，“我看到了伊利亚不为人知的另一面。”

至于两人的矛盾，有好事者翻出了 2023 年 6 月，奥尔特曼和苏茨克弗在以色列特拉维夫的一次公开活动上的视频，那时正是奥尔特曼环球旅行期间。以色列是苏茨克弗成长的地方，因此奥尔特曼带他一同参加了活动。

在那次活动中，两人都表现出了一些反常。奥尔特曼没有了此前的轻松自如，显得有些紧张。两人坐姿都有些奇怪，身体前倾，似乎都在做出防御姿态，苏茨克弗还不时玩弄手指来掩饰不安。

有那么一刻。当时，苏茨克弗正在说“随着时间的推移，AI 的能力不断增强”，他伸出右臂，目光随着右臂不断抬高，演示着 AI 不断增强的过程。突然，苏茨克弗猛地站了起来，高举右臂——他想强调此刻 AI 能力达到最高点。

“它（AI）有可能治愈所有疾病，也有可能创造一种新的疾病。”苏茨克弗有些激动地说。

这时，坐在他右手边的奥尔特曼用愠怒的眼神扫了他一眼，但很快就恢复了镇定——是被他突如其来的动作吓了一跳，还是因为他的那句话？没有人知道。

苏茨克弗坐了下来，旁边的奥尔特曼脸色已经非常难看。

从以色列回来后，苏茨克弗又回到了隐士状态。如果翻看他偶尔发布的推文，可以看出他在其中闪现的智慧光芒，里面夹杂着书呆子特有的幽默感：

> 生命的意义其实就是神经网络训练，育儿是其中一种特殊形式。
> 新年快乐！愿我们所有的 AGI 都能热爱人类。

在 2023 年 11 月 17 日之前，苏茨克弗发布的最后一条推文是这样写的：

> 如果你把智力看得比人类的其他品质都重要，你就会过得很糟糕。

Sam Altman

第七章

董事会的阴谋

世界是一个巨大的舞台，所有男女都只是演员，每个人一生扮演着许多角色，都会有各自的上场下场时间。

——莎士比亚

每个人最终都会陷入废墟，但创业公司往往会很快做到这一点，命运也会迅速改变。

——奥尔特曼

2023 年 11 月 6 日，周一，OpenAI 开发者日

位于旧金山市中心两条主干道交会处的 SVN West 剧院，这天人潮涌动，路过的人一定以为这里又将举办音乐会。自 20 世纪 60 年代起，这个场地便一直是摇滚乐的圣地，像平克·弗洛伊德（Pink Floyd），“感恩至死”乐队（Grateful Dead）、艾尔顿·约翰（Elton John）等都曾在此献艺。

实际上，这里将要举行的是 OpenAI 首届开发者大会“DevDay”。剧院里人头攒动，观众们早早就来到场地，怕来晚了就抢不到座位；郁郁葱葱的室内植物排列在走廊两旁，吧台处无限供应着饮料、酒水和精美小食。

上午 11 点，奥尔特曼穿着黑色牛仔裤，脚踏乐高与阿迪达斯联名运动鞋，带着微笑走上舞台，向台下约 1 000 名工程师和 AI 研究员喊话：

> 这股气场棒极了！

话音刚落，台下立刻响起一片欢呼声。而在线上，还有数十万人在观看

这场活动的网络直播。在中国 AI 圈，有人把 OpenAI 开发者大会称作“AI 春晚”。

在演讲中，奥尔特曼自豪地提到，OpenAI 目前拥有 200 万开发者和 1 亿周活跃用户，其中 92% 的《财富》500 强企业正在使用其产品。

紧接着，OpenAI 又发布了最新的 GPT-4 Turbo 和应用商店 GPTs。随后，奥尔特曼还邀请了一位重量级嘉宾——微软的 CEO 萨提亚·纳德拉上场发表了一番简单的讲话。纳德拉盛赞了 OpenAI，并略显夸张地表示：

> 我们爱死你们啦！

发布会仅仅 45 分钟就结束了，却在硅谷乃至全球科技界引发了热议。

ChatGPT 的用户对于新增加的功能兴奋不已，一些开发者却沮丧万分。

一位 AI 领域的创业者在 X 平台上分享了他从 OpenAI 开发者大会归来后的感受：“从大会现场开车回到家中，已是深夜。本想好好睡上一觉恢复一下体力，但翻来覆去地实在睡不着。”

2023 年 9 月，OpenAI 放出要召开开发者大会的消息后，这位创业者就赶紧进行了会议注册。大会召开前一周，看到奥尔特曼在 X 平台上说“我们有一些很棒的新东西给你”时，他更是激动不已。然而，当他满怀期待地看完了整场大会后，却惊讶地发现，这个所谓的“新东西”竟然是对他自己公司的“死刑判决书”。他说：

> 是的，奥尔特曼没有食言，他确实带来了很多新东西。但这一

切本应是开发者们做的。而现在，他把这一切都做了，而我却不知道自己的公司还有什么开下去的必要！

这位创业者并非个例。不少开发者们甚至用《权力的游戏》中的“血色婚礼”来形容这场大会。在 X 平台上，一张梗图广为流传，图上记录了一位创业者对奥尔特曼的控诉：

山姆 · 奥尔特曼毁掉了我 300 万美元估值的创业公司，而我只得到了 500 美元的 OpenAI 的 API 积分！

开发者日活动结束后几个小时，数百人涌入了离会场不远的 1015 Folsom 夜总会，参加了一场名为“保持人工智能开放”（Keep AI Open）的派对，马斯克前女友格莱姆斯（Grimes）担任 DJ。一群 AI 创始人、投资者和开发者，随着格莱姆斯的音乐起舞。杰佐斯也来了，他戴着面具穿过人群，然后摘下面具自拍，这些照片后来出现在以他的真名（Verdon）在 Facebook 平台公开发布的帖子中——如今，他不再需要隐藏自己的身份。

很明显，这是一次有效加速主义的派对，他们在庆祝这场“宗教战争”中的阶段性胜利。奥尔特曼并没有出现，但他显然对此类场合并不陌生。一年前，他曾在 X 平台上发布过一张照片，是他在一个派对上和格莱姆斯的合影，两人显得很亲密，格莱姆斯还比出了代表胜利的“V”字手势。

开发者日这天后，奥尔特曼的声望达到顶峰，很多人不约而同地提到了一个人——乔布斯。《纽约时报》说，奥尔特曼在过去一年里承担起了作为乔布斯的责任，“这是硅谷最重要的工作，现在也是最困难的。”而《华盛顿邮报》则认为，这个活动标志着奥尔特曼的公司进入了硅谷的神坛。

有人开始把他称作“硅谷新王”。

开发者大会结束后两天，奥尔特曼的家出现了一个入侵者——一只土狼爬上了他家的阳台，停留了好几个晚上不肯离去。它躺在户外沙发上，半夜用爪子挠外面的门。

奥尔特曼觉得很有趣，饶有兴趣地拍下照片，发给朋友们看。

但他没有意识到的是，在西方罗马神话中，狼被视为战争和破坏的象征，往往预示着危险即将来临。

同样，在西方，“三月十五日”（Ides of March）是一个尽人皆知的历史事件：公元前 44 年 3 月 15 日，古罗马帝国的奠基者尤利乌斯・凯撒在罗马广场被一群共和派元老刺杀。莎士比亚就以这一事件为基础，创作了一部集中展现罗马共和国末期政治斗争的作品——《凯撒大帝》（*The Tragedy of Julius Caesar*）。在这部作品中，凯撒在被刺杀的前几天，在街上偶遇了一位神秘的占卜者，占卜者警告他说：“Beware the Ides of March”[①]，即当心三月十五日。凯撒没有当回事，几天后的 3 月 15 日他便遇刺身亡。

而 2023 年 11 月的月中也很不寻常，但奥尔特曼似乎并没有得到警告。

11 月 17 日，清晨，拉斯维加斯

11 月 17 日，周五的清晨，奥尔特曼从拉斯维加斯一家豪华酒店的大

① Ides 一词在拉丁语中是“满月”的意思，在罗马日历中对应为“月中”。

床上醒来。过去一周，奥尔特曼过得似乎很惬意。

周二下午，奥尔特曼接受了我的采访。周三一早，他穿着一身橙色连帽衫走进了《纽约时报》旧金山分社的办公室，去录一档播客节目。主持人说他看起来像一个无忧无虑的快乐大亨，鉴于奥尔特曼的家离这里只有 15 分钟的步行距离，所以他很有可能是一路迈着轻松的步伐顺着山坡走下来的，沿着焕然一新的旧金山街道欣赏风景——为了迎接 APEC 会议，此前堆满垃圾的街道被清洗干净，住在街边帐篷里的流浪汉也被暂时安置在了酒店里。

在播客中，奥尔特曼自信满满地宣称："我认为我们正朝着有史以来最好的世界迈进。"

周四，奥尔特曼出席了两个公开活动，一个是 APEC 会议的一个分论坛，他与同事们一起描述了他对人工智能的承诺和愿景。在发言中他又卖起了关子，暗示重大进展即将到来："在 OpenAI 的历史上已经有 4 次了，最近一次是在过去几周内，我有幸亲眼见证我们揭开了无知的面纱，将探索的边界向前推进。"这段讲话立刻引发了公众对 OpenAI 即将发布更强大模型的猜测。

稍后，他在海湾对面的奥克兰市的一个与火人节有关的活动上发言，就艺术和人工智能的主题进行了一个小时的对话。奥尔特曼看起来很放松，并没有任何不对劲的迹象，但在晚上 7 点 30 分结束发言后他就离开了。

活动组织者表示，奥尔特曼还有另一场会议要参加。

实际上，他在那之后就飞往了拉斯维加斯，观看一场 F1 方程式比赛。

这是这项世界知名的赛事第一次落户拉斯维加斯，赛道就建在灯红酒绿、车水马龙的拉斯维加斯大道，这座赌城最主要的赌场和酒店就坐落在大道的两侧。观众们可以在赌场的奢华房间里玩几轮扑克，在午夜走上露台，观看赛车手们沿着赛道飞驰。这场比赛吸引了 30 万人涌入拉斯维加斯，包括汤姆·克鲁斯、布拉德·皮特、泰勒·斯威夫特、大卫·贝克汉姆等名人。

这样的活动硅谷的 CEO 们也不会错过，况且奥尔特曼很喜欢赛车，他有一辆价值 100 万美元的雷克萨斯 LFA 和不止一辆迈凯伦。

在奔波途中，他收到了苏茨克弗的一个会议邀请，奥尔特曼没有多想就接受了，时间是周五中午 12 点。

由于 F1 比赛是晚上进行，这个周五的上午，奥尔特曼就待在酒店里工作。他先处理了一些电子邮件；作为 CEO，向员工发送了定期的内部邮件；然后就一直忙于打电话。在此之前的几周里，这位四处奔波的创始人前往中东为一项新的冒险筹集资金。

据 The Information 报道，周五早上，他与半导体公司的高管进行了讨论，讨论的内容是设计新芯片的初步努力方向，这些芯片将为 OpenAI 这样的大语言模型公司降低成本。

“山姆，你被董事会解雇了”

12 点整，奥尔特曼准时打开公司配备的银色苹果笔记本电脑，登录谷歌会议后，他看见了苏茨克弗的脸，以及另外 3 位独立董事。但是，他没有看见另一位董事——他最重要和忠诚的盟友布罗克曼。

奥尔特曼立即察觉有些不对劲。

苏茨克弗说话了，跟平时一样言简意赅："山姆，你被董事会解雇了。"

"你说什么？"奥尔特曼有点不相信自己的耳朵。

"你被董事会解雇了，董事会很快会发布公告。"紧接着，苏茨克弗开始低头把那份公告逐字念了一遍。

公告同样言简意赅。

奥尔特曼瞪大眼睛，有点茫然无措："那我该做什么？"

董事会成员们敦促他支持米拉·穆拉蒂（Mira Murati）担任临时首席执行官。

奥尔特曼向他们保证会这样做。

奥尔特曼还想辩解些什么，但不知道从何说起。

苏茨克弗很快结束了会议，当奥尔特曼想再次登录笔记本电脑时，发现电脑已经被锁住了。

"砰——"苏茨克弗像一个杀手，干净利落地干掉了他的前任老板和同事。

接下来，他把枪口瞄准了下一个。

12 点 19 分，董事会主席兼总裁布罗克曼收到了苏茨克弗的一条短信：

格雷格，我们可以快速聊几句吗？

布罗克曼没有多想，回复可以。布罗克曼显然没有任何思想准备，几分钟前，他还在 X 平台上转发了一条刚刚发布的 GPT-4 Turbo 在大模型排行榜上排名榜首的消息。字里行间透露着得意扬扬，还不忘展现一下自己的幽默：

GPT-4 Turbo 在“人类偏好的”排行榜上名列第一（GPT-4 排名第二）：）

帖子最后，布罗克曼还加了一个笑脸的符号。

12 点 23 分，布罗克曼收到了苏茨克弗发来的谷歌会议的链接。布罗克曼毫不犹豫地点开了它。

屏幕上出现了苏茨克弗面无表情的面孔，以及其他 3 位董事会成员。布罗克曼刚想问有什么事情，苏茨克弗说话了。

“格雷格，我们决定将你移除出董事会，但鉴于你对 OpenAI 的重要性，会保留你总裁的头衔以及现有的公司职责。”

布罗克曼震惊得说不出话来。

“对了，另外山姆被解雇了。你很快就会看到正式公告。”

布罗克曼急着想说些什么。但苏茨克弗结束了会议。

几乎就在同一时间，一份标题为《OpenAI 宣布领导层变动》（*OpenAI Announces Leadership Transition*）的公告出现在了 OpenAI 的官网上。

首席技术官米拉·穆拉蒂被任命为临时 CEO 领导 OpenAI；山姆·奥尔特曼将离开公司。

接任 CEO 的人选仍在确认过程中。

OpenAI，Inc. 董事会是 501（c）（3）组织，是 OpenAI 所有活动的总体管理机构。该董事会今天宣布，山姆·奥尔特曼将辞去首席执行官一职并离开董事会。公司首席技术官米拉·穆拉蒂将担任临时首席执行官，任命立即生效。

作为 OpenAI 领导团队的一员，米拉已任职五年，在 OpenAI 成长为全球 AI 领导者的过程中发挥了关键作用。她拥有独特的技能，了解公司的价值观、运营和业务，并已领导公司的研究、产品和安全职能。鉴于她长期任职并与公司各方面密切合作，包括她在 AI 治理和政策方面经验丰富，董事会认为她非常适合担任这一职位，并预计在正式寻找永久首席执行官的同时实现无缝过渡。

奥尔特曼的离职是在董事会经过深思熟虑的审查后做出的，审查的结论是，奥尔特曼在与董事会的沟通中并不总是坦诚，妨碍了董事会履行职责的能力。董事会不再相信奥尔特曼有能力继续领导 OpenAI。

董事会在一份公告中表示：“OpenAI 的架构旨在推进我们

的使命：确保通用人工智能造福全人类。董事会将继续全力致力于实现这一使命。我们感谢山姆为 OpenAI 的创立和发展做出的诸多贡献。与此同时，我们认为，在我们前进的过程中，新的领导层是必不可少的。作为公司研究、产品和安全职能的领导者，米拉完全有资格担任临时首席执行官。我们对她在过渡期间领导 OpenAI 的能力充满信心。”

OpenAI 的董事会由 OpenAI 首席科学家伊利亚·苏茨克弗、独立董事 Quora 首席执行官亚当·丹吉洛、科技企业家塔莎·麦考利（Tasha McCauley）和乔治城大学安全与新兴技术中心的海伦·托纳（Helen Toner）组成。

作为此次过渡的一部分，格雷格·布罗克曼将辞去董事会主席的职务，但仍继续在公司任职，向首席执行官报告。

OpenAI 成立于 2015 年，是一家非营利组织，其核心使命是确保通用人工智能造福全人类。2019 年，OpenAI 进行了重组，以确保公司能够为实现这一使命筹集资金，同时保留非营利组织的使命、治理和监督。董事会的大多数成员是独立的，独立董事不持有 OpenAI 的股权。尽管公司经历了巨大的发展，但推进 OpenAI 的使命并维护其章程的原则仍然是董事会的基本治理责任。

神秘的 OpenAI 董事会

这则公告震惊了世界。如此公开解职科技行业最知名的 CEO，在让大众震惊的同时，也让世人第一次窥探到了它的内部治理结构。

在此之前，大家只知道奥尔特曼和马斯克，它背后的董事会似乎一直隐藏在暗处。麦考利是谁？托纳又是谁？不要说大众和媒体，即使是硅谷科技圈人士，也对这两个名字很陌生。

而公告的最后一段，似乎暗示了要揭开谜底，必须追溯到 OpenAI 创立之初的时光。

其实从它成立第一天开始，OpenAI 的命运就写进了它的基因里。

2015 年，OpenAI 作为一家致力于创造 AGI 的非营利组织成立，旨在使“整个人类”受益。在这种构想中，OpenAI 更像是一个研究机构。该机构的章程明确指出，OpenAI 的“首要任务是服务于人类”，而不是投资者和员工。

当时，奥尔特曼在接受《名利场》杂志采访时坦承，他对非营利组织几乎没有经验：“所以我不确定会走向何方。”

OpenAI 的董事会同时也是这家非营利机构的董事会。2016 年 1 月制定的 11 页的章程赋予董事会成员独家权利选举和罢免其他董事，并有权确定董事会的规模。章程还规定，只要董事会的大多数成员提供书面同意，董事会的大多数成员可以在不事先通知或召开正式会议的情况下采取任何行动。

根据那次《名利场》的采访，奥尔特曼和马斯克是最初的董事会成员。奥尔特曼说：“我们意识到我们两个并不是全世界公认的完美典范，所以我想说我们计划扩大这个团体。”

根据税务申报文件，2017 年，布罗克曼、苏茨克弗和当时 OpenAI 的第一任首席运营官克里斯·克拉克（Chris Clark）都加入了董事会。这 3 人都是组织内部的高管。此外，还有上一章提到的开放慈善基金会的创始人霍尔登·卡诺夫斯基，他是第一位外部董事。

到了 2018 年，开始有了更多的外部独立董事。里德·霍夫曼就是那一年加入的。作为平衡，内部董事克里斯·克拉克应该是在那段时间退出了董事会，并很快离开了公司。

马斯克于 2018 年退出 OpenAI，也意味着离开了董事会。

2019 年，OpenAI 成立了一个营利子公司，用于筹集资金和吸引顶尖人才。风险投资家和员工可以从他们投入的资金或努力中获得回报，但 OpenAI 非营利组织的董事会仍然通过几项新的法律条款保持对营利业务的最终决定权。董事们的首要受托责任仍然是维护其使命，即安全开发造福全人类的 AGI。只有少数董事可以在营利子公司中持有财务利益，而营利子公司的创立文件要求其优先考虑公共利益而非利润最大化。

2020 年底，OpenAI 的前核心员工达里奥·阿莫代就带着 10 名心腹离开 OpenAI，包括他自己的亲妹妹丹妮拉·阿莫代，创办了如今 OpenAI 最大的竞争对手 Anthropic。而丹妮拉和卡诺夫斯基当时已经结婚。

因为这个原因，卡诺夫斯基于 2021 年退出了董事会，接替他的是海伦·托纳，她是乔治城大学安全与新兴技术中心的主任。托纳此前曾在开放慈善基金会工作，她就职的安全与新兴技术中心也接受来自开放慈善基金会的资金。托纳很有可能是卡诺夫斯基推荐给 OpenAI 接任自己的，而且很明显她是一个利他主义者。

2019 年，在一次全体会议上，奥尔特曼邀请刚刚加入董事会的里德·霍夫曼发言。霍夫曼讲完后，奥尔特曼突然当着全体员工的面问霍夫曼：“如果我没有做好自己的工作，你会怎么做？”

霍夫曼愣了一下，心想奥尔特曼为什么问这个问题。

“我会帮助你，并确保你会以正确的方式完成工作。”霍夫曼答道。

奥尔特曼似乎对这个答案并不满意：“如果我真的没有履行好职责，你会怎么做？”

“我会解雇你，并寻找新的 CEO。”霍夫曼回答。

奥尔特曼终于满意了：“太棒了！”

霍夫曼心想，一个 CEO 竟然在全体员工面前询问自己是否会被解雇，真是奇怪。

在 ChatGPT 取得成功之后，奥尔特曼不仅向员工，更向全世界宣扬了这种可被解雇的理念。在一次采访中，他表示，自己服务于董事会，愿意接受传统的监管，并认同董事会可以随时替换他。在一次媒体会议上，他更是坦率地表示：“董事会可以解雇我，我认为这是必要的。”他的话语中透露出一种难得的谦逊。

除此以外，可能还有一部分原因是自信：他相信自己在董事会里可以掌控全局。

董事会决定“何时达到 AGI”

在当代公司治理中，董事会的主要职责是制定战略和监督高管（主要是CEO）。OpenAI 的运作模式却稍有不同。在重组文件中的某个条款中，有这样一句话：如果公司成功创建了 AGI，所有财务安排将会重新考虑。

而如何算是成功创建了 AGI？OpenAI 给我们的答案是：董事会说了算。

在 OpenAI 的官网上，有一篇文章叫作《我们的架构》（*Our structure*），里面第五条赫然写着：董事会决定我们何时达到 AGI。

一旦董事会决定 AGI 已经达到，这样一个系统将“被排除在与微软的 IP 许可证和其他商业条款之外，因为这些条款仅适用于 AGI 技术之前的技术”。

但里面有一个巨大的漏洞，那就是没有人知道如何定义 AGI。在那篇文章里，对于 AGI 是这么解释的：AGI 指的是在大多数最具经济价值的工作中表现优于人类的高度自主系统。

这个定义实在太模糊了，多少算“大多数”？什么样的工作是“最具经济价值的工作”？

有记者专门问过奥尔特曼，他的回答含糊其词：“这不是一个单一的图灵测试，而是基于多种因素的综合考量。”奥尔特曼故意卖关子：“我明白这样的表述很模糊，但现在我们还不知道具体情况会怎样。”

终于，董事会内部脆弱的平衡在 2023 年随着 3 位董事会成员的离开而被打破。截至“政变”发生前，OpenAI 董事会成员变更见表 7-1。

表 7-1　OpenAI 董事会成员变更（截至“政变”发生前）

董事会成员	简介	加入时间	离开时间
奥尔特曼	OpenAI 创始人、CEO	2015 年 12 月 2024 年 3 月重返董事会	2023 年 11 月，“政变”事件中被解职
马斯克	特斯拉和 SpaceX 的 CEO，OpenAI 联合创始人之一	2015 年 12 月	2019 年 2 月
布罗克曼	Stripe 联合创始人、CTO，OpenAI 联合创始人之一	2015 年 12 月	2023 年 11 月
苏茨克弗	OpenAI 联合创始人之一，首席科学家	2015 年 12 月	2024 年 5 月
里德·霍夫曼	领英联合创始人，OpenAI 首批投资者之一	2018 年	2023 年 3 月
海伦·托纳	乔治城大学安全与新兴技术中心主任，此前曾在开放慈善基金会工作	2021 年 9 月	2023 年 11 月
塔莎·麦考利	兰德公司兼职高级管理科学家，Effective Ventures 的英国董事会成员	2023 年初	2023 年 11 月
亚当·丹吉洛	Quora 联合创始人、CEO	2018 年 4 月	
希冯·齐里斯	人工智能专家，与马斯克长期合作并有私人关系	2019 年	2023 年 3 月
威尔·赫德	前共和党国会议员	2021 年 5 月	2023 年 7 月

首先是霍夫曼，他不但是 OpenAI 营利实体的最早投资人，也是 OpenAI 与最大外部股东微软之间的重要桥梁。因为要投资另外一家 AI 公司，霍夫曼担心可能会引发利益冲突，于是他在 2023 年 3 月退出了董事会。

因为马斯克，希冯·齐里斯与 OpenAI 的关系恶化，也在 3 月退出了董事会。

紧接着，前共和党联邦众议员威尔·赫德因宣布参加 2024 年美国总统竞选，在 7 月退出了董事会。从公开采访来看，赫德一直积极推动各方拥抱 AI 技术，他应该也是奥尔特曼的盟友。

可以说，如果霍夫曼和赫德还留在董事会，“政变”就不可能发生。

这样，董事会只剩下了 6 个人。除了存在理念差异之外，还有一点就是他们都很年轻，6 个人中没有一个人超过 40 岁。以至于保罗·格雷厄姆在事发后暗讽 OpenAI 的董事会是“淘气的孩子”。

随着 ChatGPT 的推出以及 OpenAI 在资金方面越来越大的需求，一路狂奔下的 OpenAI 董事会内部开始出现摩擦。

先是麦考利试图作为董事会成员与员工建立联系，并经常与 OpenAI 高管交谈，却未告知奥尔特曼。奥尔特曼似乎对此很不满，于是有一天，奥尔特曼告诉麦考利，如果董事会成员与员工交谈，他需要被告知。据知情人士称，一些董事会成员认为这是奥尔特曼在限制董事会的权力。

2023 年 9 月，奥尔特曼前往中东会见投资者，讨论一个人工智能芯片项目。但他未与董事会分享全部计划，董事会对此感到不满。

10 月，奥尔特曼提拔了研究员雅各布·帕霍奇（Jakub Pachocki）为研究总监，与苏茨克弗同级，苏茨克弗认为这是对他的一种轻蔑。苏茨克弗向董事会诉苦，指责奥尔特曼喜欢让员工相互对抗，或向两位不同的高管承诺资源和责任的管理方式。

据两位了解此事的知情人士称，苏茨克弗告诉了几位董事会成员他可能会辞职。这些人说，董事会将这一举动解释为在他和奥尔特曼之间做出选择的最后通牒。

紧接着，奥尔特曼和另一位独立董事托纳也发生了冲突。当时托纳发表了一篇学术论文，推崇 OpenAI 的竞争对手 Anthropic 的安全实践。

据知情人士称，奥尔特曼和一些 OpenAI 高管对此很不满，他打电话给托纳称她损害了 OpenAI 的利益。托纳解释说，她是为学术观众写作，没有预料到会有更广泛的公众关注这篇论文。但奥尔特曼告诉她，与公司有关的一切都会被媒体报道。托纳道歉，表示希望自己在写作时措辞更佳。

奥尔特曼接受了道歉，他后来给 OpenAI 的高管们发了电子邮件，告诉他们他已经训斥了托纳女士。

但事情并未就此结束，据知情人士透露，奥尔特曼开始单独接触其他董事会成员，讨论替换托纳。但要达到目的，奥尔特曼必须获得至少另外 3 名董事会成员的支持。于是，奥尔特曼打电话给其他董事会成员，称麦考利女士想要将托纳女士从董事会中撤职。后来董事会成员询问麦考利女士是否属实，她回答说那是“绝对虚假的”。

熟悉董事会内部讨论的人士透露，奥尔特曼会在其他人的想法上撒谎，让他们互相争斗，这样的情况已持续多年。

奥尔特曼后来承认，他试图让托纳下台的方式很笨拙，但他没有企图操纵董事会。

很可能正是在那之后，托纳和苏茨克弗开始酝酿撤换奥尔特曼。托纳和苏茨克弗并不熟悉，但两人的学术背景可能让他们有更多的共同语言，而对奥尔特曼的不满最终让他们结成联盟。

此后，两人开始联系另外两位董事会成员麦考利和丹吉洛。

麦考利和托纳都是“人工智能治理中心”（GovAI）顾问委员会的成员，该中心部分资金来自开放慈善基金会。她们很可能之前就熟悉彼此，而且在意识形态上高度一致。

至于丹吉洛，他虽不是有效利他主义者，而且是奥尔特曼多年的朋友，但最终却背叛了奥尔特曼。具体原因，我们将在第九章详述。

4 人故意向布罗克曼隐瞒了行动，因为他们知道获得布罗克曼支持的可能性几乎为零。而且当前的董事会共有 6 人，他们 4 人已经代表了董事会的多数。

奥尔特曼此时还蒙在鼓里，而外界对此更是一无所知，自从上一章描述的“硅谷宗教战争”打响后，硅谷就一直在传言有效利他主义者已经渗透进了 OpenAI 董事会。在“政变”发生前的两个月，OpenAI 的发言人还告诉一位记者：“我们的董事会成员中没有一个是有效利他主义者。”这位发言人还补充道：“独立董事都不是有效利他主义者，他们与有效利他主义社区的互动主要集中在与 AI 安全相关的话题上。”

但这显然不是事实，有效利他主义不仅存在于 OpenAI 的董事会，而且已经控制了董事会。

这一次董事会的奇袭，实际上是“硅谷宗教战争”的延续。

权力的游戏徐徐拉开帷幕。

密室里的烛光斧影，正明暗闪烁。

“公司的毁灭可能符合董事会的使命”

奥尔特曼被解职的消息震惊了全世界，也引发了大量猜测。据路透社报道，在奥尔特曼被罢免的前几天，OpenAI 的几位研究人员曾致信董事会，向董事会警告他们发现了一种强大的 AI 技术，可能会威胁人类。这项技术来自内部一个名为 Q*（发音为 Q-Star）的项目，OpenAI 的一些员工认为 Q* 已显示出接近人类的高级推理能力，可能意味着 AGI 出现了重大突破。这也对应上了 11 月 16 日奥尔特曼在 APEC 会议上说的“推开无知的面纱”。

而在 X 平台上，“伊利亚看见了什么”成了一个流行的梗图，广为流传。

一位名叫杰弗里·欧文（Jeffrey Irving）的前 OpenAI 员工也在 X 平台上发声，他声称尽管奥尔特曼对他个人态度友好，但在不同场合下都对他撒过谎。欧文还指出，奥尔特曼对他所认识的其他人也进行了欺骗和操纵。然而，当被要求提供更多细节或澄清事实时，欧文选择了沉默。

这份公告在公司内部投下了一颗炸弹。几小时后，公司总裁布罗克曼在 X 平台上宣布辞职，有传言称，更多的人正准备追随布罗克曼的脚步。

临时 CEO 穆拉蒂和苏茨克弗不得不召开一次全员大会来解释情况。

11 月 17 日，周五下午 2 点，会议在线上召开。一开始，多名员工就向苏茨克弗追问奥尔特曼被解雇的原因。苏茨克弗拒绝透露详情。

“这是一场‘政变’。”一名员工喊道。

苏茨克弗漠然回应：“你可以这样称呼它。”

紧接着，苏茨克弗为自己辩解：“我可以理解你为什么选择这个词，但我不同意。”他坚称，解雇奥尔特曼是为了保护 OpenAI 的使命，但他也承认整个过程并不体面。

OpenAI 的员工们不依不饶，要求公布更多细节。苏茨克弗表示，奥尔特曼对董事会说谎，但由于法律原因，他们无法详细说明。

全员会议结束后，大约 15 名 OpenAI 的高管聚集在公司总部会议室里继续开会，几名独立董事从各地通过电话远程参与。会议室内的气氛剑拔弩张。一名高管直截了当地告诉苏茨克弗，缺乏细节是不可接受的。高管们不断追问董事会关于奥尔特曼缺乏坦诚的具体例子。但董事会表示，奥尔特曼表现得如此巧妙，以至于他们无法给出一个具体的例子。

一些高管甚至用威胁的口吻表示，监管机构和执法机构（如曼哈顿美国检察官办公室）将会对他们提出质疑。董事会可能要承担法律后果。

OpenAI 的首席战略官贾森·关（Jason Kwon）指责董事会违反了其受托责任。他说：“让公司倒闭不可能是你们的职责。”

托纳冷冷回应：“公司的毁灭可能符合董事会的使命。”

高管会议之后不久，苏茨克弗还召集了他领导的 OpenAI 研究团队开会。据一位知情人士透露，为了安抚员工，苏茨克弗特别提到，虽然奥尔特曼已经离职，但布罗克曼和刚被奥尔特曼晋升的研究总监雅各布·帕霍奇仍是 OpenAI 拥有的重要资产，OpenAI 未来的道路仍然一片光明。

但是在几个小时内，上述两人都提出了辞职，还有两名高级研究员亚历山大·马德里（Aleksander Madry）和西蒙·西多尔（Szymon Sidor）也加入了离职行列。

这下轮到苏茨克弗震惊了，多年象牙塔的生活似乎让他更善于跟机器打交道。他不理解为什么公司上下会对于董事会的决定如此不满。在他看来，人脑跟机器一样，只要输入足够多的数据，就能得到想要的结果。

更糟糕的是，苏茨克弗的弱点恰好是奥尔特曼的优点——善于笼络人心和利益绑定。

与苏茨克弗的纯粹理想主义相比，OpenAI 的大多数员工更关心自己的切身利益，他们的利益已经跟 OpenAI 和奥尔特曼深度绑定。有报道称，奥尔特曼正在跟投资机构兴盛资本商谈一项 OpenAI 员工股权出售的交易，交易金额高达 10 亿美元，这也将使 OpenAI 的估值达到 860 亿美元。兴盛资本原本预计将签署员工股份的收购要约，但尚未付款。交易一旦完成，将会造就一批一夜之间成为百万富翁的新贵。但“政变”发生后，兴盛资本明确告知 OpenAI，奥尔特曼的离职将对此次交易产生影响。因此，一些原本计划参与要约收购的 OpenAI 员工开始担心，这场“政变”可能会威胁到这个可能改变他们一生的收益。

苏茨克弗召开的会议不得不草草收场。

而到了晚上，在公司内部的 Slack 工作群里，许多员工彻夜未眠。他们显然对全员会议上苏茨克弗的解释并不满意，于是在群里进行了一轮又一轮的狂轰滥炸。

“到底发生了什么？”大家在群里质问董事会。

奥尔特曼已被解职并被踢出了群聊，布罗克曼也已辞职退群。群里唯一剩下的董事会成员苏茨克弗却默不作声。

OpenAI 首席运营官布拉德·莱特卡普试图在公司范围内平息猜测的火焰。

莱特卡普是奥尔特曼的长期下属，两人在 YC 时代就曾一起共事。当时，莱特卡普主要负责考察一些硬科技项目，如核聚变反应堆、量子计算机、自动驾驶汽车、卫星等。OpenAI 成立以后，莱特卡普花了很多时间和布罗克曼以及苏茨克弗交流。

后来，奥尔特曼让莱特卡普帮忙为 OpenAI 招聘首席财务官，但当时 OpenAI 作为一个规模较小的非营利组织，并没有多少人愿意担任这个职位。莱特卡普尝试联系了大约 25 个人，但结果都不尽如人意。于是，莱特卡普只好自己先在晚上和周末帮忙打理一些 OpenAI 的财务工作，很快这就变成了他的全职工作。

这场“政变”发生后，莱特卡普在凌晨发了一封全员邮件。他写道：

> 在昨天的公告之后，我们所有人都感到震惊，我们已经与董事会进行了多次对话，试图更好地理解他们做出决定背后的原因和过

程。关于我们未来道路的这些讨论和选择，将在今天上午继续进行。

我们可以很明确地说，董事会的决定并非是针对不端行为或与我们的财务、业务、安全或安全 / 隐私实践有关的任何事情而做出的。这是山姆和董事会之间沟通失误所致。

我们公司的地位仍然非常稳固，微软对我们的合作伙伴关系保持完全承诺。（临时 CEO）米拉拥有我们的全力支持。我们同样关注这一过程的处理方式，并正在努力解决这一情况，我们将在能够提供更新时进行通知。我相信你们都感到困惑、悲伤，可能还有些害怕。我们正全力以赴地处理此事，努力达成解决方案并澄清事实，同时尽快恢复正常工作。目前，我们共同的责任是向队友、合作伙伴、用户、客户以及与我们共享 AGI 愿景的更广泛的世界负责。坚持下去，我们 1 000% 支持你们所有人。

临时 CEO 穆拉蒂也发了一封内部邮件，邮件中她告诉 OpenAI 的员工们，公司接下来的重心有 3 个方面："最大限度地推进既有的研究计划；最大力度推进安全工作，特别是增强预测风险的能力；以造福所有人的方式与世界分享技术。"

但很显然，高管们的说辞并没有平息员工们的怒火和外界的各种猜测。

11 月 17 日，午夜，旧金山

奥尔特曼终于回到了旧金山的家中，由于收到太多的短信，他的 iPhone 已经死机了。

一个月后，奥尔特曼在喜剧演员特雷弗 · 诺亚（Trevor Noah）的播客节目中回忆了当时的心情：

> 感觉像是一个梦。我感到困惑。一切混乱不堪。感觉不真实。显然是……痛苦。但当时困惑只是主要的情绪，就像我置身于雾中、恍惚之中。
>
> 我唯一能比拟的生活经历，就是我父亲去世时的情景。当然，那个经历要糟糕得多。

奥尔特曼诉说的时候眼里泛着泪花。

11 月 17 日的午夜时分，奥尔特曼从深陷的沙发上抬起头，透过巨大的落地玻璃，他看到山脚下的灯光渐渐变暗，整个城市都放慢了呼吸。

奥尔特曼拿起手机，发现手机又可以工作了。他的团队很多人给他发了信息。

> 不要放弃，我们要一起战斗！

远处传来了进港的轮船汽笛声，似乎是战场上的号角。

奥尔特曼打开 X，发布了一条消息：

> 我爱你们所有人。
>
> 今天在很多方面都是一次奇怪的经历。但一个意想不到的体验是，这有点像在你还活着的时候读自己的悼词。这种爱如潮水般的涌现真是太棒了。
>
> 一个收获是：去告诉你的朋友们，你觉得他们有多棒。

睡前，奥尔特曼想起他不久前在一次活动上背诵的雪莱的一首诗，他当时说：

有一首雪莱写的诗叫作《奥兹曼底亚斯》，它描述的是在沙漠中一座雕像的残骸，这座巨大的国王雕像已经倒塌，成为废墟，孤零零地矗立在那里，只剩沙子。雕像上铭文依稀可见："我是奥兹曼底亚斯，众王之王，瞧瞧我的伟业，威武的人们，绝望吧！"

有很多初创公司的创始人会在某个时刻觉得自己是世界上最重要的事物，他们的公司将会非常了不起。这些终将一事无成的创始人，却有着永恒的感觉——我将成为最重要的人，我的公司将成为最重要的公司，我们将取得巨大的成功，我是众王之王，瞧瞧我的伟业，绝望吧。

其实每个人最终都会陷入废墟，但创业公司往往会很快做到这一点，命运也会迅速改变。

Sam Altman

第八章

峰回路转

山姆·奥尔特曼是我心目中的英雄。他白手起家创办了估值 900 亿美元的企业，并永远改变了我们共同的世界。

——埃里克·施密特

我不想坐在第一排看见世界崩溃。

——OpenAI 某员工

竞争对手在行动

11 月 18 日，周六，清晨。奥尔特曼从半梦半醒中醒来。

昨天发生的事情是一个梦吗？

并不是。

他走到窗前眺望远方。这是一个阴天，远处恶魔岛的上方笼罩着一大片乌云。

奥尔特曼给自己冲了一杯意式浓缩咖啡。他的最爱是硅谷当地的咖啡品牌菲尔兹（philz）里面一款叫作交响乐（Philharmonics）的咖啡。这款咖啡用中等烘焙的咖啡豆配上小豆蔻香料，再在里面加入奶油和肉桂，表面点缀着薄荷叶，营造出温润平衡的口感，为硅谷的冒险家们在舌尖上奏响交响乐章。而奥尔特曼则喜欢把这款咖啡豆买回家，做成意式浓缩。

然后，他开始处理邮件。

好在他的手机又可以工作了。

他从内心已经接受了被踢出局的事实，他已经准备好向前看了。

就在前一天晚上，他已经开始跟布罗克曼和几个投资人聊到了创立一家新的 AI 公司。

就在这时，他的电话响了。电话那头是丹吉洛和麦考利——昨天下午把他开除出董事会 4 位成员中的两位。

> 嘿，山姆，我们不是想破坏稳定，也不想在这里积累太多矛盾。我们可以谈谈你回来的可能性吗？

从电话里，奥尔特曼得知，仅仅一个晚上，OpenAI 已经快散架了。

竞争对手 Anthropic 嗅到了机会。据报道，周六，OpenAI 董事会成员曾与 Anthropic 商讨了两家公司在奥尔特曼被撤职后的潜在合并的可能性。董事会希望说服 Anthropic 的 CEO 达里奥·阿莫代在两家公司合并后接任奥尔特曼的职位，但阿莫代很快就拒绝了。毕竟，OpenAI 的内斗对于竞争对手 Anthropic 来说是一个巨大的机会。

其实，Anthropic 和它背后的亚马逊从周五下午就开始商讨如何挖走 OpenAI 的客户。亚马逊旗下的云业务公司 AWS 迅速组建了一个团队，与 Anthropic 协调，迅速联系那些因 OpenAI 的动荡而惊慌失措的客户。

最终，随着对 OpenAI 状况的担忧不断增长，超过 100 家 OpenAI 客户在周末联系了 Anthropic。其他客户则考虑转投与谷歌云合作的 Cohere，或者转向微软的 Azure 云服务。

而随着谣言四起，一些 OpenAI 的金融客户开始担心，如果奥尔特曼因数据隐私问题被解雇，这可能会对他们的业务造成不利影响。

摩根士丹利等华尔街公司，则更加迫切地感受到与其他 AI 提供商保持接触的重要性。摩根士丹利是 OpenAI 最早期和最重要的企业客户之一，这一合作主要是奥尔特曼牵头促成的。

微软也在挖 OpenAI 的墙角。微软已经向 OpenAI 投资了超过 100 亿美元，以换取对其技术的使用权。微软已在 Azure 云服务上销售 OpenAI 模型的副本，这是一种直接与 OpenAI 竞争的产品。据知情人士透露，微软销售人员在“政变”发生前的几个月一直在努力说服 OpenAI 的现有客户转向 Azure 产品，称其具有更高的安全性和合规性防护措施。

相比客户，OpenAI 的员工则是更为宝贵的资产，而如今他们也成了其他公司争夺的对象。Cohere、Adept 和 DeepMind 等竞争对手在周末收到了来自 AI 研究人员、科学家和工程师的简历。据一位知情人士称，在董事会宣布奥尔特曼被解雇的几小时后，几名 OpenAI 的员工就向谷歌旗下的 DeepMind 投递了简历。Anthropic 则在领英上紧急发布了一份招聘信息，很明显是想吸引 OpenAI 的员工。

Salesforce 公司 CEO 马克・贝尼奥夫（Marc Benioff）周一表示，愿意立即聘用辞去 OpenAI 职位的研究人员。他还在 X 平台上发文称，Salesforce 将为任何离开 OpenAI 的研究人员提供相匹配的薪酬。

正如 AI 未来学家丹尼尔・杰弗里斯（Daniel Jeffries）所言:“整个人工智能行业都想感谢 OpenAI 董事会给所有人提供了一个追赶的机会。”

“整个硅谷都支持山姆”

11 月 17 日“政变”发生当天，当奥尔特曼被解雇的消息传出时，一条信息立刻出现在了一个由 100 多位硅谷 CEO 组成的 WhatsApp[①] 群中，其中包括 Meta 的 CEO 马克・扎克伯格和其他几位著名的硅谷 CEO。

“山姆出局了。”有人在群里说了一句。

群里立刻炸了，人们纷纷问:“山姆到底做了什么？”

在硅谷，特别是 FTX 的班克曼 - 弗里德入狱之后，山姆只可能是一个人，那就是奥尔特曼。

这则消息一出来，整个硅谷的反应是惊讶、失望和疯狂的猜测。各个行业群突然变得热闹起来，投资者和科技领袖在社交媒体上疯狂发布关于 OpenAI 董事会解雇其 CEO 的各种猜测。一些业内人士表示，这次事件的重要性堪比 1985 年史蒂夫・乔布斯被迫离开苹果。由于内部信息不足，赌注平台 Manifold Markets 甚至开始接受关于原因的赌注。

在硅谷的 20 年里，奥尔特曼建立了一个毁誉参半的形象——爱他的人很爱他，恨他的人恨得牙痒痒。

① WhatsApp Messenger（简称 WhatsApp）是一款用于智能手机之间通信的应用程序，允许用户发送文本消息、图片、视频和语音消息。

特别是在 YC 的那几年，奥尔特曼向数以百计的创业公司施以援手，这也为他在更广阔的圈子里赢得了乐于助人的好名声。一位创业者动情地在 X 平台上回忆，当他创业失败、受到投资人的威胁时，他向奥尔特曼寻求帮助。其实他与奥尔特曼并不熟，但奥尔特曼还是拿出手机给他的投资人打了电话，电话里奥尔特曼恩威并施，最终让对方放弃了追究。

另一位接受过奥尔特曼投资的创始人说：

> 我曾经从一个共同朋友那里得到过建议：要像珍惜金钱一样珍惜山姆的时间，所以我对此非常节俭。但当我用完时间并向他求助时，他仍然会立即出现。

奥尔特曼的一位匿名朋友告诉《华盛顿邮报》，奥尔特曼总能够召集有用的人围绕在他身边。这位朋友说：

> 他培养了如此好的、坦诚的关系，以至于可以利用它们创造魔力。

也有很多人在暗地里诋毁他。一位匿名的硅谷风险投资人曾把他形容为美剧《继承之战》里的汤姆·万布斯甘斯——躲在岳父的羽翼之下表面顺从，却抓住一切机会往上爬，暗中窥探最高权力。

“他最大的天赋就是让生活中最重要的两个人快乐——保罗·格雷厄姆和彼得·蒂尔。”另一位匿名人士如此说道。

虽然这句话说得很刻薄，但奥尔特曼的确总能得到比他年长许多的人的支持。在硅谷这样一个对年长的人并不友好的地方，奥尔特曼似乎是一个异样的存在——这里年轻的创业者总是嚷嚷着要颠覆一切，奥尔特曼对圈内的老人却总是一副谦逊的姿态。

因此，他受到了老人们很好的保护。

奥尔特曼似乎是一个念旧的人。他曾经在采访中提到过，他保留了很多老照片，以及他 8 岁生日时获得的那台改变他人生的 Mac 电脑和小时候睡觉时的毛绒玩具。

奥尔特曼的念旧还表现在对朋友的忠诚上。

他建立了一个稳固的小圈子，据说，十几年前 Loopt 时期的一个清洁工现在仍在为他工作。

他的 CEO 教练马特・莫查里（Matt Mochary）在一档播客节目中称赞奥尔特曼让“公司内部的人可以立即解决问题，公司外部的人感受到了完全被爱”。

“他总是向圈子里的人传递这样一种信号——‘我希望你感受到被爱’。”莫查里回忆说。

爱彼迎的创始人布莱恩・切斯基（Brian Chesky）显然是圈子里的一员。两人相识于 2009 年，当时还是一个失业设计师的切斯基申请了 YC，在那里他认识了比他早两年加入的奥尔特曼。当时切斯基做了一个和陌生人共享房间的网站“Airbnb”，几乎所有人都嘲笑他——怎么会有人希望陌生人住在自己家。刚到 YC 的时候，切斯基根本不确定 3 个月期满后自己的公司还在不在。

当时他向奥尔特曼咨询，想知道在参加完 YC 创业营之后，是否可以获得 50 万美元种子轮融资，预期收入为 3 000 万美元。

奥尔特曼告诉他，应该至少在收入后面加 3 个 0。

> 要么你对你所说的、所做的没有信心，要么是我不会算数。

奥尔特曼的话给了切斯基极大的信心，年纪相仿的两人也结下了深厚的友谊。多年后，爱彼迎已经成长为市值达千亿美元的巨头，而切斯基也成为硅谷最有影响力的意见领袖之一。

而当奥尔特曼创立 OpenAI 之后，切斯基又反过来给奥尔特曼提供各种帮助。

几周前，奥尔特曼还在 X 平台上对切斯基狠狠赞美了一番：

> 在过去的一年里，许多人都伸出援手提供帮助和建议；在提供帮助方面，没有人能像布莱恩 · 切斯基（@bchesky）那样做得如此出色。
>
> 他随时愿意接听午夜电话，无论任何问题，他都愿意花费数小时的时间，正确且清晰地解答难题，他愿意做任何的相关介绍，等等。
>
> 或许最重要的是，他会在糟糕的日子里给予坚定不移的支持。
>
> 他总是在幕后默默地做这些事情，而且除了学习人工智能之外，从不索求任何东西。
>
> 大多数公司在历史上都有像他这样的人，但他们从未得到足够的赞扬。谢谢你，布莱恩。

当切斯基得知奥尔特曼被解雇的消息后，第一时间给奥尔特曼发短信，问他发生了什么。

“太残暴了。”奥尔特曼回复说。

切斯基立刻打电话过来。奥尔特曼说他也不知道什么原因，但推测可能与自己同托纳或苏茨克弗的争执有关。

切斯基后来又给布罗克曼和其他几个认识的 OpenAI 员工打了电话，确定这不是一起刑事案件后，他给 OpenAI 背后的大股东微软的 CEO 纳德拉打了一个电话。电话里他告诉纳德拉：

> 整个硅谷都支持山姆。

切斯基所言非虚。在硅谷创业圈里，舆论几乎呈现一边倒的态势。知名的科技投资者们纷纷表示支持奥尔特曼，并暗示他们将支持他的下一个创业项目。

缓过神来的 OpenAI 投资人也毫不犹豫地站在了奥尔特曼这一边。OpenAI 最早的投资者之一维诺德·科斯拉（Vinod Khosla）在 X 平台上发帖称，明确希望奥尔特曼重新掌舵公司，“但无论他下一步做什么，我们都会支持他。”投资 OpenAI 的红杉资本，也联合微软高管在幕后推动奥尔特曼的回归，但同时，红杉资本合伙人林君叡（Alfred Lin）则在 X 平台上发帖表示，期待奥尔特曼和布罗克曼将要创建的“下一个改变世界的公司”。

硅谷著名天使投资人罗恩·康韦（Ron Conway）写道：

OpenAI 发生的事情是董事会的“政变”，自 1985 年苹果公司董事会推出史蒂夫·乔布斯以来我们从未见过这样的情况。这令人震惊，这是不负责任的。

令人不可思议的是，谷歌前 CEO 埃里克·施密特也在 X 平台上写道：

山姆·奥尔特曼是我心目中的英雄。他白手起家创办了估值 900 亿美元的企业，并永远改变了我们共同的世界。我迫不及待地想看他接下来会做什么。我和数十亿人将从他未来的工作中受益，这将是非常不可思议的。

“科技界最棒的兄弟情谊”

千里之外，奥林匹斯山覆盖着皑皑白雪，在晨光中泛着金色的光辉。山脚下，西雅图郊外一片宽阔的科技园区里，另一群人也几乎彻夜未眠，紧张地关注着这几天硅谷发生的一切。这片科技园区中的公司正是微软——科技行业最老派的巨头。

就在两周前，微软 CEO 纳德拉还出现在了 OpenAI 开发者大会，和奥尔特曼一起站在了舞台中心。两人都穿着黑色牛仔裤，奥尔特曼穿着军绿色衬衫，纳德拉穿着深蓝色休闲装。

万众瞩目下，奥尔特曼问纳德拉怎么看两家公司的合作关系。

纳德拉脱口而出：“我们爱死你们啦！”

奥尔特曼装作受宠若惊地“哇”了一声。气氛颇有些滑稽和尴尬。

不久前，奥尔特曼甚至宣称两家公司之间的合作是“科技界最棒的兄弟情谊”。

可是，微软成立于 1975 年，比 OpenAI 整整大了 40 岁，但纳德拉发誓要让微软重新焕发青春。

在科技圈里，人们普遍认为，如果没有 OpenAI，微软距离在 AI 领域大展拳脚似乎还有点遥远。“我和微软关系很近，两年前我绝不会相信微软能成为人工智能领域的领导者，我认识的几乎每个人都会这么说，”Snowflake 公司前 CEO、微软长期高管鲍勃·穆格利亚（Bob Muglia）在接受采访时表示，“（OpenAI）是一只下金蛋的鹅，萨提亚正在喂养这只鹅。”

但不是所有人都对这个合作感到满意。一直有微软的员工狂吐苦水，“微软已经沦落为 OpenAI 的一个 IT 部门！”资源的倾斜不仅引起了员工的不满，许多高管也相继离职。不难看出，为了在 AI 领域站稳脚跟，微软对 OpenAI 有着极大的依赖。这份依赖不仅源于 OpenAI 自身的优异产品，还可能源于微软对其他科技巨头的“恐惧”。

奥尔特曼似乎也不担心被微软控制。他曾经暗示，微软控制 OpenAI 的唯一手段是拔掉 OpenAI 租用的微软服务器。“我相信他们会遵守合同。”他当时说道。

2023 年 2 月，微软宣布推出融合了 OpenAI 技术的全新必应（Bing）搜索引擎，新的搜索引擎将以类似 ChatGPT 的方式回答涉及大量上下文的问题。为了支持纳德拉，奥尔特曼专程飞往西雅图。

纳德拉毫不掩饰自己的野心：

> 我非常钦佩谷歌和他们所做的一切，但我想让人们知道，是我们让他们“跳舞”。

他自豪地宣称：

> 今天，是微软带来了更激烈的搜索竞争。
>
> 我已经做了 20 年，也一直在等待这样一个时刻。

他也谈到了与 OpenAI 的合作：

> 首先，大家要记住微软和 OpenAI 的关系。微软跟 OpenAI 的合作有很多方面，我们在过去 4 年中所做的最重要的，是构建了 OpenAI 所依赖的核心基础设施，包括这些大模型和培训基础设施，以及非常规的云基础设施。
>
> 我们必须对 Azure 进行改进，使其拥有专门的 AI 基础设施，OpenAI 就是在该基础设施上构建的。然后，我们将这些大模型整合到产品中，并将这些大模型植入 AzureAI（并提供给其他企业）。
>
> 在所有这一切努力中，我们既有投资回报，也有商业回报。因此，我认为我们有能力成为很好的合作伙伴。

在那个“血色周五”的上午 11 点多，纳德拉正与公司高层进行每周例会，这时一位惊慌失措的同事闯进来让他接电话。

电话那头是微软的 CTO 凯文·斯科特，斯科特的声音明显有些慌张。斯科特告诉纳德拉，在几分钟内，OpenAI 的董事会将宣布解雇奥尔特曼，并任命穆拉蒂为临时 CEO。而这个消息是几分钟前穆拉蒂打电话告诉他的。

以冷静和睿智著称的纳德拉大吃一惊，并表现出了罕见的愤怒。他立刻打电话给穆拉蒂，问她是怎么回事。穆拉蒂说她也无法回答。

纳德拉又打电话给董事会成员丹吉洛，问奥尔特曼做了什么，让董事会要解雇他。

丹吉洛只是敷衍了几句就挂断了电话，似乎不想让纳德拉阻止这一切发生。

几分钟后，4 名 OpenAI 董事会成员通过线上会议解雇了奥尔特曼，并在 12 点 30 分发布了公告。

看完公告，纳德拉知道已经无法挽回，他迅速恢复了冷静。

接下来，他拨通了里德·霍夫曼的电话。纳德拉想知道，曾在 OpenAI 董事会任职的微软董事霍夫曼是否知道内情，特别是公告中的“并不总是坦诚”具体指的是什么。

电话那头，霍夫曼表示自己也刚刚得知情况，但他表示他会搞清楚情况的。

纳德拉一直等到当天晚上，接到了切斯基的电话。“整个硅谷都支持山姆。”切斯基对纳德拉说。

不久，霍夫曼也给他回了电话。他告诉纳德拉，他联系了 OpenAI 内部 6 个最亲近的联系人，包括临时 CEO 穆拉蒂。他现在很确信奥尔特曼没有做任何出格的事情，并且 OpenAI 员工对于董事会为何失去对奥尔特曼的信任仍然一无所知。

市场很快给出了反应。周五股市收盘时，微软股价下跌了 1.6%。纳德拉明白，如果不在周末股市休市期间迅速采取行动，下周一股市开盘后，微软的股价将进一步下跌。

纳德拉决定亲自出马，捍卫微软当下最宝贵的资产。

为此，纳德拉制订了详细的计划。

首先是 A 计划：接受当下的结果，支持董事会任命的临时 CEO 和现在的高管团队。他在公开场合支持穆拉蒂。

但他很快发现 A 计划行不通，越来越多的 OpenAI 员工跟随布罗克曼辞职，但董事会无动于衷。

剩下的高管团队也与董事会发生了越来越严重的冲突。一位高管表示：除非董事会的目标是毁灭整个公司，否则无法解释他们为何在每次做决定时，总是莫名其妙地做出最糟糕的选择。

纳德拉很快发现，如果放任不管，OpenAI 会迅速变成一个空壳。

紧接着，纳德拉启动了 B 计划：全力帮助奥尔特曼恢复在 OpenAI 的领导权。

在此期间，板球世界杯正在如火如荼地进行，纳德拉钟爱的印度队将在决赛中对阵澳大利亚队。但他的注意力显然大部分集中在奥尔特曼和董事会的斗争上。他通过穆拉蒂传达了微软的意愿。

在微软的支持下，穆拉蒂和其他几位高管敦促所有董事会成员辞职。最终，他们中的一些人同意离开，只要他们认为替代者是可以接受的。

另外，纳德拉还准备了一个 C 计划：一旦谈判失败，将招募奥尔特曼、布罗克曼以及 OpenAI 所有员工加入微软。但这个计划也有巨大的风险：会导致高昂的成本、耗时的诉讼，还可能引发政府调查。

纳德拉似乎对自己的计划非常有信心。他在周一的一档播客节目中公开表示：

> （即使）OpenAI 明天消失也没关系。我们（微软）拥有所有知识产权和能力。我们有团队、计算资源、数据等一切。他们（OpenAI）之下、之上、周围都是我们。

临时作战室

奥尔特曼离开后，董事会任命 OpenAI 的 CTO 米拉・穆拉蒂担任临时 CEO。她在 2018 年加入 OpenAI，是核心产品 ChatGPT 的负责人。此前，她在 AR 公司 Leap Motion 以及特斯拉工作过，参与过 Model X 等产品的设计和开发。

OpenAI 的高管们焦急万分，他们非常清楚人才流失的风险。临时 CEO 穆拉蒂恳求员工不要采取任何激烈的行动，并承诺她会竭尽所能把奥尔特曼带回来。

首席战略官贾森·关在周六晚上给全体员工发了一封邮件，强调在过去 24 小时内取得了重大进展。他表示对 OpenAI 能够重新吸引奥尔特曼、布罗克曼和其他宣布离职的关键员工的回归感到“乐观”。

那天，有 20 多名奥尔特曼的朋友和同事来到奥尔特曼的家中，让他的豪宅变成了一个临时作战室。他们有的挤在客厅里，有的在厨房的白色大理石台面上摆放着笔记本电脑。

穆拉蒂也加入了他们，她已经向董事会辞去了临时 CEO 的职务。

当白天转为黑夜，雨水淹没了旧金山的街道，奥尔特曼的命运也渐渐迎来了转机。

大约晚上 8 点，守候在奥尔特曼家外面的媒体看见，临时作战室里的人们陆续走出。他们中的大多数人表情轻松愉快地跳进等候在外面的优步车中。

晚上 8 点 47 分，奥尔特曼在 X 平台上写道：

> 我爱 OpenAI 团队的所有人。

很快，数十名 OpenAI 员工用不同颜色的心形图案转发了他的话。

大约晚上 9 点 30 分，媒体注意到一名 OpenAI 员工抵达奥尔特曼的家，但很快就离开了。他被告知奥尔特曼要去睡觉了。

Sam Altman

第九章

有限与无限游戏

有限游戏以取胜为目的，而无限游戏以延续游戏为目的。

——詹姆斯·卡斯《有限与无限的游戏》

这不是结束，甚至不是结束的开始，而可能只是开始的结束。

——丘吉尔

新的 CEO

2023 年 11 月 19 日，周日早晨，雨终于停了，天空微微放晴。奥尔特曼家附近很安静。与周围的建筑物不同，这座现代风格的房子被茂密的植物所遮盖，从人行道上几乎看不见里面。一名亚马逊快递员正在送货，按了按门铃却没有人回答，快递员将包裹扔进了车道门。另外，有人来回往返于房子和一辆车之间，似乎是在处理垃圾，或者说清理前一天留下的战场——数不清的比萨盒和空矿泉水瓶。

周日中午，本应空荡荡的 OpenAI 大楼却比工作日更加繁忙。员工们乘坐优步、骑着自行车或者开着特斯拉陆陆续续来到办公室。外卖员送来了一批又一批珍珠奶茶。

奥尔特曼也来了，虽然此时他已不再是 OpenAI 的一员。在公司前台大厅，他还不忘在 X 平台上发布了一张讽刺的自拍照，照片中他穿着他两周前参加发布会时的同一件衣服，举着 OpenAI 办公室的访客铭牌，上面写着“访客 04 号”，他写道：“第一次也是最后一次戴这个。”这个帖子获得了惊人的超过 2 000 万人次的观看量以及接近 10 万人次的点赞，这张照片也迅速成为 X 平台上一张流行梗图。

布罗克曼也来了，还带了他的妻子安娜・布罗克曼。

董事会现存的 4 位成员都没有出现，他们待在各自的家里，通过视频连线参加。苏茨克弗就住在旧金山，但他选择待在家里参加谈判，也许是不想面对愤怒的同事们。

董事会并不愿意与奥尔特曼直接对话，他们只愿意和 OpenAI 高管团队进行谈判。

主要参与谈判的 OpenAI 高管包括临时 CEO 穆拉蒂、首席运营官布拉德・莱特卡普和首席战略官贾森・关。

OpenAI 前董事会成员、得克萨斯州共和党前国会议员威尔・赫德也来了。赫德周五就接到了董事会的电话，让他帮忙应对 OpenAI 领导层的动荡。他周六从得克萨斯州飞往旧金山，在这里已经待了两天，深入了解了奥尔特曼被解雇的细节。

赫德是一位经验丰富的政客，他拥有 OpenAI 董事会不具备的协调和沟通能力。他是作为双方都信任的调停人出现的。赫德表示，这个行业和这家公司都很重要，必须建立一定程度的信任和透明度。

那一天，OpenAI 的 3 位高管和几位调停人挤在一间会议室里，而奥尔特曼和布罗克曼很可能就待在不远处，随时交换信息。会议室外，员工们假装在加班，实际上都在关注谈判的进展。

有了员工的支持，奥尔特曼此时很乐观，也表现得很强势：他给了董事会两个选择——要么董事会全体辞职，要么他将带着所有人离开。

OpenAI 高管和员工的目标是：将奥尔特曼和布罗克曼带回公司，回到“政变”前的状态。

而董事会的态度是：不反对奥尔特曼回归 CEO，也不反对改组董事会甚至全体辞职，但前提是在新董事会人选上达成一致。

营利实体大股东微软的 CEO 纳德拉的目标也很明确：稳定局势，同时防止类似事件再次发生。如果要改组董事会，微软希望在董事会中获得一个角色，可以是董事席位，也可以是没有投票权的董事观察员。

接下来，几方围绕董事会的人选展开了激烈的争论。

奥尔特曼团队提议了彭妮·普里茨克（Penny Pritzker）和黛安·格林（Diane Greene），她们分别是奥巴马总统任内的商务部部长和软件公司 VMware 的创始人，但两人都被现有董事会否决了。

奥尔特曼后来回忆说，董事会那边给他的感觉是，再等等，很快就能达成一致了。

令奥尔特曼没有料到的是，董事会实际上做了两手准备，他们一方面在跟奥尔特曼谈判，商讨回归的可能性，另一方面也在寻找新的 CEO。董事会之前曾接触过其他人，希望他们担任 CEO，他们是：Anthropic 的联合创始人兼 CEO 阿莫代，微软旗下 GitHub 的前 CEO、热衷于人工智能投资的纳特·弗里德曼（Nat Friedman），以及 ScaleAI 的联合创始人、CEO

亚历克斯·王（Alex Wang）。这 3 人都迅速拒绝了邀请。

但到了晚上，传来一个惊人的消息：董事会突然宣布任命 Twitch 联合创始人兼前 CEO 埃米特·希尔（Emmett Shear）为 OpenAI 的临时 CEO。

希尔和奥尔特曼认识很多年了，他曾经也是 YC 最早孵化的创业者之一。在一次播客访谈中，希尔谈到了奥尔特曼，从中可以听出他对奥尔特曼的钦佩之情：

> 他很有野心，但我们大多数人也很有野心，而他还很擅长促成交易。

希尔曾带领 Twitch 完成了从名为 Justin.tv 的初创平台到 2014 年被亚马逊收购的过程。被亚马逊收购后，他继续在公司留任，直到 2023 年早些时候离开，他说是为了即将出生的孩子。爱玩电子游戏的希尔在 Twitch 工作时被认为是一名称职的领导者，但也不乏批评者。人们认为他过于关注削减成本。

董事会可能更看重的是希尔长期以来一直主张对人工智能采取更谨慎的态度。从他在社交媒体的言论来看，他跟几名独立董事在人工智能上的立场极为相似，明确表示希望减缓人工智能的发展速度，并且要与硅谷的有效加速主义者们划清界限。

与此同时，董事会还给 OpenAI 全体员工发送了一份邮件。邮件中说，希尔“具有综合推动 OpenAI 向前发展的技能、专业知识以及处理各种关系的独特能力”。

“简单地说，山姆的行为以及他在与董事会的互动中缺乏透明度的做法，削弱了董事会有效行使对公司拥有的法定监督的能力。”邮件中这样写道，“董事会对自己的决定坚定不移，认为那是推进和捍卫 OpenAI 使命的唯一途径。”这个决定指的是上周五奥尔特曼被公司解职的决定。

“我们对这一过程的突然表示歉意，即使这个过程引发了问题，我们也仍相信我们的行动是必要的。”

公司董事会的 4 名董事分别在文件上署名，他们是丹吉洛、托纳、苏茨克弗和麦考利。

奥尔特曼怀着不可思议的心情离开了 OpenAI 的办公室。

“我要去微软了。”他发短信告诉切斯基。

奥尔特曼离开后，新任 CEO 希尔在苏茨克弗的陪同下来到了 OpenAI 的办公室，一条 Slack 工作群消息发送给了全体员工，宣布将由希尔主持全员会议。希尔还在 X 平台上发布了他掌权后前 30 天的优先事项，承诺改革领导团队并聘请独立调查人员调查奥尔特曼被解雇的情况。

工作群里几乎没人回复他，只有许多竖中指的表情符号。最后只有十几个员工参加了会议。

晚上 9 点左右，守在 OpenAI 办公室门口的记者发现，200 多名员工涌出了办公室，跳上优步，头也不回地离开了。

在门口的大厅里，苏茨克弗漠然地站着，他仿佛注视着他过去 8 年建立起来的一切正在分崩离析。苏茨克弗此时看见了布罗克曼的妻子安娜。2019 年，苏茨克弗正是在 OpenAI 的办公室主持了布罗克曼夫妇的婚礼，举着结婚戒指的是 OpenAI 早年开发的那支神奇的机械手臂。安娜含泪走向他。她拉着苏茨克弗的胳膊，恳求他重新考虑奥尔特曼的解职。

苏茨克弗还是一言不发，只是直直地站在那里。

等人群散尽，他也消失在了黑夜里。

回到家中，奥尔特曼接到了切斯基的电话，切斯基后来回忆说，这是整个事件中最艰难的时刻。

电话里，奥尔特曼显然准备放弃了，他和布罗克曼都决定去微软。但切斯基说服了奥尔特曼，切斯基告诉奥尔特曼，希尔是他的好朋友，他愿意跟希尔聊聊。

奥尔特曼同意了。

“当人们受到攻击时，他们通常会关注自己。”切斯基说，“但山姆并没有把注意力放在自己身上，而是放在 OpenAI 上，这让我想要为他而战。”

混乱仍在继续

午夜时分，纳德拉在 X 平台上宣布奥尔特曼和布罗克曼将加入微软。

纳德拉在 X 平台上发帖写道：

我们期待迅速采取行动，为他们提供成功所需的资源。

纳德拉进一步表示，奥尔特曼将担任一个新研究实验室的 CEO，“为创新设定新的步伐”，这显然与 OpenAI 董事会谨慎开发人工智能技术的愿景形成鲜明对比。纳德拉指出，奥尔特曼的新团队将作为微软内部的一个独立实体运营。纳德拉还承诺“继续致力于与 OpenAI 的合作，并对我们的产品路线图充满信心”。

与此同时，微软还宣布为 OpenAI 离职员工“每人”提供 1 000 万美元的签约奖金，这将花费 77 亿美元。这笔交易的开价远远超过所有想从 OpenAI 挖走员工的同行竞争者。但与直接收购 OpenAI 相比，微软还是节省了 823 亿美元。而就在周一，微软的市值在短短 1 小时内就增加了 1 150 亿美元。

奥尔特曼则用“使命仍在继续”的说法隐晦地做出了回应。

对于 OpenAI 的员工来说，在经历了一个不眠的周末后，一轮新的混乱等待着他们。他们没有等到奥尔特曼的回归，而是迎来了一位游戏公司的前 CEO。这是他们无法接受的。

午夜过后，一封公开信在 OpenAI 员工中传播开来，强烈谴责董事会解雇奥尔特曼的决定，并从根本上质疑董事会成员的能力。

信中表示“无法与缺乏能力、判断力以及缺少对我们的使命和员工关心的人共事”。信中要求董事会的每位成员辞职，并要求恢复奥尔特曼的职务，否则员工可能会跳槽到微软。微软“向我们保证，OpenAI 的所有员工都有职位空缺”。

据悉，770 名员工中有 700 名签署了这封信。令人惊讶的是，苏茨克弗也签署了这封信。

凌晨 2 点左右，包括首席技术官穆拉蒂和首席运营官莱特卡普在内的数十名 OpenAI 员工开始在 X 平台上发布相同的神秘信息："没有员工，OpenAI 什么都不是。"奥尔特曼用爱心表情转发了其中几条。

凌晨 5 点 15 分，苏茨克弗在 X 平台上发帖称："我对我参与董事会行动深感遗憾。我从未打算伤害 OpenAI。我热爱我们共同建立的一切，我将尽一切努力重新团结公司。"奥尔特曼用 3 颗爱心表情转发了这条消息。

丹吉洛是"自己人"

凌晨时分，经过一天谈判已经精疲力尽的亚当·丹吉洛被一个电话从睡梦中惊醒。电话里，一名 OpenAI 的员工告诉他，如果董事会在接下来的 30 分钟内不集体辞职，公司将会分崩离析。

丹吉洛懊恼地挂断了电话，他意识到，请来新的 CEO 并没有解决问题。在过去几个小时里，情况变得更糟了。他坐在床上陷入了沉思。

丹吉洛在硅谷科技圈里无人不晓，但在大众眼里却很陌生，这可能源于他低调和固执的性格。大家好奇，丹吉洛在这场"政变"中究竟扮演了什么角色，也引发了网上关于奥尔特曼被解雇是丹吉洛报复的猜测。

丹吉洛是马克·扎克伯格的高中同学，2006 年，他从加州理工学院获得计算机科学学士学位后，搬到硅谷成为 Facebook 的首位首席技术官。

2008 年，他离开该公司，次年创立了 Quora。

丹吉洛似乎是一个容易记仇的人。在 Quora 的早期，丹吉洛就与扎克伯格闹掰了，主要原因是他抱怨 Facebook 复制了 Quora 的一些功能。

而在 Quora 上，一位 Quora 前员工爆料说，“从未”有员工说服丹吉洛改变立场的例子；另一位前员工表示，赢得丹吉洛的信任很困难，但失去他的信任非常容易。

2012 年，丹吉洛非常冷血地开除了跟他打拼多年的联合创始人查理・奇弗（Charlie Cheever），并且没有给出任何理由。当员工含泪询问原因时，丹吉洛只是冷冷地表示他认为这是最好的决定。员工们对这个解释很不满，以至于有几十名员工在奇弗被解雇后的第二天拒绝上班。丹吉洛仍然不为所动。他和这位联合创始人此后再也没有联系。

奥尔特曼和丹吉洛在 2010 年左右就认识了，相仿的年纪和背景很快让两人成为朋友。2014 年，Quora 还加入了 YC 的创业营。2017 年，奥尔特曼领导下的 YC Continuity 基金投资了 Quora，这笔投资使 Quora 的估值超过 10 亿美元。当时，奥尔特曼在自己一篇博客文章中提到，“在讨论硅谷最聪明的 CEO 时，亚当是人们一直提到的少数几个名字之一，”奥尔特曼补充说，“他有着非常长远的眼光，这在当今的科技公司中已经变得十分稀缺。”

2018 年，奥尔特曼邀请丹吉洛加入 OpenAI 董事会。

在加入董事会的消息被宣布后，丹吉洛在 X 平台上写道：“我继续认为朝着通用人工智能（并考虑其安全性）的努力既重要又被低估，我很高兴能为此做出贡献。”

很显然，丹吉洛并不是一名有效利他主义者。在接受《连线》杂志采访时，丹吉洛表示 OpenAI 的营利实体对非营利组织的使命是一种有益支持，而不是相互对抗的关系。“我认为，必须让经济运转起来，这对一个组织是一种好的力量。”——这是加速主义的经典说辞。

奥尔特曼肯定觉得丹吉洛是“自己人”，但事实可能并非如此。

2023 年 2 月，Quora 推出了一款与 ChatGPT 竞争的产品——POE①。丹吉洛称，POE 是一个“旨在实现流畅对话体验、提升生产力和创造性内容生成的平台”。丹吉洛还表示“目前 Quora 的大部分精力都投入到了 POE 上”。很明显，POE 和 OpenAI 有着利益冲突，按照之前霍夫曼的先例，丹吉洛也应该辞去董事会职位。但丹吉洛很可能不愿意这么做，因为如果他留在 OpenAI 董事会里，相当于靠近了这轮 AI 变革的权力中心，对于 POE 未来的发展会有很大帮助。

至于为什么奥尔特曼没有驱逐丹吉洛，我们不得而知。或许是他感受到了董事会里有效利他主义者的蠢蠢欲动，他以为丹吉洛作为自己的“朋友”，可以成为对抗他们的一股制衡力量。

但他忘记了，丹吉洛在过去 20 年的职业生涯中，曾多次背刺朋友。

我们有理由相信，不同于另外 3 名有效利他主义者董事的意识形态的分

① POE（Platform for Open Exploration）是 Quora 开发的大型平台，提供了对一系列 AI 模型的访问，包括 ChatGPT、GPT-4、Claude 3 opus、Claude Instant、PaLM 等模型。

歧，丹吉洛是想在 OpenAI 获取更大的权力而参与了这场“政变”。

但当他得知 OpenAI 即将分崩离析，众多员工即将追随奥尔特曼去微软之后，他很快又改变了立场。

于是短短一个晚上，本来铁板一块的 4 人“政变”小组出现了裂痕。苏茨克弗和丹吉洛都改变了自己的立场。

重回谈判桌

11 月 20 日，周一，新的一周开始了。因为这周四是感恩节，很多人都会选择在这周休假。通常，奥尔特曼也会在这周飞回圣路易斯探望家人。但这次，董事会这 3 天经历的“政变”让他疲惫不堪。

此时，董事会新选出的临时 CEO 希尔，在切斯基的劝说下，也向董事会提出了要求：必须解释奥尔特曼被解职的具体原因，否则他将选择辞职。

这使得原本试图控制局面的董事会似乎失去了所有筹码，而奥尔特曼则似乎掌握了主动权。接下来的问题是，如何达成一个他能够接受的和解方案。

一切似乎又回到了原点——最佳方案就是重新建立一个多方都满意的董事会，并让奥尔特曼回归 CEO 宝座。

为了打破僵局，丹吉洛主动给奥尔特曼打了电话。电话里丹吉洛建议提名哈佛大学前校长、美国前财政部部长劳伦斯·萨默斯（Lawrence

Summers）担任董事会成员。奥尔特曼对这个提议表示满意。

董事会其他成员也表示了赞同。

终于，双方向达成协议迈出了第一步——双方都心知肚明，如果再没有进展，员工们就要人心思动了。这是所有人都最不愿意看到的局面。

上午，OpenAI 全球事务副总裁安娜·马坎朱（Anna Makanju）向员工发送了一份备忘录，称公司一直在与董事会、奥尔特曼和希尔进行“激烈讨论”，以实现公司的统一。这份备忘录显然是在安抚人心。

这时，奥尔特曼也在 X 平台上再次发声：

> 我们比以往任何时候都更加团结、专注和有所承诺。我们都将以某种方式共同努力，我感到非常兴奋。一个团队，一个使命。

紧接着，萨默斯在波士顿地区的家中，分别与奥尔特曼、丹吉洛、纳德拉和其他关键人物交谈。他详细询问了 OpenAI 目前动荡的情况，并表示希望确保自己能够扮演好中间人的角色。

接下来，双方又对另一名董事会成员人选达成了一致。

布雷特·泰勒（Bret Taylor），一名硅谷老兵，担任过 Salesforce 联席 CEO、X 的董事会主席，在马斯克收购 X 的交易中起到了关键作用。

奥尔特曼也同意了。并且，泰勒将担任新董事会的主席。

这样一来，离奥尔特曼回归似乎只有一步之遥了。

王者归来

周二，OpenAI 的员工们一边工作，一边等待谈判的结果。

虽然前途未卜，但 OpenAI 团队还是在那天下午推出了一个新功能：为所有免费用户提供带有语音的 ChatGPT。

布罗克曼还在 X 平台上发布了这个消息：

> 试一试——这完全改变了 ChatGPT 的体验。

实际上，他此时不再是 OpenAI 的一员了。

大约晚上 9 点，OpenAI 领导层给全体员工发送了电子邮件，告诉他们可以安心睡觉，没有任何更新。

但他们错了。

晚上 10：01，OpenAI 在 X 平台上发布了一条公告：

我们已经达成初步协议，山姆·奥尔特曼将回归 OpenAI 担任 CEO。

公告还宣布了一个新的“初始董事会”，Salesforce 前联席 CEO 泰勒担任董事会主席，美国前财政部部长萨默斯和丹吉洛担任董事。

原董事会成员苏茨克弗、托纳和麦考利离开了董事会。这样一来，原董事会中只有丹吉洛一人留任。

据知情人士透露，最后一天的谈判最大的障碍在于奥尔特曼是否重回董事会。

最终，双方各退一步达成一致：奥尔特曼同意不加入“初始董事会”，而“初始董事会”将聘用一家律所对前任董事会解雇事件进行“有效和及时的审查”。

离任董事在一个大约 30 名候选人名单中选择了萨默斯，他们希望继任者能保持独立思考，并且有足够的经验来平衡奥尔特曼的影响力。

德高望重的萨默斯成为这个人选。同时，离任董事还否决了史蒂夫・乔布斯的遗孀劳琳・鲍威尔・乔布斯（Laurene Powell Jobs）和爱彼迎 CEO 布莱恩・切斯基进入董事会，因为显然这两人与奥尔特曼过从甚密。

而作为原董事会中唯一一名留任的成员，丹吉洛也是各方都满意的人选。

OpenAI 董事会新任主席泰勒在声明中表示：“在审查进行期间，董事会将继续采取措施加强 OpenAI 的公司治理，建立一个合格和多元化的杰出个人组成的董事会，并监督 OpenAI 在确保通用人工智能惠及全人类方面的重要使命。”最终这个 3 人的“初始董事会”逐步扩大成一个 9 人左右的董事会。

奥尔特曼的回归，意味着临时 CEO 希尔也下课了。他在 X 平台上自嘲了一番：人类历史上最短任期 CEO——55 小时 32 分钟。

奥尔特曼在下方回复：哈哈，爱你！

被解职的托纳如释重负，在 X 平台上称：我们终于都可以睡一觉了。

在新闻发布后，包括奥尔特曼和布罗克曼在内的数百名员工聚集在 OpenAI 办公楼，互相拥抱和庆祝。布罗克曼发表了致辞，举杯庆祝这个过山车般的一周结束了，他还在 X 平台上发布了一张团队自拍照，并配上了“我们回来了”的字样。

某个时刻，火警响了起来，所有人都涌向庭院，庆祝活动仍在继续进行。就在此时，两辆消防车呼啸而至。消防员穿过人群进入办公楼，确认并没有火灾，只是办公楼里设置的烟雾机产生了大量烟雾。他们解除了警报，派对继续进行，仿佛什么都没有发生过。

人们注意到，苏茨克弗没有出现在庆祝中。

这是一个令人难以置信的逆转。在短短 5 天内，奥尔特曼从内外交困的境地重新回到 CEO 的宝座，他的敌人被驱逐，剩下一支愿意追随他的忠诚员工队伍。

整个硅谷都陷入了疯狂，硅谷投资人马特・特克（Matt Turck）在 X 平台上表示：

奥尔特曼回归 OpenAI，就像史蒂夫·乔布斯在被驱逐后第 12 年回归苹果一样，但这一次，（奥尔特曼）面对的是 TikTok 一代。

感恩节，一个特殊的客人

两天后的周四是感恩节，OpenAI 的员工终于可以松一口气去度假了。

奥尔特曼并没有飞回圣路易斯探望家人，而是驱车前往自己在纳帕的农场，在旧金山以北 1 小时的车程。纳帕谷地以葡萄酒享誉世界，8 年前，正是在这里，奥尔特曼和布罗克曼通过一次徒步活动招揽了 OpenAI 最初的顶级研究员。

在纳帕，奥尔特曼买下了一幢有着 30 年历史的老房子，并进行了翻新，现在它看起来既朴素又现代。

在去纳帕的路上，奥尔特曼在一家小餐馆停下来，因为他意识到自己已经好几天没认真吃东西了。他给自己点了 4 道主菜和两杯奶昔。吃完才心满意足地继续赶路。

奥尔特曼在纳帕的房子坐落在多岩石和长满草的山丘之间的宁静之地，奥尔特曼还在周边的牧场养了牛，牛群漫步在绿色田野和碎石路上。奥尔特曼是一个素食主义者，却养了牛，他说是因为他的伴侣喜欢牛。

之后，他又回到了旧金山的家中，大声放着音乐，做了几个小时的素食意大利面。晚上，一个特殊的客人来到了他的家中，这个人就是丹吉洛。

很显然奥尔特曼希望通过这次晚餐修复他与丹吉洛的关系。晚餐中他们谈论了什么我们无从得知，但结果似乎令奥尔特曼感到满意。晚餐结束后，奥尔特曼迫不及待地在X平台上发帖，说他和丹吉洛“刚刚度过了一段非常愉快的时光”，并补充道，“感恩节快乐，我们的家人祝福你们的家人！”不久之后，丹吉洛转发了这条帖子。

几天后，奥尔特曼还专门在X平台上为丹吉洛辩护：

> 我认识到，在这一过程中，有人对亚当在担任OpenAI董事会成员的同时运营Quora和POE可能存在的利益冲突提出了一些疑问。在此，我想声明，亚当一直非常明确地向我和董事会说明了潜在的冲突，并采取了必要的措施（在适当时候回避自己，甚至提出如果董事会认为有必要，他会离开董事会）来适当地管理这种情况，避免做出有冲突的决策。Quora是OpenAI的一个重要客户，我们发现在董事会中有客户代表是有帮助的。

就这样，奥尔特曼将丹吉洛拉回了自己的阵营。前文提到Quora前员工曾吐槽说，从来没有让固执的丹吉洛改变立场的例子。但奥尔特曼做到了。

丹吉洛平时会在Quora网站上回答问题并推广其他用户的有趣答案。在“政变”发生后不久，一位用户提问：“为什么两个理性个体在获得相同信息的情况下可能做出不同的决定？”一位回答者列举了原因，包括“不同的偏好”“不同的限制”“不同的信念”和“我们中的一个可能犯了错误”。

“好答案。”丹吉洛回复道。

重返董事会

4 个月后，2024 年 3 月，当公众对这场“政变”的关注逐渐淡去时，OpenAI 宣布，奥尔特曼将与 3 名新任董事一起重返董事会。这也意味着，“初始董事会”聘用的律所对奥尔特曼的调查已经结束。

根据 OpenAI 董事会的公告，律所 WilmerHale 审查了 OpenAI 超过 3 万份文件，并进行了数十次采访，包括与 OpenAI 前任董事会成员、高管、前任董事会顾问以及其他相关证人的对话。调查结果显示，此前董事会与奥尔特曼之间是由于信任破裂导致了事件发生。

WilmerHale 调查发现，前任董事会当时认为其行动将缓解内部管理挑战，并未预料到其行动会破坏公司的稳定。董事会此前的决定并非出于对产品安全或保障、开发速度、OpenAI 的财务状况，或是其向投资者、客户或业务合作伙伴发表的声明的担忧。相反，这是前任董事会与奥尔特曼之间关系破裂和失去信任的结果。

“前任董事会在没有提前通知主要利益相关者的情况下，在较短的时间内执行了其决定，没有进行全面调查，也没有让奥尔特曼有机会解决前任董事会的担忧。”WilmerHale 发现，前任董事会在其广泛的自由裁量权范围内罢免了奥尔特曼，但奥尔特曼的行为并不意味着必须被免职。

基于审查结果，奥尔特曼和布罗克曼将继续领导 OpenAI，奥尔特曼重新加入董事会。“我们一致认为，山姆和格雷格是 OpenAI 合适的领导者。”OpenAI 董事会主席布雷特 · 泰勒表示。

此次，OpenAI 董事会还发了一篇公告，宣布增选 3 名新成员，扩大董事会结构。其中包括比尔及梅琳达·盖茨基金会前 CEO、辉瑞董事会成员休·德斯蒙德－赫尔曼（Sue Desmond-Hellmann），索尼前执行副总裁兼全球总法律顾问妮科尔·塞利格曼（Nicole Seligman），以及 Instacart 董事长兼 CEO、Shopify 董事会成员菲吉·西莫（Fidji Simo）。上述成员拥有领导全球组织和应对复杂监管环境的经验，包括技术、非营利组织和董事会治理背景。

泰勒表示："他们的经验和领导力将使董事会能够监督 OpenAI 的发展，并确保我们实现 OpenAI 的使命，即确保通用人工智能造福全人类。"

随着奥尔特曼的回归和新的 3 位成员的加入，OpenAI 董事会就重新回到了 7 人。

马斯克的复仇

就在所有人认为问题都已经解决时，马斯克却突然出现，火上浇油。

其实早在奥尔特曼重返 CEO 职位的当天下午，马斯克就在 X 平台上发布了一封信。这封信据称是由一群匿名的 OpenAI 前员工写给 OpenAI 董事会的。尽管信件的真实性尚未得到确认，但它似乎提供了一些关于奥尔特曼和布罗克曼不当行为的具体指控。信中呼吁解决"自 2018 年 8 月 OpenAI 开始从非营利组织转变为营利实体以来，山姆·奥尔特曼的行为问题"。这封信是匿名的，似乎没有燃起多大的火苗，就被浇灭在奥尔特曼回归的热潮中。

随着奥尔特曼的回归成为定局，马斯克开始在 X 平台上对 OpenAI 和奥尔特曼进行各种冷嘲热讽。

可以想象，对于 OpenAI 过去一年的成功和奥尔特曼的王者归来，马斯克五味杂陈。

在一次采访中，当记者提到马斯克是 OpenAI 早期最大的贡献者时，他明显情绪激动，打断了记者——“我就是 OpenAI 存在的原因。”

这个话题结束时，马斯克还说了一句:“命运弄人。”

而在 X 平台上，马斯克则公然嘲讽奥尔特曼是《权力的游戏》中的“小指头”培提尔·贝里席（Petyr Baelish）公爵，这个人物在剧中有一句著名的台词:“混乱是阶梯。”

到了 2024 年 3 月，马斯克委托律师，起诉 OpenAI 和奥尔特曼，称该公司近年来的发展方向违反了其创始协议。

马斯克的律师称，OpenAI“已经变成了世界上最大科技公司事实上的闭源子公司”，并且“正在完善一个 AGI，为微软实现利润最大化，而不是造福人类”。

马斯克还要求 OpenAI 向他人开放其技术，并要求奥尔特曼偿还他向该组织提供的资金。OpenAI 总裁布罗克曼也被列为被告。

但让人有些啼笑皆非的是，马斯克并没有提交所谓的“创始协议”，以及奥尔特曼签署或者同意“创始协议”的证据。

马斯克提供的证据只有奥尔特曼的一封电子邮件，但这封邮件看起来更像是一种谈判中的承诺，而不是合同。

法律专家认为，在没有书面合同的情况下要主张违约是非常困难的，在法庭上很难得到支持。

在硅谷创业圈里，规定项目发展方向的“创始协议”本来就很可笑，因为几乎所有的创业项目都是不断变化的，最后的方向可能跟初始方向南辕北辙。

因此，这次诉讼唯一的动机可能是对 OpenAI 造成严重的干扰，影响他们的日常运营。同时，这将为各地的非营利组织树立一个不好的先例。“你可能会开始看到一大群不满的捐赠者站出来试图拿回他们的钱，而大多数非营利组织没有像 OpenAI 那样的资源。”法律专家表示。

而 OpenAI 官方发布的声明驳回了马斯克提出的所有主张，暗示马斯克是出于嫉妒而发起的诉讼。

奥尔特曼后来也做出了解释:“大多数说法（指控）都不是真的，我认为埃隆知道这一点。”

在莱克斯·弗里德曼（Lex Fridman）的播客节目中，奥尔特曼表示:“埃隆现在显然正在 X 平台上从几个不同的角度攻击我们。”尽管如此，他还是称马斯克是他的英雄之一，并补充说:“我相信，马斯克对 AGI 安全的压力确实很大，这是可以理解的。我从他身上学到了一些‘超级宝贵’的经验。”

马斯克曾在一封超过 1 000 人签署的公开信上签名，这封公开信呼吁暂停训练先进的人工智能系统 6 个月。

这封信还得到了多位人工智能专家的签名，信中提到了人工智能对人类潜在风险的担忧。

信中表示："只有当我们确信强大的人工智能系统将产生积极影响，并且其风险是可控的，我们才应该开发它。"

不过，马斯克公开呼吁暂停的同时，他正在悄悄打造自己的人工智能公司 xAI[①]。

此后，马斯克在 X 平台上短暂取消了对奥尔特曼的关注，几天后又重新关注了他。

有趣的是，我曾经在采访中询问奥尔特曼现在跟马斯克是怎么交流的，他有些无奈地说：通过 X 平台的私信。

或许是马斯克发现如果取消对奥尔特曼的关注，就没法继续攻击他了，于是就重新关注了他。[②]

奥尔特曼还重复了他之前关于马斯克人工智能立场的几句话：

---

① xAI 是马斯克成立的人工智能公司，于 2023 年 7 月 12 日宣布成立。构建 xAI 的目标是，专注于回答更深层次的科学问题，期望未来可以用 AI 帮助人们解决复杂的科学和数学问题并"理解"宇宙。

② X 的默认设置是，只有互相关注才能正常私信。

他真的非常关心人工智能的安全性，我们在某些方面存在意见分歧，但我们都很关心这个问题，他希望确保我们这个世界有最大的机会获得好的结果。

2024年6月，就在法院召开听证会收集证据的前一天，马斯克悄悄撤诉了。

但到了8月，马斯克又卷土重来，向美国北加州联邦地区法院提起诉讼。诉状开头这样写道：“埃隆·马斯克对山姆·奥尔特曼和OpenAI的诉讼是一个关于利他主义与贪婪的教科书般的故事。”随后，诉状指控奥尔特曼和布罗克曼“操纵”马斯克来启动OpenAI。

诉状还称，马斯克遭遇了“莎士比亚式的背叛和欺骗”——替代谷歌DeepMind和开源的承诺“是奥尔特曼长期骗局的诱饵”。

但OpenAI仍旧岿然不动，OpenAI发言人表示：“正如我们对马斯克第一次提起、随后又撤回的诉讼所说的那样，马斯克之前的电子邮件仍足以说明一切。”

除了诉讼，马斯克还希望通过招聘来完成他的复仇计划。

2024年10月1日，OpenAI召开了第二届开发者大会，而在当天晚上，马斯克却来到了OpenAI旧总部“先锋大厦”，召开了一场以招聘为目的的AI Party。

晚上8点半，由AI实时编写生成的音乐停止播放，马斯克在保镖的簇拥下，站上一张桌子，向与会者发表讲话：

加入 xAI，打造尽可能良性的超级智能。

马斯克预测，OpenAI、Anthropic、谷歌和 xAI 未来五年将会是人工智能领域的主要参与者。同时，马斯克表示，他希望 xAI 在人工智能领域的主导地位能与 SpaceX 在火箭领域的地位相媲美。

马斯克讲完话，又回答了在场一些技术人员提出的问题，之后就在保镖的簇拥下从后门迅速离开了。而一些参会者，包括一些背着 OpenAI 背包的人，手中拿着比萨片走进了夜色中。

几个月前，xAI 已经从 a16z、光速创投（Lightspeed Venture Partners）和红杉资本等知名投资公司获得了 60 亿美元的融资，公司估值达到 240 亿美元。但目前来看，xAI 还只是排在 OpenAI，谷歌和 Anthropic 之后的第二梯队，虽然有很大的潜力，但暂时无法对 OpenAI 形成巨大威胁。

托纳的反击

2024 年 5 月，前 OpenAI 董事会成员海伦・托纳在 *TED AI Show* 的采访中透露了“政变”幕后发生的事情。

据托纳说，董事会已经决定引进一位新的 CEO，而唯一的方法就是绕过奥尔特曼。“我们都非常清楚，一旦山姆察觉到我们可能会采取任何违背他的行动，他就会全力以赴，竭尽所能地破坏董事会，阻止我们任何解雇他的可能性。”

“这些行为削弱了董事会对他的信任。”托纳说。有一些高管曾告诉她，奥尔特曼在公司内创造了“有毒的”工作环境，这些高管使用了“逻辑虐待”一词来描述奥尔特曼的管理方式，并表示他们不相信他是带领公司实现 AGI 的合适人选。

在被问到为什么当时会有大量员工支持奥尔特曼时，托纳觉得，一是员工担心公司因此而消失，因为许多员工非常喜爱他们的团队，不想失去自己的工作，不希望因为领导层的变化而影响到公司的稳定和他们的职业发展；二是受经济利益的驱动 —— 一些员工即将从潜在的收购要约中获得大量收益，这使得他们更倾向于支持奥尔特曼，以确保这些经济利益不会受到影响。

“有件事非常重要，但实际上被低估了，那就是员工们十分害怕与他们所认识的奥尔特曼作对，害怕遭到报复。”托纳说。她表示一些员工担心如果公开反对，可能会遭到他的报复。

“伊利亚去哪里了”

“政变”之后，苏茨克弗消失了半年之久，以至于“伊利亚去哪里了”“伊利亚在干什么”，成为一个众人津津乐道的话题。奥尔特曼对此也讳莫如深。

在一次采访中，主持人开玩笑地问奥尔特曼，是不是把他藏在一个地下核设施里扣为人质了。奥尔特曼对此只是一笑置之。

2024 年 5 月，消失半年之久的苏茨克弗在个人社交平台宣布从 OpenAI 离职。

> 近 10 年后，我决定离开 OpenAI。公司的发展轨迹堪称奇迹，我相信 OpenAI 将在山姆、米拉（OpenAI 首席技术官）等人的出色领导下，打造既安全又有益的 AGI。能够与大家共事是我的荣幸，我会非常想念大家。再见，感谢你们所做的一切。我很期待接下来的计划——这个项目对我个人来说意义重大，我会在适当的时候分享细节。

随后，奥尔特曼发文表示将“永远感谢他在这里做的一切，并致力于完成我们一起开始的使命”。奥尔特曼宣布，OpenAI 原研究总监雅各布·帕霍奇将接替伊利亚的工作，成为新的首席科学家。

6 月，苏茨克弗再次现身，宣布成立新公司“安全超级智能”(Safe Superintelligence)。

在彭博社的专访中，苏茨克弗表示这是一个“纯研究机构，旨在创建一个安全而强大的人工智能系统，近期没有出售人工智能产品或服务的意图”。

正如公司的名字所强调的那样，苏茨克弗很明显已经将 AI 安全作为首要任务。但他对于如何界定一个人工智能系统比另一个更安全的具体标准尚不明确，尽管他确实暗示新的公司将尝试通过嵌入到人工智能系统中的工程突破来实现安全，而不是依靠在技术上临时应用的防护栏。

“我们所说的安全，是指像核安全那样的安全，而不是像‘信任和安全’那样的安全。”他说道。

对于“政变”，他仍然拒绝多谈。当被问及与奥尔特曼的关系时，苏茨克弗只是说“很好”，他说奥尔特曼还对自己的新事业“有大致的了解”。

谈到过去几个月的经历，他补充说："非常奇怪。非常奇怪。我不知道我是否能给出比这更好的答案。"

但他的老师辛顿并不愿意沉默。

2024 年 10 月 8 日，约翰·霍普菲尔德（John Hopfield）和辛顿因通过神经网络研究对现代机器学习做出的奠基性贡献，获得 2024 年诺贝尔物理学奖。

当时，这位 77 岁的"AI 教父"正在加州的一家廉价酒店里，网络信号微弱，电话信号也不好，那天他本来打算去做个核磁共振扫描，检查下身体。

当辛顿在凌晨两点接到诺贝尔奖委员会电话时，他首先想到的是："我怎么能确定这不是个恶作剧电话？"

直到他想到，电话是从瑞典打来的，对方有浓重的瑞典口音，并且是好几个人一起，他才确定了自己获得诺贝物理学奖这一事实。

第二天，多伦多大学还在线上举办了表彰和庆祝辛顿获得诺贝尔奖的活动。演讲中，辛顿提及了一起进行研究的两位导师和许多学生，并宣称对"我的一个学生解雇了奥尔特曼"感到自豪。他在之后这样解释：

> OpenAI 建立之初非常强调安全性，其主要目标是开发通用人工智能并确保它是安全的，随着时间的推移，事实证明，奥尔特曼更关心利润，而不是安全，我认为这很不幸。

值得一提的是，仅仅一天后，DeepMind 的 CEO 哈萨比斯和研究员约翰·江珀因为在 AlphaFold 项目上通过人工智能预测蛋白质结构而获得了诺贝尔化学奖。

转变为营利性实体

2024 年 10 月，在“政变”发生接近一周年之际，OpenAI 发表官方声明称，已成功筹集 66 亿美元新资金，公司投后总估值达到 1 570 亿美元。

此轮融资之后，相比不到一年前的 870 亿美元，OpenAI 的估值几乎翻了一番，是 2023 年 4 月估值的 5 倍。

本轮融资由 OpenAI 老股东兴盛资本领投，领投金额为 13 亿美元，并且可以选择在 2025 年继续以该估值再投 10 亿美元。微软、英伟达、软银、Tiger Global 等纷纷跟投，其中微软再度出资 7.5 亿美元。

这也是迄今为止规模最大的一笔风险投资交易，不仅让 OpenAI 的估值飙升至 1 570 亿美元，还使其成功跻身全球前三大初创公司的行列，与马斯克的 SpaceX 和张一鸣的字节跳动并肩而立，估值也可与优步和高盛等上市公司的市值比肩。

奥尔特曼似乎是在跟马斯克较劲，其 66 亿美元融资也超过了马斯克的 xAI 几个月前 60 亿美元融资。《金融时报》还曝出，奥尔特曼特意向投资者强调，不要投资 OpenAI 的竞争对手，尤其是马斯克的 xAI。

随着 OpenAI 估值的飙升，公司在 2019 年设立的“利润上限”的公司结构显得捉襟见肘，难以吸引如此大规模的资金注入。因此，OpenAI 正在考虑从非营利性机构转型为营利性实体，以适应新的资金环境和市场预期。据悉，与以往的投资者不同，本轮融资的投资者将不受利润上限的限制，并且如果公司在两年内未能完成向非营利结构的转变，新投资者有权要求退还资金。

据知情人士透露，与 OpenAI 之前的投资者不同，本轮融资的投资者不会受到利润上限的限制。而如果在两年内未能完成重组，新投资者则可以要求退还资金——也就是说，OpenAI 将从一个非营利性机构转变为营利性实体。

另外，据知情人士透露，奥尔特曼还在与董事会就其持股问题进行初步讨论。投资者对奥尔特曼在 OpenAI 没有持股存在顾虑，他们认为奥尔特曼持股可以确保其利益与公司深度绑定。此前就有传闻，奥尔特曼会拿到 7% 的股权，按照 OpenAI 目前 1 570 亿美元的估值计算，这将为他带来约 110 亿美元的个人财富。但这一传闻被他本人否认。

OpenAI 董事长布雷特 · 泰勒也证实了这一点："董事会确实曾讨论过是否让山姆通过股权激励获得报酬，来促进公司使命的推进，但并未讨论具体数字，也没有做出任何决定。"

这笔史无前例的融资，确实为 OpenAI 解了燃眉之急，让它在人事动荡和安全争议的多重压力下得以喘息。

目前，OpenAI 开发的 ChatGPT 共拥有 2.5 亿周活跃用户，其中 1 100 万名 Plus 用户每月需支付 20 美元的订阅费用。公司计划在 2024 年年底前将价格上调 2 美元，未来 5 年内提升至 44 美元。此外，OpenAI

还聚集了 100 万家付费企业客户和超过 300 万名 AI 开发者。

此外，OpenAI 营收增长迅猛，自 2023 年初以来增长了 1 700%。公司预计，2024 年的总营收将达到 37 亿美元，2025 年有望增至 116 亿美元。

然而，根据 The Information 的分析，2024 年 OpenAI 可能仍面临高达 50 亿美元的亏损。这主要是由于运营成本的大幅增加，包括对英伟达 GPU 的大量采购和数据中心的加速建设，以及员工工资和办公租金等支出。目前，OpenAI 拥有约 1 700 名员工，其中超过 1 000 名是在过去九个月内新加入的。

显而易见，伴随着激烈的竞争，此次巨额融资只是帮助 OpenAI 成功“续命”，它面对的挑战仍将继续。

“将一个意识形态驱动的研究团队转变为产品公司”

伴随着巨额融资的完成和转变为营利性公司的传言愈演愈烈，OpenAI 内部的动荡仍在继续。

2024 年 9 月 25 日，OpenAI 的首席技术官米拉·穆拉蒂宣布辞职。她在社交平台上表示：“离开是因为我想创造时间和空间来进行自己的探索。目前，我的首要任务是尽我所能确保平稳过渡，保持我们建立起来的势头。”

而在同一天，OpenAI 首席研究员鲍勃·麦格罗（Bob McGrew）和研究副总裁巴雷特·佐夫（Barret Zoph）宣布也将离职。奥尔特曼在给员工的一份简报中说，麦格罗、佐夫和穆拉蒂"独立地、友好地做出了这些决定，但（穆拉蒂）做出这个决定的时机非常好，这样我们就可以共同努力，顺利地将公司管理职能移交给下一代领导者"。而在不久前，媒体爆出 OpenAI 总裁布罗克曼正在长期休假，并传言他有可能也会离开，对此布罗克曼不得不出来辟谣："本人计划在本年度末之前进行为期一年的休假。自从 9 年前参与创立 OpenAI 以来，这是我首次有机会彻底放松。然而，我们的宏伟使命尚未完成——我们仍需致力于开发一个安全、可靠的通用人工智能技术。"

虽然奥尔特曼和布罗克曼在极力降低这些变动的影响，但明眼人都能看出，OpenAI 内部正在经历一场剧烈的转变。

在《金融时报》的采访中，一些 OpenAI 的前任和现任员工透露，公司内部出现了分歧，公司商业化和开发可盈利的产品的压力是主要原因。一位前员工指出："OpenAI 已经逐渐变得像一家普通的科技公司，更加以产品为导向、以胜利为导向，也变得不那么利他主义。"这位员工接着评价道："核心研究人员目前仍然忠诚于奥尔特曼个人，他们参与其中是因为他们想构建通用人工智能，而非出于金钱的考量。"

硅谷 AI 连续创业者纳文·拉奥（Naveen Rao）的观点代表了很多人的心声。他说：

> 奥尔特曼正面临着一个不可能的任务，即将一个意识形态驱动的研究团队转变为产品公司。如果他不这样做，投资就会停止。
>
> 可以说，其中一些问题是由他自己造成的。但展望未来，这是必须发生的事情。世界更多受到产品而非内部研究思想的影响。

而早期 OpenAI 员工、现任 AI 初创公司 Cresta 首席技术官的 Tim Shi 说："以产品为先的文化与研究文化截然不同，你必须吸引不同类型的人才。也许你正在建立一种不同类型的公司。"

随着早期团队离开，Tim Shi 所说的"不同类型"的公司很有可能已经在奥尔特曼的规划中。

6 月 10 日，OpenAI 宣布聘请凯文·威尔（Kevin Weil）出任首席产品官，这正印证了拉奥的观点。威尔在硅谷深耕多年，曾任 Instagram 产品副总裁和 X 产品高级副总裁。我曾经多次采访过他，他的岁数跟奥尔特曼相仿，也属于奥尔特曼"小圈子"中的一员，是一名性格温和的互联网产品专家。

此外，奥尔特曼最近还引入了前上市公司 Nextdoor 的 CEO 萨拉·弗赖尔（Sarah Friar），担任公司首席财务官，负责公司的复杂财务事务。

在穆拉蒂离开后，奥尔特曼在一场炉边谈话中表示：

> 我希望这对所有相关人员来说都是一次伟大的过渡，我希望 OpenAI 因此变得更强大，就像我们在所有过渡中一样。

创始团队分崩离析并非世界末日，这种情况在硅谷经常发生，特别是在一个组织转型的重要关头，上一家著名的公司是 Facebook——2006 年，成立仅 2 年的 Facebook 收到了雅虎 10 亿美元的收购要约，却被年轻的 CEO 扎克伯格拒绝了："我不知道这么多钱能让我做什么。我大概会再去创办另一个社交网站。但我已经很喜欢现在这个了。"

扎克伯格的这一决定引发了剧烈的团队动荡，他的创始团队认为他疯了，其中一人指着他的鼻子说："你会后悔一辈子的。"这些人在一年之内陆续离开了——他们大都是扎克伯格大学甚至中学时期结交的朋友——早期的Facebook更像一个兄弟会组织，而不是一家公司。扎克伯格回忆说这是他最艰难的时刻，并感受到了孤独。

但在这以后，扎克伯格聘用了更多成熟的高管，特别是谢丽尔·桑德伯格（Sheryl Sandberg）担任首席运营官，被认为是Facebook的一个重要转折点。她弥补了扎克伯格缺乏的管理经验和商业视角，帮助Facebook从一个快速增长的初创社交网络，逐步转型为一家真正的公司。她还帮助Facebook建立了强大的广告业务体系，为公司的长期盈利奠定了基础。

之后的故事成为了硅谷历史的一部分，Facebook（已改名为Meta）如今是市值1.5万亿美元的科技巨头，而当时提出收购要约的雅虎却已经湮没在了历史尘埃里。

"世上有且只有一种无限游戏"

《有限与无限的游戏》（*Finite and Infinite Games*）是纽约大学宗教历史系教授詹姆斯·卡斯（James P. Carse）的一本著作。这本书篇幅不长，以101个短章连缀而成。

《失控》（*Out of Control*）一书的作者凯文·凯利（Kevin Kelly）对它的评价极高，说这本书"改变了他对生活、宇宙和其他一切事情的思考"。在中国，美团创始人王兴也很推崇这本书，认为它帮助他理解了公司竞争真正的"边界"和"终局"；滴滴创始人程维也曾在微博上推荐过这本书。

全书开篇的第 1 个短章，詹姆斯·卡斯劈头盖脸地就是一句话：

> 世上至少有两种游戏，一种可称为有限游戏，另一种称为无限游戏；有限游戏以取胜为目的，而无限游戏以延续游戏为目的。

而结束全书的第 101 个短章，是一句更短的话：

> 世上有且只有一种无限游戏。

截止到 2024 年 10 月，OpenAI 董事会的有限游戏最终以奥尔特曼的胜利告终。

奥尔特曼如同从死亡中复活的凯撒，他不仅重新站了起来，还比以往任何时候都更加强大。

那么无限游戏呢？似乎没有尽头。

奥尔特曼会有一天离开 OpenAI 吗？我认为有这个可能——我们不要忘了，奥尔特曼在 OpenAI 没有股份；而他的导师格雷厄姆说，比起金钱，他更喜欢权力。

卡斯在他的书中说，权力只是有限游戏的特征……权力的数量有限，力量无法被衡量，因为它是一种开放而非封闭的行为……有限游戏参与者为了追逐权力（power）而参赛，无限游戏参与者凭借力量（strength）参赛。

我认为，在追逐权力的有限游戏中，当命运的权杖交到奥尔特曼的手中，他很有可能会离开 OpenAI，去追逐更大的权力。

那么凭借力量的无限游戏呢？要回答这个问题，我们必须了解奥尔特曼对世界的蓝图——这是他力量的源泉。

本书从奥尔特曼 30 岁时开始写起，那一年他创建了 OpenAI。第三部分，让我们回到 OpenAI 之前的岁月，看看他从寂寂无名的大学生成长为硅谷最有权势的人之一的同时，如何一步步构建他的宏伟蓝图。我们会看到，他的每一次转身，都能获得更大的权力，而 OpenAI 实际上只是他的世界蓝图的一部分。

至于他的世界蓝图是什么，我将在本书的终章揭晓。

Sam Altman

第三部分

硅谷金童

要了解一个人，就必须知道他二十岁时的世界是什么样子的。

——拿破仑

Sam Altman

第十章

年少时期：从圣路易斯到硅谷

一个很大的秘密是，你可以在很大程度上按照自己的意愿改变世界。大多数人甚至都没有尝试过。

——奥尔特曼

天生的领袖

1985 年，山姆·奥尔特曼出生于美国芝加哥的一个犹太家庭，并在中西部的密苏里州圣路易斯长大。

奥尔特曼有两个弟弟和一个妹妹。他的父亲杰里·奥尔特曼（Jerry Altman）是一名房地产经纪人，母亲康妮·吉布斯坦（Connie Gibstine）是一名皮肤科医生。这是一个家庭条件还算优越的中产之家。杰里还在一个可负担住房的非营利组织上投入了大量精力，2018 年他因心脏病突发去世。奥尔特曼说，父亲教给他的重要一课是：“你要想方设法帮助别人——即使你认为自己没有时间，也要尽力而为。”

对于圣路易斯这座城市，奥尔特曼后来回忆说：

> 作为一个孩子，那是一个田园诗般的成长环境；作为一个青少年，我确实感到有点无聊；而作为一个成年人，我感到强烈地被吸引回去——因为在那里人们彼此友善相处。

山姆的父母营造了一个紧密团结的家庭。每晚一起吃饭，玩“平方根”和猜谜游戏，打乒乓球、电子游戏和台球，兄弟们玩水球，山姆还给妹妹安妮读睡前故事。弟弟杰克回忆起他们常玩的武士棋盘游戏：

> 山姆总是赢，因为他总是自称武士领袖：“我必须赢，并且我掌管一切。”

山姆的妹妹安妮回忆道：

> 从我 9 岁的角度来看，这就是专横，他非常想成为“第三个家长”，掌控一切。

虽然是犹太家庭，但他们曾经买过圣诞树，直到山姆坚决反对。

> 我没有圣诞树的记忆，因为山姆在 13 岁时决定，因为我们是犹太人，所以不能再庆祝圣诞节了。

山姆受益于犹太家庭的亲密关系和父母不断的鼓励。山姆后来回忆说：

> 我父母为我做的最好的事情之一，就是持续（每天多次）肯定他们对我的爱和相信我能做任何事情。

母亲回忆道，山姆特别早熟：“感觉他 10 岁的时候，我就放心他一个人去纽约了。”

山姆与两个弟弟关系亲密，后来一起创业投资，甚至住在一起，但与妹妹关系较疏远。母亲评价道：

> 山姆喜欢有弟弟们在身边，因为他们了解他的过去，并能以其他人无法做到的方式给予他反对意见。

山姆在学校里是天生的领袖，他就读于约翰·巴勒斯私立中学，是密苏里州最好的学校之一。这所学校一直秉承多样化的价值观和开放的教学风气，是向常青藤输送学生最多的全美高中之一。

他的英语老师安迪·阿博特（Andy Abbott）回忆说，山姆是名杰出的学生，擅长写作。

> 这是所书呆子的学校，成绩和成就很重要，山姆即使在这种环境下也很突出。他天生就是领袖，极具魅力和好奇心，与众不同。他是年鉴编辑，参加模拟联合国，设计学校网站，还打水球，而且打得不错。

山姆自信的背后有充分的理由。老师评价道：

> 山姆是班级里最聪明的人，很有魅力。我希望他不要进入科技行业，他太有创造力，写作很好，我希望他成为作家。没人能预见到 OpenAI 的巨大影响。大家都知道他在大多数事情上都比我们强。

尽管奥尔特曼此时还是个十几岁的孩子，但他表现得像个成熟的大人，更有自主性和自信。奥尔特曼中学时的经历似乎也预示了他未来职业生涯中的某种特点——他擅长给人留下深刻的印象，尤其是那些年长的人、有影响力的人、有能力帮助他的人。认识奥尔特曼的人说，他的超能力是找出谁是掌权的人，并让他们喜欢他。这一特质对奥尔特曼未来的成功有不可或缺的贡献。

第一台苹果电脑

奥尔特曼出生时，美国的信息革命浪潮方兴未艾。1984 年，苹果发布了第一代个人电脑 Macintosh，而为宣传这款电脑发布的广告《1984》，也成为美国广告史上最伟大的作品之一；它让苹果挑战巨头 IBM 的品牌形象深入人心，也让个人电脑逐渐走进了美国普通家庭。①

一年后，也就是奥尔特曼出生那年，30 岁的乔布斯被赶出自己创建的苹果公司；而微软发布了首个 Windows 操作系统版本 Windows 1.0，标志着个人计算机图形用户界面时代的开始。

1993 年奥尔特曼 8 岁生日时，父母送给他一台 Macintosh 电脑。这台电脑当时售价 2 200 美元，十分昂贵。

奥尔特曼后来回忆说，他的童年生活有一条清晰的分界线：拥有电脑之前和拥有电脑之后。

这台电脑成了他与世界沟通的纽带。他学会了编程和拆解电脑。有一天晚上，他玩电脑到深夜，突然想到："总有一天这台电脑会学会思考。"这一想法经常在他脑海中闪现。

通过这台电脑，奥尔特曼不仅学会了编程，更重要的是学会了使用互联网。1993 年，恰好是互联网发展史上关键的一年。那一年，由伊利诺伊大学厄巴纳－香槟分校的美国国家超级计算应用中心（NCSA）开发的

① Macintosh 是世界上第一台采用图形用户界面的个人电脑，与当时采用 DOS 命令行纯文本用户界面的 IBM PC 形成了鲜明的对照。Macintosh 的出现引发了一场个人计算机世界的革命。为了使这场革命更能够引起各阶层人民的关注，苹果在 1984 年为 Macintosh 量身定做了一个非常具有"苹果"特色的广告——《1984》。

Mosaic 浏览器发布，成为第一个广泛使用的图形界面互联网浏览器，极大地促进了普通人对互联网的使用和兴趣。Mosaic 的发布，标志着互联网从主要为科研和教育使用的工具转变为大众使用的工具。同一年，欧洲核子研究组织（CERN）宣布将万维网技术免费开放给公众，这一决策为互联网的快速扩张铺平了道路。于是，幸运的奥尔特曼成了第一批网民。

不久以后，美国在线（AOL）推出了即时通信服务（AIM）。它允许用户创建一个独特的用户名（称为“AIM ID”），并通过这个 ID 与朋友和家人在互联网上即时通信。AIM 迅速成为一种流行的在线交流方式，特别是在青少年和年轻人之间广受欢迎。而在中国，腾讯在 1999 年也推出了类似的即时通信工具——QQ。

奥尔特曼回忆道：

> AOL 聊天室改变了我的生活。在手机出现之前，你的朋友必须打电话到你家，父母就会知道这件事。突然间，每个人都有了自己的私密空间，可以与朋友交谈，而父母并不知道发生了什么。这深刻地改变了青少年的经历。

这段经历也为他后来的创业埋下了伏笔。

正是由于那台苹果电脑，苹果公司的联合创始人乔布斯成为奥尔特曼的童年偶像。多年以后，奥尔特曼回忆起唯一一次与乔布斯面对面时的情景：（我）紧张得动弹不得。山姆获得那台苹果电脑时，乔布斯已不在苹果，而是在创建 Next 公司和收购皮克斯。1993 年，苹果当时的 CEO 约翰·斯卡利（John Sculley）因为糟糕的业绩黯然下台，苹果进入动荡期，直到 4 年后乔布斯回归。

“机器人不得伤害人类”

同样是 1993 年，后来跟奥尔特曼相爱相杀的马斯克刚刚从加拿大来到美国，就读于宾夕法尼亚大学。这个来自南非、身材魁梧的年轻人，童年时却是一个瘦小孤僻的孩子。

马斯克陷入青春期焦虑时，是科幻小说拯救了他。1985 年出版的阿西莫夫“基地三部曲”中的《机器人与帝国》是他的最爱。在小说的最后一幕，作者创作了“第零法则”：机器人不得伤害人类，也不得坐视人类受到伤害。很多年以后，马斯克在回忆起这部小说是如何激励他致力于让人类成为跨星际物种，并利用人工智能为人类服务的时，称“基地三部曲”和“第零法则”是创建 SpaceX 的根基。

很多杰出的科技行业创始人从小都对科幻小说着迷。科幻小说往往给未来的科技领袖们灌输了这样一种世界观：科技是他们改变世界和在宇宙中留下自己印记的最佳工具。

亚马逊创始人杰夫·贝佐斯从小就对《星际迷航》着迷，片中的柯克船长亲自做每个决定，亲自带队造访星球。风险投资家彼得·蒂尔非常喜欢讲述几名英雄拯救世界的史诗故事《指环王》，蒂尔为公司起的名字“帕兰提尔”“秘银”“维拉”都来自那个故事。

奥尔特曼也是科幻迷，他经常整夜阅读科幻小说。而他最喜欢的一部恰好也是“基地三部曲”。

“我认为其中大部分（科幻小说）都很滑稽，”奥尔特曼说，“但也有一些不难想象的情况，在这种情况下事情真的会变得非常糟糕。”

奥尔特曼说他不太担心杀手机器人，更感兴趣的是“非常微妙的社会错位”。

硅谷的摇篮

2003 年夏天，18 岁的奥尔特曼高中毕业。

成年后的奥尔特曼体格瘦小，身高 1.7 米左右，体重不到 60 千克。这让他看起来比实际年龄要小一些。当他接近 30 岁，开始在斯坦福大学教授创业课时，他看起来仍像是一个大学生。

他的眼睛是绿色的，眼神犀利得像黑夜中的巨角猫头鹰。他的坐姿总是很奇怪，喜欢把自己卷起来，经常被误会有“阿斯伯格综合征”。阿斯伯格综合征是孤独症的一种，主要特征包括社交技巧差，通常更愿意与成人交往，而不愿意与同龄的孩子社交，以及对特定领域（如科学、历史或设计）的过度专注。但奥尔特曼否认自己患有阿斯伯格综合征。

但他的妹妹安妮认为奥尔特曼和自己一样有一些自闭：“但他偏向于计算机数学方面，我更偏爱人文。”

奥尔特曼在高中毕业时面临一个选择：是去美国东部的传统名校，还是去西海岸的斯坦福大学。这两种选择对于成长于中部的奥尔特曼来说似乎都说得通。

马尔科姆·格拉德威尔（Malcolm T. Gladwell）在那本《异类：不一样的成功启示录》（*Outliers：The Story of Success*）中写道：

与机遇相伴的人总能取得非凡的成就。他们的成功并不仅仅是自己努力的成果，更是独特的成长环境促成的结果。

如果奥尔特曼去了东部名校，可能会像很多犹太人一样成为华尔街的银行家。

但他来到了斯坦福大学，这是一所世界知名的高等学府，是硅谷的摇篮。自 1885 年成立以来，斯坦福大学在相当长的时间里都平平无奇，直到 20 世纪 50 年代，斯坦福大学将 1 000 英亩（约 40 万平方米）土地以极其低廉的租金，长期租给工商业界或毕业校友设立公司，再由他们与学校合作，提供给学生各种研究项目和实习机会。这一大胆的举措，是斯坦福大学历史发展的转折点，也直接促成了后来硅谷的诞生。

斯坦福大学的第十任校长约翰·汉尼斯（John Hennessy）强烈主张学术和商业创新相结合。他认为：学术界与商业界共生的真正力量在于可以让创新想法与商业实践相结合。于是，斯坦福大学培养了众多高科技产品的领导者以及具有创业精神的人才，包括惠普、谷歌、雅虎、罗技电子、特斯拉汽车、Firefox、艺电、太阳微系统、NVIDIA、思科、硅谷图形及 eBay 这些公司的创始人。

然而，2003 年奥尔特曼入学时，硅谷正处于萧条时期，上一轮互联网的浪潮刚刚落幕，一个个被挤破的泡沫在硅谷留下了大量的残骸并给人们造成了巨大的心理阴影。奥尔特曼回忆说，如果那时候的人们说自己对创业感兴趣，只会遭到嘲笑。

在斯坦福大学短暂的两年时间，扑克牌占据了奥尔特曼大部分的业余时间。他常去学校附近的 Bay101 赌场，虽然没赚到大钱，但足以支付他的大学生活费。更重要的是，扑克教会了他读懂人性和评估风险。

大一结束后，他在吴恩达教授的人工智能和机器人实验室实习。几年后，吴恩达帮助谷歌创建了谷歌大脑，后来还加入百度成为百度首席科学家，帮助创建了“百度大脑”。

当时，奥尔特曼头脑里还想着他童年时代那个“会思考的电脑”的想法，他希望通过学习人工智能课程能够帮助实现这个目标。但后来他说“完全没有效果”，因为该领域仍然陷入被称为“AI 寒冬”的创新低谷中。

《社交网络》与《奥本海默》

转眼到了大二的暑期，奥尔特曼原本获得了高盛的实习机会。如果去了高盛，奥尔特曼之后的职业生涯很有可能会向华尔街的投资银行家发展。

但就在那时，事情开始慢慢发生变化。

新一轮的科技浪潮正泛起浪花，它的主题是社交网络。

而这轮科技浪潮的中心正好就在硅谷。

那一年的夏天，斯坦福大学附近的一幢房子里搬进了一名哈佛的大二学生，他的名字叫马克 · 扎克伯格。同为犹太人、同为计算机专业的扎克伯格，只比奥尔特曼大一岁，他正雄心勃勃地建立一个计划：让全美国的大学生通过一个社交网络连接在一起。几年后，著名导演大卫 · 芬奇将他的故事搬上了荧幕，这部名为《社交网络》（*The Social Network*）的电影包揽了当年奥斯卡的 7 项大奖。影片讲述了这样一个故事：为了获得女孩的关注，主人公马克建立了一个社交网络帝国 Facebook，经过一番努力，Facebook 的名气越来越大，马克的财富与日俱增。然而各种麻烦与是非接踵而来，昔日的好友也反目成仇。电影的最后一幕是他孤独地坐在会议室里，不断刷新网页，等待他最初心爱的女孩通过他的好友申请。

奥尔特曼似乎很喜欢《社交网络》。将近 20 年后，他去观看了《奥本海默》。奥本海默是他的另一位偶像。观影回来后，他在 X 平台上说：

> 我希望《奥本海默》这部电影能激励一代孩子成为物理学家，但它确实没有达到这个目标。
>
> 让我们把那部电影拍出来！
>
> （我认为《社交网络》成功地做到了这一点，对初创企业家有所启发。）

他一定想到了 20 年前的自己，看到了“社交网络”这一趋势，他毫不犹豫地跳了进去。

Sam Altman

第十一章

创业阶段：总能促成交易的硅谷金童

大多数人都不敢承担足够的风险，特别是在职业生涯早期。年轻、无名、贫穷其实是一份巨大的礼物，因为你可以承担一定程度的风险，但我认为人们没有充分利用这一点。

——奥尔特曼

事情只会因为人们参与并付出努力而变得更好。没有其他人会来拯救你。你必须自己去做。

——奥尔特曼

绝佳的创业时机

2005 年的硅谷，还处在 iPhone 横空出世的前夜。当时，人们普遍用上了有线互联网连接的手机，不过体验普遍很差。带有键盘的黑莓手机以及翻盖的诺基亚手机是当时的主流。与此同时，随着全球定位系统（GPS）变得成熟和精确，集成 GPS 芯片的成本降低，越来越多的手机开始集成 GPS。

当互联网和 GPS 相结合，基于位置的手机应用（Location-Based Services，LBS）就诞生了。这类服务包括地图导航、位置共享、附近的餐馆或商店推荐、天气信息、交通更新等。企业和开发者开始探索如何利用用户的地理位置信息来提供个性化服务和广告，这也推动了基于位置的服务的发展。例如，通过分析用户的位置和行为习惯，商家可以提供更具针对性的广告和优惠信息，从而提高营销效果。

当时，社交网络的兴起也为 LBS 带来了新的可能。

随着 Facebook、X 等社交网络的兴起，人们开始习惯于在线分享自己的生活点滴。

当时有一个很流行的词叫作 SoLoMo——由 Social（社交的）、Local（本地的）、Mobile（移动的）3 个单词的开头字母组成，即“社交本地移动”。SoLoMo 代表了当时最流行的创业趋势。

这也正是后来人们常说的 Web 2.0 时代。

在斯坦福大学读大二的奥尔特曼显然也不想错过这次浪潮。

很多年后，奥尔特曼曾经回忆起他创业时候的心理状态：

> 有一件事我当时不明白，但很快就学会了，如果早点明白，我就能避免很多痛苦，那就是如何衡量风险。大多数人对风险过于担心。当你年轻且没有什么可失去的时候，绝对是冒险的最佳时机，而可惜的是，这恰恰是大多数人在生活中最想规避风险的时候。他们想先工作几年，积攒一些储蓄，然后再开始起步。他们会按照父母的意愿行事。我最终走上了正确的道路，但结果也可能完全相反，而我那时对风险非常愚蠢地感到紧张。因此，我的观点是，大多数事情并没有看起来那么危险，这是一个非常强大的观点，我总是将这一观点告诉处于这种境地的人。你是一个没有钱、没有声誉的贫穷大学生，如果你创业失败了，你依然没有钱、没有声誉，只是比两年前老了一点而已。

根据 Loopt 官网的记载：2005 年春天，斯坦福大学计算机科学专业二年级学生奥尔特曼在走出教室时突然有了灵感。他转向他的朋友、同学、后来的联合创始人尼克·西沃（Nick Sivo），问道："如果我能打开手机，看到一张显示所有朋友位置的地图，那岂不是很棒吗？"

西沃似乎是一个低调的人，他的 X 账号只有 2 000 多粉丝。他的页面简介上写着：

> 我不是一个有趣的人，但我觉得我追随的人很有趣。

他们决定给这个应用取名叫 Loopt。

于是，奥尔特曼和西沃从斯坦福大学辍学了。

放弃顶尖大学的宝贵学位，似乎是美国创业家们的成年礼，从比尔·盖茨、史蒂夫·乔布斯到马克·扎克伯格，都是如此。

在奥尔特曼进入斯坦福大学的 5 年前，同为计算机科学系的两位年轻人一同辍学了，他们分别是拉里·佩奇和谢尔盖·布林，而他俩放弃的是博士学位。他们创建了一家叫作谷歌的公司。

十几年后，奥尔特曼将成为谷歌最可怕的挑战者。

然而，并不是每一个从斯坦福大学辍学的年轻人都能复制这些成功者的故事。比如伊丽莎白·霍尔姆斯（Elizabeth Holmes），她比奥尔特曼早一年辍学，创建了一家叫作 Theranos 的血液检测公司，估值一度达到 90 亿美元。多年以后她因金融诈骗，被判入狱 11 年。

黑客与画家

奥尔特曼和西沃就这样开始了他们的冒险之旅。西沃擅长技术，是一名出色的程序员，这样奥尔特曼就能腾出手来思考更多商业和运营方面的事情。虽然两人聪明又野心勃勃，但他们面临着一个问题：当时是 2005 年，互联网行业刚刚从上一轮的泡沫中复苏，没有太多地方可以学习如何创业，特别是对于只有 19 岁的大学生来说。

奥尔特曼开始在网上搜索，最终他找到了一个叫保罗·格雷厄姆的人的博客，其中一篇名为《如何创业》的文章，更是让奥尔特曼如获至宝。

格雷厄姆可以说是奥尔特曼前半生影响最大的人，要想看懂奥尔特曼，就必须好好了解格雷厄姆这个人。

格雷厄姆有几个特质，首先他是一个顶级的程序员，其次他文笔很好，最后他喜欢帮助他人。这几个特质单独拉出来可能并不显眼，但是放在一起却让他成为技术创业浪潮中精神领袖般的存在。

根据他自己书中的描述，青少年时代，他就开始编程。但是，他还喜欢许多与计算机无关的东西，这在编程高手中是很少见的。中学时，他喜欢写小说；进入康奈尔大学后，他主修哲学。后来他发现哲学很难理解，于是研究生阶段就去了哈佛大学计算机系，主攻人工智能。他在这个研究方向上进展不顺利，因此对学术感到灰心。（但是，作为研究工具的 Lisp 语言，对他日后产生了重大影响。）博士读到一半时，他又去哈佛大学艺术系旁听。拿到博士学位后，他报名进入罗得岛设计学院暑期班，学习绘画课程，梦想成为画家。

上完暑期班，他去了欧洲，在有着 500 年历史的佛罗伦萨艺术学院继续学习绘画。第二年，钱花完了，他不得不返回美国，在波士顿的一家创业公司担任程序员。那时是 1992 年。

此后的两三年，格雷厄姆一直过着一种动荡的生活。他栖身于纽约一间极小的公寓，追求自己的艺术家梦想，但是收入低且不稳定，日子过得非常窘迫，常常入不敷出，他不得不经常替别人编程，赚取一些生活费。

终于有一天，格雷厄姆觉得不能再这样继续下去了。“我决定不当画家了，我首先要彻底解决自己的收入问题。”他后来回忆道。

1995 年初夏，他找到了读书时认识的朋友罗伯特·莫里斯（Robert Morris），希望合作编写一个软件来赚钱。

格雷厄姆心想，如果未来人们都在互联网上购物，那么必须有人为零售商们开发软件。所以，他决定开发一个帮助人们搭建网店的软件。

一开始，他们的软件完全采用传统模式，即用户首先下载安装，然后在自己的硬盘上做出网店的雏形，最后再上传到服务器。后来，格雷厄姆灵机一动：为什么不让用户通过浏览器直接操作服务器呢！这样就完全省去了安装和上传的步骤。于是，他们改变方向，决定把软件做成一个互联网程序。这是世界上第一个通过互联网使用的软件。因为这一点，他们就把这个产品起名为 Viaweb。

1998 年，雅虎以 4 900 万美元的价格兼并了 Viaweb。这不仅让格雷厄姆获得了财富，更让他成为互联网领域最早创业成功并且上岸的人之一。

被收购之后，格雷厄姆就成了雅虎的员工，继续从事编程。他在那里工作了一年半，总是感觉很不自在，这时候雅虎已经是大公司了。格雷厄姆很不适应雅虎的企业文化，用他自己的话说，就是不习惯大公司的官僚环境，他说："运营创业公司，每天都像在战斗，而为大公司工作，就像在窒息中挣扎。"很快，他选择了辞职。

财富自由之后的格雷厄姆再也没有拿起画笔，而是开始写作。他将自己的思考写成一系列文章，2004 年集结为《黑客与画家》一书出版。这本书不仅在美国流传广泛，经由著名科技作者阮一峰翻译后，在中国科技圈也广受追捧。

格雷厄姆的一个核心思想是：一个软件开发的新时代已经来临，互联网将彻底改变软件工业，谁先掌握了新的观念，谁就能脱颖而出。

19 岁的比尔·盖茨估计也就这样了吧！

2005 年 3 月，哈佛大学的学生团体"计算机协会"邀请格雷厄姆做演讲。他选择的题目是《如何成立创业公司》。"我对他们说，选择天使投资人的时候，最好选择那些自己有过创业经验的人。"说完这句话，他发现学生都以期待的眼神看着他，他赶紧补充说："我不是天使投资人。"

演讲结束以后，格雷厄姆与学生一起喝咖啡聊天，他发现其中有些人很有才干和想法。他不由想到，如果没有天使投资人，Viaweb 根本不可能存在，也就不会有现在的自己。于是，他决定为这些学生创造机会，看看他们能做出什么。

2005 年 3 月，格雷厄姆宣布他准备开始一个名为“夏季创始人计划”（Summer Founders Program，SFP）的夏令营项目，该计划是后来成为著名创业孵化器的 YC 的早期版本。他在博客中写道：“SFP 就像一份暑期工作，只不过我们给你的不是薪水，而是种子资金，让你和朋友一起创办自己的公司。”参与者每人将获得约 6 000 美元的种子资金，并将在暑假发展自己的业务，还可以向格雷厄姆和他的朋友学习。“如果这听起来比整个夏天都待在办公室里更令人兴奋，”格雷厄姆总结道，“我鼓励你申请。”

得知这一消息后，奥尔特曼第一时间联系了格雷厄姆。当时，格雷厄姆住在美国东海岸马萨诸塞州坎布里奇市，而奥尔特曼则在西海岸的旧金山湾区。格雷厄姆让奥尔特曼飞来面试。但当时奥尔特曼在旧金山湾区有一个推介活动，想改时间。格雷厄姆并不想改期，他有点想敷衍过去，于是回复说：“你只是个大一新生，明年再申请吧。”

但奥尔特曼很快回复：“我已经大二了，我会来的。”

那次会面非常成功。奥尔特曼见到了格雷厄姆和他的合伙人杰西卡・利文斯顿。

“我们第一次见到他就意识到，这个孩子拥有超越他年龄的智慧。”利文斯顿回忆说。

格雷厄姆也非常欣赏奥尔特曼：“当时见到他不到 3 分钟，就在想，啊，19 岁的比尔・盖茨估计也就这样了吧！”

申请表有 227 份，他们从中挑了 8 个项目，其中就有 Loopt。

很快，Loopt 入选了 YC 第一期夏令营，获得了一笔启动资金 5 000 美元。同时，奥尔特曼搬到马萨诸塞州坎布里奇市的 YC 办公室，而西沃则在得克萨斯州阿灵顿的家中工作，他们在斯坦福大学的同学阿洛克·德什潘德（Alok Deshpande）也加入了 Loopt 团队，并开始在印度工作。

在格雷厄姆的帮助下，9 月份夏令营结束的时候，Loopt 很快做出了第一款原型产品，反响很不错。奥尔特曼儿时的朋友、麻省理工学院的学生里克·佩尔尼科夫（Rick Pernikoff）和他的兄弟汤姆·佩尔尼科夫（Tom Pernikoff）一起加入了这个团队。

到 2005 年 10 月，产品已经足够完善，奥尔特曼开始考虑筹集更多资金来发展业务。

这时，奥尔特曼做了一个重大决定：从斯坦福大学辍学，全职追逐他的创业理想。

在考虑了多项要约后，奥尔特曼决定接受红杉资本和恩颐投资（New Enterprise Associates）提供的 500 万美元的报价，这两家公司是世界上最大的两家风险投资公司，也是谷歌、雅虎、PayPal 贝宝、Tivo 和许多其他公司背后的投资者。随后，Loopt 团队搬进了红杉资本的孵化空间。

Loopt 终于有了第一个真正的办公室，在他们的隔壁，是一家叫作 YouTube 的初创公司。

“是的，我不认为我们会成功。”奥尔特曼告诉里克·佩尔尼科夫。

“那是他唯一一次错了。”佩尔尼科夫后来经常拿这件事嘲笑奥尔特曼。

敲遍每一扇门、每一扇窗

在 iPhone 问世之前，电信运营商掌控着极大的话语权。手机应用的推广必须通过运营商之手，而应用开发者同样需要与运营商合作才能推出自己的应用。

那段时间，奥尔特曼投入了大量的时间和精力与运营商建立联系。在美国，电信运营商体系是一个非常封闭的圈子，对于一个仅有 20 岁且缺乏人脉的年轻人来说，想要打入这个圈子无疑是难上加难。

后来奥尔特曼回忆说，这段经历教会了他人生中的重要一课：**搞定一件事情最重要的就是坚持不懈。我有一个信念，那就是敲遍每一扇门、每一扇窗。**

终于有一天，一扇窗户向他敞开了一条缝隙。一次偶然的机会，奥尔特曼得知美国最大的运营商 Sprint 旗下的子公司 Boost 正在考虑开发一款基于位置的社交应用，并正在寻找合作伙伴。得知这一消息后，奥尔特曼夜以继日地赶制出了用于演示的产品原型。那天，奥尔特曼 4 点入睡，6 点起床，7 点赶到机场，搭乘最早的航班飞往 Boost 总部所在地——加州南部的奥兰治县。他没有预约，径直闯入了负责人的办公室。过了一会儿，负责人走进办公室，看见一个小伙子坐在里面。

“奇怪，你为什么会在我的办公室。”

“给我 10 分钟时间。”

负责人想赶他走，但奥尔特曼很坚持。那个负责人后来回忆说，他们这个圈子里大多是四五十岁的人，常年一起做生意，但“他（奥尔特曼）对材料的掌握和自信程度超过了他的年龄，我从来没有见过类似的情况”。

同样令这个负责人印象深刻的，还有奥尔特曼的工装裤。奥尔特曼年轻时总是穿着工装裤，人们也会借此开玩笑取笑他，以至于他有一次在里德·霍夫曼的播客里还特意解释了一番：

> 老实说，我不认为它们有那么丑，我觉得它们非常方便：你可以装很多东西。我喜欢随身带平装书。我喜欢平装书。我的 iPhone 也很适合放在工装裤的口袋里。我还可以随身带着电脑充电器，（穿着）工装裤让我更加高效。为什么人们对这个事这么在意，我无法理解。

那个负责人听完奥尔特曼的介绍，改变了主意，决定向他的领导汇报。最终，他们决定把赌注押在只有 20 岁的奥尔特曼身上。

奥尔特曼的坚持得到了回报。与 Sprint 签约后，奥尔特曼继续跟进其他运营商。

在 YC 的一次活动上，奥尔特曼还分享过另一个展现他大胆风格的故事：为了赢得一位重要客户，奥尔特曼乘飞机前往该公司总部，在大厅里等了一整天，直到他们同意见他。

据听过这个故事的人说，在几次会议后，客户公司的领导们表示想要参观奥尔特曼的办公室。当时，奥尔特曼的公司只有 5 名员工，于是他雇了一些大学朋友来扮演公司员工。这个计划成功了，他们最终获得了合同。

接受乔布斯的面试

2007 年，iPhone 横空出世。奥尔特曼当时用的是一台 Palm 手机，但当奥尔特曼第一次使用 iPhone 时，他就知道自己再也不会用 Palm 手机了，一个新的时代开始了。

2008 年，乔布斯又宣布了应用商店的上线，开发者可以在应用商店中售卖自己开发的软件。奥尔特曼马上意识到，如果未来应用商店成为主流，那么电信运营商的话语权将大大降低。奥尔特曼想到，如果 Loopt 可以在苹果的应用商店上架，肯定可以获得大量用户。

于是，他立刻采取行动，联系了苹果公司。

不久后，奥尔特曼收到了苹果公司的面试通知，而面试者正是他童年的偶像——乔布斯。

在一间漆黑的屋子里，奥尔特曼看到乔布斯独自一人坐着，面无表情，只有他那标志性的眼镜在黑暗中闪闪发亮。奥尔特曼后来回忆说，那是他职业生涯中唯一一次因为紧张而动弹不得。

幸运的是，奥尔特曼顺利通过了面试，并有幸成为那一届位置服务类应用的代表，在台上展示自己的产品。

从当年流传下来的视频可以看出，奥尔特曼神情镇定，瘦削的身体站得笔直。那天，他穿了两件 Polo 衫，外面是一件霓虹色的，里面套了一件绿色的，领子还高高竖起。这种标新立异的穿着似乎是奥尔特曼早期的风格。

“我们对能在 iPhone 上运行 Loopt 非常兴奋。Loopt 是用来和他人以及你周围有趣的地方连接的应用。上面的橙色图钉是我现在的位置，蓝色图钉代表我朋友的位置。”奥尔特曼在台上侃侃而谈。

整个演示只进行了不到 3 分钟就匆匆结束了，但这并不重要，重要的是他在偶像的注视下站在了舞台中央。他走下台前的最后一句话是：iPhone 正在引领一个新时代的到来，我们很荣幸能成为这个时代的一部分。

未来，这个句式他还会使用很多次，只不过将“iPhone”换成了别的词。

在苹果的发布会上亮相，给奥尔特曼带来了巨大的媒体曝光，他很快就接受了查理·罗斯（Charlie Rose）、CNN（美国有线电视新闻网）以及《经济学人》《纽约时报》《华尔街日报》等诸多媒体的采访。当年他还被《公司》杂志（*Inc. Magazine*）评为“30 岁以下顶尖企业家”，被《新闻周刊》评为“科技领域最佳企业家”。

科技媒体 The Information 创始人杰西卡·莱辛曾经在专栏里回忆，2008 年当她还是《华尔街日报》的一名初出茅庐的记者时与奥尔特曼打交道的经历。当时她正试图撰写一篇关于 Loopt 公司可能带来隐私风险的负面报道。得知这一消息后，23 岁的奥尔特曼并未生气，反而主动提出帮助，并发送了一份详尽的文件，概述了 Loopt 已经识别的所有风险及其应对措施。

莱辛评论说：

> 任何创业者在得知《华尔街日报》将在一篇关于移动隐私危险

的报道中专题报道他们的公司时，都会惊慌失措并逃之夭夭。奥尔特曼却反其道而行之。他试图控制叙述，并成功让自己的名字登上了头版。

出售公司

Loopt 的估值最终飙升到 1.75 亿美元，在巅峰时期拥有 50 多名员工。然而，用户却并未如预期那样接受这款基于位置的应用。“我们曾乐观地认为位置信息是至关重要的，”奥尔特曼说道，“然而，悲观的现实却是，人们更愿意躺在沙发上消费内容——事实也正是如此。我明白了一个道理：**你不能强迫人类做他们不想做的事情。**”

自 2007 年下半年起，Loopt 的用户增长陷入停滞。奥尔特曼不得不裁减员工来降低成本，但仍无济于事。

此外，在运营 Loopt 的过程中，奥尔特曼还表现出过于激进、经验不足等问题。曾担任 Loopt 首席运营官的马克·雅各布斯坦（Mark Jacobstein）说：“如果他（奥尔特曼）认为某件事是真的，那么这件事在他的脑海中就会变成真的，对于那些想做一番大事的企业家来说，这是一个非凡的特质。不过这也可能会导致奥尔特曼行事过于激进，这会让人们感到不舒服。”

在奥尔特曼领导 Loopt 期间，Loopt 的高管曾经两次向董事会投诉，要求解雇奥尔特曼，原因是他在公司内的行为具有欺骗性，并造成了公司内部的混乱。不过，奥尔特曼得到了公司主要投资者红杉资本的大力支持，这些投诉最终都没有获得成效。

这次创业过程按照硅谷的标准来看并不成功，奥尔特曼也没有展现出在产品或者运营上的天赋，但有一个特点却发挥得淋漓尽致：**建立人脉并促成交易。不管是商务谈判还是融资谈判，奥尔特曼似乎都游刃有余。**

2012 年，奥尔特曼的这一特质再次发挥作用，当时著名投资家迈克尔·莫里茨（Michael Moritz）领导红杉资本，奥尔特曼成功与他建立了深厚的联系。当 Loopt 努力寻找买家时，莫里茨帮助策划了由红杉资本支持的金融科技公司 Green Dot 的收购。

2012 年，奥尔特曼和其他创始人以 4 300 万美元的价格出售了 Loopt，这对大部分风险投资者来说是负回报，但奥尔特曼个人套现了 500 万美元。

永远停留在 18 岁的人

Loopt 被收购以后，奥尔特曼和尼克·西沃的人生都翻开了新的一页。他俩先后加入了 YC，西沃还是一如既往地低调，他在 YC 负责其旗下的“黑客新闻”（Hacker News）的运营维护。7 年的并肩战斗，让两人结下了深厚的友谊。

有一次，《纽约客》特约撰稿人塔德·弗兰德（Tad Friend）让他俩谈论一下彼此。

奥尔特曼突然变得感性起来：“我仍然把尼克看作一个永远停留在 18 岁的人，并且我认为他也以同样方式看待我。”

“我不太明白你是什么意思。”西沃似乎很疑惑。

“就像一个没有人知道或关心的大学生。”

奥尔特曼后来说：

> 大多数人都不敢承担足够的风险，特别是在职业生涯早期。年轻、无名、贫穷其实是一份巨大的礼物，因为你可以承担一定程度的风险，但我认为人们没有充分利用这一点。

西沃还是一如既往地低调，而奥尔特曼却一步步地往上爬，逐渐成为硅谷最有权势的人。

Sam Altman

第十二章

掌舵 YC：走向硅谷中心，交最有权势的朋友

如果你不是一个乐观主义者，你就会成为一个非常糟糕的风险投资家。

——奥尔特曼

我所认识的最令人印象深刻的创业者都是长期埋头苦干，专注于完成工作的人。你可以跳过所有的聚会、行业会议、媒体采访、发布推文等社交活动，专注于打造一个伟大的产品，吸引用户并取得胜利。

——奥尔特曼

按下暂停键

在 Loopt 被收购后，奥尔特曼几乎休息了一整年，调养身体。创业的那几年，奥尔特曼太辛苦，甚至患上了坏血症。奥尔特曼经常给当医生的母亲康妮打电话，说自己头疼，担心可能是脑膜炎或淋巴癌，尽管他的母亲只是一位皮肤科医生。母亲只好安慰他，他只是思虑太重、压力太大而已。

据《纽约杂志》报道，在那一年，奥尔特曼花很多时间阅读、玩电子游戏，甚至前往修道院进行灵修。他后来回忆说，灵修的结果出乎意料地好："这改变了我的生活。虽然我在很多方面仍然感到焦虑和压力，但我感到非常放松、快乐和平静。"

奥尔特曼后来回忆说，在硅谷这样竞争激烈的地方，休假一年是非常困难的，因为那里的社会地位很大程度上取决于你的工作和你正在进行的项目。比如，当你去参加派对时，有人问你："嘿，你在做什么？"而你有点尴尬地回答说："啊，我正在休息一年。"这时，你可以看到，他会立刻寻找房间里其他人交谈。这样的感觉不太好。

但奥尔特曼认为，这次休假彻底改变了他之后的职业生涯："我认为那是我在职业生涯中做过的最重要的决定之一。"

在一次播客中，奥尔特曼回忆起那一年的生活：

> 那一年，我读了很多教科书，学习了我感兴趣的领域。我没有想到它们会以这种方式结合起来。我学到了很多关于核工程、人工智能和合成生物学的知识。我也开始了投资，并且可能做了 4 次天使投资。我周游各地，遇见许多从事不同领域工作的人，他们愿意与我交谈。这段时间让我有机会重新连接我的朋友和家人。拥有很多时间后，帮助那些看起来善良、有趣并需要帮助的人成为我重要的任务。他们会教给我东西或者为我提供机会，让我日后投资他们的创业公司。我还留出了自由时间去参加其他国家的会议。
>
> 在所有这些事情中，几乎没有一件最终成功。但它们播下的种子却在后来的日子里以深远的方式发挥作用。

进入投资行业，结识"詹姆斯·邦德"一般的创业者

有一次，格雷厄姆告诉奥尔特曼，一个优秀创始人的原型是"007"系列电影中的詹姆斯·邦德：许多事情出了问题，你却泰然自若、从不慌乱，知道如何应对；坏事接二连三地发生在你身上，但你却能幸存下来，并总能利用眼前的任何资源找到解决办法。这正是一个伟大创始人的精神。

从那时起，奥尔特曼便注意结识周围具有"詹姆斯·邦德"潜力的创业者，并尽力帮助他们。

早在 2010 年的时候，奥尔特曼就通过 YC 结识了一对来自爱尔兰的兄弟——约翰·科利森（John Collison）和帕特里克·科利森（Patrick Collison），他们的创业想法是帮助中小企业更便捷地进行网上支付（他们后来创立了美国在线支付巨头 Stripe）。

红杉资本的莫里茨曾评价这对兄弟："（他们）来自爱尔兰的小乡村，来到硅谷后却未被这里浮躁的空气污染，他俩谦逊且成熟。"

而这也正是奥尔特曼给人们留下的印象。

相似的背景和性格让他们建立了深厚的友谊，奥尔特曼也成为 Stripe 最早的投资人之一。后来他回忆说，当时他的手头也不宽裕，银行账户里只有 17 000 美元，但他把其中的 15 000 美元投资给了 Stripe，占股 2%。

如今 Stripe 的估值已经达到 650 亿美元[①]，而 Stripe 的第五号员工布罗克曼后来成为奥尔特曼在 OpenAI 最重要的搭档。

此外，这次投资还让他结识了同为 Stripe 早期投资者的彼得·蒂尔。蒂尔是在线支付公司 PayPal 的创始人，也是 Facebook 的早期投资者，这使他成为硅谷最富有的投资人之一。

在创办 PayPal 期间，蒂尔与 PayPal 的其他创始人和早期员工建立了极为牢固的同盟，即使在 PayPal 被出售后，他们的关系也继续维持，形成了被称为"PayPal 黑帮"的创业者团体。该团体的其他成员还包括马斯克

---

① "金融科技巨头 Stripe 估值因员工股票出售交易飙升至 650 亿美元"（*Fintech giant Stripe's valuation spikes to $65B in employee stock-sale deal*），来自科技新闻网站"TechCrunch"2024 年 2 月 28 日的新闻。

和领英联合创始人里德·霍夫曼等人。

蒂尔很愿意提携年轻人，并为他们提供资金支持和战略咨询。不过，他行事风格极为低调，很少出现在公众场合，只愿意在自己的家中举办小型派对，撮合投资者与创业者。根据《华尔街日报》的一篇报道，奥尔特曼是少数几个与蒂尔关系密切的人。在他们结识后的几年里，蒂尔对奥尔特曼的各个方面都产生了深远的影响。

特别是蒂尔将奥尔特曼带进了自己的社交圈，这些人在奥尔特曼后续的投资和创业项目中都扮演了关键的角色。

蒂尔曾经评价奥尔特曼：

> 山姆并不特别信仰宗教，但在文化上非常具有犹太人特色——他是一个乐观主义者却又具备求生本能，世界上没有一个地方能让他感到完全归属。

2012 年，奥尔特曼从 Loopt 退出，套现了大约 500 万美元。随后，他决定成立一只基金，专门投资初创企业。

2012 年 4 月，他与弟弟杰克·奥尔特曼成立了 Hydrazine Capital，这是一家小型风险投资基金公司。Hydrazine 意为联氨，是一种常用于火箭推进剂的化学化合物，象征着这只基金推动变革的决心。

他筹集了 2 100 万美元，其中包括来自彼得·蒂尔的重要投资以及通过出售 Loopt 获得的 500 万美元中的大部分。

这个体量的基金属于非常小的规模。

YC 加速器，开启硅谷创新创业新纪元

除了彼得·蒂尔，保罗·格雷厄姆也是奥尔特曼在投资道路上的重要领路人。

在 2005 年成功举办了第一届创业夏令营之后，格雷厄姆开始思考将其作为自己未来的事业。

格雷厄姆将他的核心思想总结为一条曲线，他认为大多数创业公司在成立后，会经历一个长期的低谷阶段，只有少数公司能够坚持到迎来曙光的那一刻。格雷厄姆希望帮助和引导创业者顺利起步，以最小的代价、最短的时间度过低潮期，顺利进入后面的稳定上升期。

格雷厄姆创新性地想到通过成立一个机构实现这一计划，他将这个机构命名为 Y Combinator，简称 YC。

Y Combinator 的名字源自计算机编程领域，指的是能够自我调用的递归函数，象征着该机构在支持初创企业时所追求的创新和自我增强的目标。

在格雷厄姆的领导下，YC 彻底改变了美国的创业生态。

在 20 世纪 90 年代，YC 这样的加速器出现之前，初创公司通常由资深职业工程师或连续创业者发起，他们需要寻求数百万美元的风险投资，然后秘密地研发复杂产品，往往需要数年时间才能将产品推向市场。然而，随着

网络托管成本的大幅下降和个人电脑及智能手机的普及，即便是像马克・扎克伯格这样的大学辍学生，也能在自己的笔记本电脑上开发出互联网产品。

格雷厄姆希望帮助有潜力的大学生，通过创业营缩短他们的创业路径，这种创业营也叫作加速器。

格雷厄姆帮助这些大学生建立初创企业，就像他的导师、律师朱利安・韦伯（Julian Weber）曾经为自己的Viaweb投资了10 000美元一样。

格雷厄姆的《黑客与画家》一书，与史蒂文・布兰克（Steven Blank）的《四步创业法》以及埃里克・里斯（Eric Ries）的《精益创业》共同塑造了当时的创业精神：自力更生；从“最小可行产品”起步并快速迭代；宁愿有 10 个人深深喜爱你的产品，也不要 10 000 个人仅仅喜欢你的产品。

第一期训练营取得了令人鼓舞的成果，格雷厄姆觉得可以将扶植创业公司作为一项事业。于是，他把 YC 搬到了硅谷。根据格雷厄姆的设想，YC既是一个创业公司的孵化器，也是一个教导员，还是一个与投资人联系的中介。

YC 每年 1 月和 6 月举办两次训练营，每次为期 3 个月。每次训练营大约有 500 个申请者，YC 从中挑选出 20 个项目。每个项目将获得 1.1 万美元的启动资金，每个项目成员还会额外获得 3 000 美元的生活津贴，作为交换，YC 将获得该项目 5% 的股份。一旦项目成功，5% 的股份将变得非常值钱。

YC 的合伙人对每个项目都单独进行辅导，不仅提供项目建议，还传授方法论和价值观。每周四下午，创业者会来到 YC 的办公室，与格雷厄姆或其他合伙人见面，汇报项目进展，并共同探讨如何解决遇到的难题。

面谈结束后，就是聚餐时间。所有人一边吃饭，一边交流。同时，还会有特邀嘉宾与创业者见面，这些嘉宾往往是技术行业的顶尖名人，比如 Facebook 的创始人马克・扎克伯格、Groupon 的创始人安德鲁・梅森（Andrew Mason）等。

3 个月的训练营接近尾声时，按照计划，创业者应该拿出一个可以进行的成果。YC 会举行“展示日”，让风险投资商与创业者直接见面。创业者在台上展示自己的项目，风险投资商进行评估，有意向的话，双方再进行私下接触。

格雷厄姆在《黑客与画家》中写道：

> 你知道 YC 最大的优势是什么吗？它让你不必加入大公司就能享受到大公司的好处。创业的困难在于，即使你各方面都很优秀，但你没有基本的资源，就很难成功。创业很孤独，没人给你出主意，所有事情都必须自己做。如果你为大公司工作，也许各方面都会受到制约，但无论遇到什么问题，可能都能找到 1 000 个人，一起来解决。
>
> 现在，YC 也能让你找到 1 000 个人，一起来解决问题，并且没有大公司的任何束缚。这种关系网络以前是不存在的，可 YC 让这变成了现实。

后来媒体说：“他（格雷厄姆）资助了如此之多的创业公司，以至于走在旧金山街头，一定会遇到某个他给过钱的人。”

“是山姆让我意识到可以安心退休了”

在硅谷投资圈，有人曾戏谑地说：“奥尔特曼最大的天赋就是让生活中最重要的两个人快乐——保罗·格雷厄姆和彼得·蒂尔。”

多年来，奥尔特曼一直与 YC 和格雷厄姆保持着紧密联系。

2008 年，格雷厄姆与他在 YC 的长期搭档杰西卡·利文斯顿结婚了，奥尔特曼受邀参加了他们的婚礼。

YC 有 4 个创始人，但一些核心工作，如担任主面试官、为创业者提供指导等，只有格雷厄姆一人能够胜任。他渐渐感到力不从心。

为了分担一些工作，格雷厄姆开始从 YC 过往的学员中寻找合适的人选担任他的助手，并逐渐发展出“兼职合伙人”制度。奥尔特曼就是最早被邀请的成员之一，他在 2011 年就成了 YC 的兼职合伙人。

到了 2012 年，奥尔特曼新成立的 Hydrazine Capital 有 75% 的资金都投资在了 YC 孵化的公司上。YC 的规模也越来越大，到了 2013 年的冬季班，YC 已经收到了 2 000 多份申请。

2014 年，格雷厄姆 50 岁了，这时他和利文斯顿已经有了两个孩子，他有了退休的念头。

夫妻俩开始寻找继任者。

“是山姆让我意识到可以安心退休了。”格雷厄姆说。

对于格雷厄姆来说，奥尔特曼是完美的继承人。他认为奥尔特曼不仅思维与自己一致，对那些看似疯狂的想法充满热情，更重要的是，他相信奥尔特曼能带领YC走得更远。

他的妻子和合伙人利文斯顿说："没有一个名单上写着谁应该来管理YC，但山姆就是首选。"

那么，奥尔特曼会答应接手吗？格雷厄姆心里并没有底。他后来回忆：

> 当时我在厨房里问山姆："你想接管YC吗？"他笑了起来，我从未见过山姆如此放松的笑容，就是那种男孩子一下把废纸团扔进远处垃圾筐时的笑容。

格雷厄姆似乎在暗示，奥尔特曼如愿以偿接任了YC总裁的宝座，但在奥尔特曼那里却是另一个版本：

> 我不想成为天使投资人或风险投资家。我喜欢经营一家公司。我不喜欢站在一边旁观。当我开始投资时，我没有获得像经营一家公司时那种肾上腺素飙升的感觉。
>
> 我在考虑我想做的事情，保罗·格雷厄姆开玩笑地说过很多次："我要退休了，你应该接管YC。"我一直将这件事放在心里，我认为接管YC需要成为投资人，而我不喜欢投资。但我开始与他更认真地讨论这个问题。
>
> 保罗和我可能花了大约20小时讨论这个问题。我们不是一个产品公司，我们更像是一所大学，一群聪明人聚集在这里，互相帮助并形成一个共同体。

终于，奥尔特曼和格雷厄姆达成了一致。

其实多年来，格雷厄姆一直在为奥尔特曼铺路，为他塑造一种创业“半神”的形象。

格雷厄姆曾盛赞他是年轻的比尔·盖茨，谈及奥尔特曼的商业能力，他写道：

> 如果把奥尔特曼空降到一个食人族的岛屿上，5 年之后他必将成为那里的国王。

他还在 2009 年的一篇博客中将奥尔特曼与乔布斯、拉里·佩奇等人相提并论，称自己在思考设计的问题时，会问自己“乔布斯会怎么做”，而在思考野心或者战略问题时，会问自己“奥尔特曼会怎么做”。那时奥尔特曼只有 24 岁。

如今，格雷厄姆决定彻底为奥尔特曼加冕。YC 是硅谷的中心，现在奥尔特曼将是它的领导者。

当奥尔特曼接管 YC 时，他继承了一个蓬勃发展的巨头。硅谷著名风险投资家、a16z 的合伙人克里斯·迪克森（Chris Dixon）说：“YC 创造了有史以来最伟大的商业模式。基本上没有花费多少钱，但他们获得了硅谷许多最佳初创企业 7% 的股份！”

截止到 2014 年，YC 已经投资了包括 Stripe、Airbnb、DoorDash、Twitch、Reddit 在内的超过 550 家初创公司。格雷厄姆在 2014 年的一条推文中透露，YC 所投企业的总估值达 800 亿美元，相比于 2009 年，5

年时间涨了 17 倍。

在接手 YC 不久后的一次采访中，奥尔特曼在主持人的反复追问下，也不得不承认 YC 在孵化器行业具有绝对的垄断地位。

当格雷厄姆在一次会议上被问到为什么选择奥尔特曼作为接班人时，他揭示了原因：

> 它（YC）已经变成了一个庞大的事物，我不擅长管理庞大的事物，而山姆则擅长管理庞大的事物。

在把 YC 交给奥尔特曼之后不久，格雷厄姆和利文斯顿就带着两个孩子去英国了。

我们失去了一个孩子，让我们哭泣吧

有一张流传很广的照片，是 YC 第一届学员的合影。

照片中，格雷厄姆和他的合伙人、未来的妻子利文斯顿各站两侧，中间是十几个年轻的创业者，就像一对夫妻带着一群孩子。

格雷厄姆右手边站着的是奥尔特曼，而奥尔特曼右手边站着的是一个看起来更加瘦小稚嫩的卷发年轻人，他就是亚伦·斯沃茨（Aaron Swartz）。

斯沃茨比奥尔特曼小一岁，不同于奥尔特曼，他是一位纯粹的黑客，毕生都在践行黑客的理想，并为此付出了生命的代价。

斯沃茨做过很多非凡的事：不到 14 岁就和互联网之父蒂姆·伯纳斯-李（Tim Berners-Lee）一起工作，参与基础互联网协议 RSS[①] 的制定；创办了 TheInfo.org，一个比维基百科更早的知识分享平台。年幼时，斯沃茨就对版权问题感兴趣，后来他甚至飞到华盛顿参与最高法院关于版权的听证会。之后他参与了 Creative-Commons 项目，致力于提供一种互联网知识共享的解决方案。前文提到的 Reddit 网站，斯沃茨也是联合创始人之一。

斯沃茨曾说：

> 仅仅安于现状是不够的，不能只是接受别人给你的东西。我认为应该有质疑的精神。从科学的角度看待问题，我们会发现所学的知识都是暂时的，都有被修正、反驳、质疑的可能。对于社会问题也是如此，如果能尽我所能去解决真正的基础问题，我一定会去做。

然而，现实世界对黑客并不友好。2011 年 7 月 19 日，斯沃茨因在麻省理工学院非法下载大量 JSTOR 学术期刊文章而被联邦政府起诉，面临高达百万美元的罚款和最高 35 年的监禁。在被起诉前，法院给了他一份协议书，只要他承认犯了重罪，就可以服刑 3 个月，外加 1 年的居家监禁，以及全程禁止使用电脑。

这时，斯沃茨本可以选择自保，但他不愿意屈从。他选择拒绝认罪，放弃协议。

---

① RSS 是简易信息聚合（really simple syndication）的缩写，是一种基于 XML 标准的内容包装和投递协议。当一个 RSS 文件被发布后，该文件中包含的信息就可以直接被其他网站调用，使每个人都可以成为信息的提供者。

2013 年 1 月 11 日，斯沃茨在纽约的一间公寓里自杀身亡。包括他的家人在内的许多人都认为，斯沃茨的自杀是司法部门过度起诉的结果。斯沃茨去世 3 天后，美国联邦政府正式宣布撤销对他的控告，撤销理由是他本人已于 3 天前死亡。

斯沃茨的死引发了全球互联网的关注，怒吼声此起彼伏，黑客组织“匿名者”公然攻击麻省理工学院的网站，更多抗议浪潮不断地袭来，最后迫使麻省理工学院的校长不得不公开道歉。

互联网之父蒂姆·伯纳斯-李痛心地写道：

> 亚伦死了。世界上的流浪者，我们失去了一位智者。为权利而奋斗的黑客们，我们中的一个人倒下了。所有的父母们，我们失去了一个孩子。让我们哭泣吧。

2014 年，一部讲述斯沃茨生平的纪录片《互联网之子》（*The Internet's Own Boy：The Story of Aaron Swartz*）上映，感动了无数人，豆瓣评分高达 9.1 分。

黑客，还是政客

同样伤心的还有格雷厄姆，他本身就是一位黑客哲学家。斯沃茨的理想主义和反抗精神，都与格雷厄姆很像。格雷厄姆的核心哲学，除了创业曲线，另一个就是黑客精神。

黑客精神是格雷厄姆改变世界的方式。他曾说，他秘密地将 YC 视为一种黑客方式，旨在培养更多的初创公司，最终使这个世界的思维与他所喜爱的雄心勃勃的黑客们的思维相一致。

他曾写道：

> 行为怪异的人和愤世嫉俗的人比普通人更可能成为黑客。计算机世界就像是智力世界的大西部，在那里没有你不敢想的事情，只要你愿意承担冒险的后果。
>
> 关着的门，对黑客是一种挑衅；而锁着的门，对黑客是一种耻辱。

这就意味着，黑客思维的底层逻辑是坚持理想、不受束缚、敢于探索、打破常规、保持质疑。

黑客生来就是革命者，而斯沃茨通过自己短暂的一生践行了格雷厄姆的人生哲学。

格雷厄姆早早就把 18 岁的斯沃茨招进了 YC 第一届训练营。如果斯沃茨还活着，格雷厄姆会不会选择他作为自己的接班人呢？没有人知道答案。

而对于奥尔特曼，他从来没有在公开场合评论过他朋友的死。

他只是在斯沃茨自杀后不久写过一篇名为《创始人抑郁症》（*Founder Depression*）的博客文章，文章中他写道：

> 失败很糟糕，没有什么办法可以掩饰这一点。但创业并不是生死攸关的事情，它只是工作。

奥尔特曼有没有黑客精神？他曾经在一档播客中回忆起 2007 年 iPhone 第一代发布时，他曾经尝试过越狱（指破解手机系统获取 root 权限）。

“我那时觉得很酷，而现在站在另一边，感觉很奇怪。”

他停顿了一会，说：“有点儿难受。”

可以想象，斯沃茨的死一定对奥尔特曼未来的人生产生了巨大的影响，尤其是如何平衡理想和现实、如何处理与政府的关系。

从那时起，奥尔特曼可能走上了一条不同的道路，他背离了导师和朋友的黑客精神，而更像是一个政客：变得如履薄冰，面对强权低头，向仇人施援，与旧友为敌，和对手结盟。奥尔特曼背离了黑客践行的革命之路，而选择了一条权力之路。

当奥尔特曼成为 YC 总裁时，他年仅 28 岁。他与硅谷的掌权者建立了密切的关系，得到了蒂尔和格雷厄姆的支持，他们给予他金钱、关系、影响力、头衔，甚至直接将他们掌握的权力转移给他。

在他们的庇护下，年轻的奥尔特曼走向了硅谷的权力中心。

Sam Altman

第十三章

改造 YC：面向未来

面向未来而生：我们的目光应该盯着未来的世界，以此决定人生应该怎么走。

——保罗·格雷厄姆

“在山姆的领导下，YC 的野心提高了 10 倍”

从 2005 年成为 YC 第一届学员，奥尔特曼亲历了 YC 的各个发展阶段，直到 2014 年接任 YC 掌门人。

在宣布领导层变动的博客文章中，格雷厄姆写道，他逐渐形成了这样一种信念：初创公司将成为我们这个时代的一个决定性时刻。“10 年后会有更多的初创公司，如果 YC 要资助它们，就必须相应地扩大规模。”因此，奥尔特曼上任后的第一项任务就是让 YC 每期的训练营规模更大。

格雷厄姆在宣布退休的博客文章中写道：

> 山姆是 YC 在演进过程中需要的角色。他是少数几个能够既高效又本质善良地管理事务的人才，尽管很少有人意识到，在早期阶段投资中，这是必不可少的品质之一。山姆是我所认识的智慧最高超且对初创企业理解最深入的人，甚至比我和其他所有我认识的人都要好。

> YC 需要增长，而我不是增长的最佳人选。山姆正是 YC 现阶段所需要的人才。

增长，成为奥尔特曼 5 年 YC 总裁生涯的基调。在这 5 年中，YC 不断扩展原有的 YC 核心计划，并发展出 YC 连续性计划、YC 研究计划、YC 创业学校、YC 成长项目等。奥尔特曼还推动了 YC 的全球扩张，将影响力扩展到了中国、印度等具有活跃创业环境的国家。

硅谷著名风险投资家马克·安德烈森表示："在山姆的领导下，YC 的野心提高了 10 倍。"

约翰·库根（John Coogan）是代餐粉公司 Soylent 的创始人，他曾参加过两次 YC 训练营。库根注意到，在奥尔特曼领导下，YC 从一个初创公司夏令营变成了涵盖各种项目、风险投资与连续性基金、非营利工作与 YC 研究的综合性组织。

在 YC 期间，库根注意到奥尔特曼的几个特点："他非常擅长切换话题，并且专注地倾听。我认为这是他的超能力。我听过有人形容他是'聆听界的迈克尔·乔丹'。"很多人向我描述了山姆的这种专注。他在聆听时，会直视对方，这几乎让人感到不安。他拥有从 Loopt 时期就已获得的促成交易的技能，现在他的人脉和影响力更大。如果出现问题，他打个电话就能快速解决。

库根回忆说：

> 在我商业生涯的早期，我有一个非常艰难的谈判，我给山姆发了一封邮件："嘿，我在处理这个谈判，我只是想和你核实一些事

情。”他立刻打电话给我，我们谈了 5 分钟，他完全解决了我的问题，那是我人生最好的商业交易之一。这件事确实对我产生了很大的影响。我亲眼见过山姆在 15 分钟的电话里解决了 1 亿美元的问题，这真是了不起。我认为山姆只是从人类的角度考虑：这个人想要 X，那个人想要 Y，我们如何把这两个人结合在一起。

多年来，奥尔特曼一直保留着他作为 YC 总裁的日常工作。他每天向创始人发送无数的短信和电子邮件，并追踪人们的回应速度，因为正如他在博客上写的，他相信回应时间是“优秀创始人和平庸创始人之间最显著的区别之一”。

奥尔特曼说：

当我开出 15 000 美元支票，把种子资金投给公司时，如果不是我，这些公司就不会存在。我觉得我对世界有更好的影响。我不想把我的钱投入那些已经很成功的公司。我想让新公司成为可能。

加码硬科技，解决困扰世界的问题

每年两次，YC 创业营地都会迎来数百位充满潜力的创业者，这些创业者中不乏未来的独角兽企业。然而，对于奥尔特曼来说，这仅仅是一个开始。他相信，YC 应该赋予更多人力量，让创业成为一种常见的职业选择，成为加入已建立企业或公共部门之外的替代方案。在奥尔特曼看来，更多的初创企业将使地球变得更美好。他坚信，所有困扰世界的问题（从气候变化到停车位不足）的创造性解决方案将源自初创企业。这正是他决定扩大 YC 规模的原因。现在，YC 的目标不仅是培育初创企业，还包括鼓励类似初创企业般的革新，为解决世界问题提供更多的“良药”。

例如，YC 过去主要投资的是互联网领域，特别是应用软件公司。然而，奥尔特曼对一些关乎未来的“硬科技”更有兴趣，如能源、AI 和生物科技等。

奥尔特曼将 YC 视为一个超越传统初创企业孵化器的平台。“我们不只关注初创企业，”他在接任后不久表示，“我们关注创新，因为我们相信这样才能让未来变得更美好。”在奥尔特曼看来，兑现那些独角兽所获利润的目标并非仅仅是填满合伙人的口袋，而是用于资助物种级别的转型。他成立了一个研究部门，希望资助雄心勃勃、解决世界上最大问题的项目。他认为，AI 是统治所有领域创新的关键：它可以比人类更好地解决人类面临的问题，并具备超级智能。

在硅谷，奥尔特曼正在构建一个全新的经济体系，这个体系似乎有意取代传统的硅谷模式——一个由超级资本主义企业家组成的行会，他们互相帮助，致力于修复这个破碎的世界。尽管硅谷一直以过度的雄心壮志著称，但奥尔特曼的愿景却引发了一些警告。风险投资家里德·霍夫曼提醒说：“他们有雄心壮志是很棒的，但经典地，在硅谷当人们试图重新发明某个领域时，结果通常非常糟糕。”

在一次晚餐后，奥尔特曼品着自己调制的尼格罗尼鸡尾酒，向那些对 YC 愿景持怀疑态度的人发出了警告：“民主只能在增长型经济中运作。如果没有回归经济增长，民主实验将失败。而我必须认为 YC 对于这种增长至关重要。”

YC 的成功，赋予了其更大的自由度去扩展使命。在这个过程中，增加对参与该计划的初创企业的资助变得尤为关键且不可或缺。奥尔特曼领导下的 YC 热衷于加强初创企业精神，将其作为改善世界的工具。尽管目前没有确凿的证据表明这些努力将真正改变世界，但YC的领导者们对此深信不疑。他们将组织根植于创新和创业的过程中，而不是仅仅与当下市场捆绑在一起，相信 YC 将持续发挥影响力，甚至超越我们的生命。

2016 年，迈克尔 · 西贝尔（Michael Siebel）成为 YC 的 CEO，他表示，正是这种前景促使他全职加入了运营。“说服我的东西，”他说，“就是保罗和山姆认为 YC 可以成为一个有百年历史的机构。”

“中国是我最常思考的国家”

2014 年，我从北京搬到硅谷，成为一名科技记者。

当时，我正筹备带领一群中国创业者考察硅谷科技行业。许多创业者都表达了想去 YC 参观的愿望，于是我求助了莱辛，请她帮忙牵线。奥尔特曼说他有兴趣跟我见面聊一下，地点定在斯坦福大学的一间教室。那天他在那里教授创业课程。

这次见面正值奥尔特曼辍学 9 年之后，重回母校，但不再是以学生的身份。他成了创业导师，代表 YC 与斯坦福大学联合开设了一门名为“如何创业”的课程，课程内容包括：如何进行头脑风暴、评估项目、获取早期用户，以及如何扩张市场、获得融资、培养公司文化等。

奥尔特曼解释说：

我在 YC 的工作主要是评估项目和辅导他人创业。我发现，创业者们大约有30%的基础问题都是共性的，可以被概括和教授的，而另外70%的问题则直接与他们的项目或市场相关。我们希望通过这门课程教授那30%的基础内容，为所有想要创业的人提供帮助。

我到达教室时，课程还没有结束，只见一个瘦削的年轻人站在讲台上。他拥有典型的硅谷创业者形象：年轻、苍白、极客气质，语速飞快，充满激情地讲述着如何通过创业改变世界。下课后，人群逐渐散去，我走上前去向他自我介绍。他显得有些腼腆，就像一个普通的大学生。我们在那间宽敞的教室里聊了一会儿，具体内容已经模糊，但我记得他最后说："我应该多去中国看看。"

一个月后，我带领一群中国创业者拜访了YC总部，奥尔特曼很热情地与中国创业者们打招呼，气氛和谐融洽。当奥尔特曼在致欢迎词时，我注意到不远处有一个他的同龄人静静地观察着，那就是张一鸣，当时正在开发一款名为今日头条的App。

张一鸣回国后专门写了一篇游记文章，他提到，YC虽然不提供场地，但是它会给创业团队找来业内知名的创业者作为导师传授经验，YC对孵化企业唯一的要求就是把产品做好，迅速扩大用户规模，至于其他事情尽量不要操心。张一鸣认为，这是国内孵化机构非常值得学习的地方。

"总结起来一句话，这是中国科技公司的'黄金时代'，机会就在那里，与所有跟今日头条一样正在创业路上的同学共勉。"张一鸣最后写道。在那之后，他便开启了中国互联网最波澜壮阔的全球化之旅。

在那次拜访之后，我和奥尔特曼就建立了联系。他身上有一种独特的气质：真诚中带着谦逊。这在浮躁的硅谷，几乎算是一种美德了。我在硅谷认识的一些人，他们看起来高深莫测，最后被证明空空如也。

几个月后，奥尔特曼在他的个人博客上写了一篇题为《中国》(*China*)的文章。在这篇文章里，他关注的问题让他更像一位政客。文章开头，他提到如果使用购买力平价指标，中国经济在 2014 年已经超越了美国。

> 作为一名充满希望的美国公民，最关键的问题是，一个国家是否有可能在人口少 4 倍的情况下保持与另一个国家一样强大。美国从来都不是世界上人口最多的国家，但它一直是最大的经济体，美国是如何做到这一点的？一个重要的方法是我们在创新和开发新技术方面保持卓越。上个世纪，许多重大的技术进展（远远超过我们在世界人口中所占的比例）都来自美国。

2014 年 6 月，在奥尔特曼就任 YC 总裁 4 个月后，受邀出席了在纽约由 The Information 举办的一场活动。这场活动的主持人正是前文提到的杰西卡·莱辛，她与奥尔特曼相识多年，刚刚创办了 The Information。

他们讨论的话题从硅谷和洛杉矶、纽约创业环境的差别，自然而然地聊到了大洋彼岸的中国。

“中国是我最常思考的国家。”奥尔特曼这样说道。他还提到，他从很多渠道了解到 YC 在中国的创业圈里很有知名度，如果未来考虑在硅谷之外设立办公室，中国将是首选地。

但他也表示他知道在中国会遇到很多困难，“但是你知道西方投资者在中国开展业务的记录真的很糟糕。但显然世界的趋势是更加开放而不是更加封闭，我认为随着时间的推移，越来越多的中国企业家将愿意来美国待 3 个月。一想到这些就让我夜不能寐。”

奥尔特曼明白，如果要在中国开展业务，必须找到一个熟悉当地市场和情况的人。

3 年后，当他得知一个叫陆奇的人从百度首席运营官的职位上离开时，他知道他找到那个人了。

“最成功的人创立宗教”

奥尔特曼和陆奇是忘年交。陆奇比奥尔特曼大 26 岁。

陆奇将自己比作一款不断升级的软件，明天的版本必须比今天更好，而不希望明天和今天一样。通过多年的自我迭代，他已经成为中美两国最具影响力的科技领袖之一。

陆奇是最早在硅谷闯荡的中国技术精英。早在 1998 年，陆奇就与格雷厄姆在雅虎成了同事，两人工位还挨得很近。2005 年，当格雷厄姆举办第一期夏令营时，陆奇就代表雅虎参加了，并结识了当时还不到 20 岁的奥尔特曼。陆奇对 YC 的模式深感认同。

2008 年，陆奇离开雅虎加入微软，雅虎创始人杨致远当场洒泪。告别会上，所有工程师穿着统一的 T 恤，T 恤上印着“我曾与陆奇一起工作，你呢？”，以此纪念陆奇在雅虎的日子。

陆奇来到微软后，依照 YC 的模式创立了必应基金（Bing Fund），后来逐渐发展成了微软风投（Microsoft Ventures）。

有一次，陆奇告诉奥尔特曼：

成功的人创立公司；更成功的人创立国家；最成功的人创立宗教。

这句话让奥尔特曼印象深刻。他在自己的博客里写道：

（这段话）这让我想到，最成功的创始人并不是为了创建公司而出发。他们的使命更接近于创立一种宗教，而在某个时候，组建一家公司变成了实现这一目标最简单的方式。

2018 年 5 月，YC 宣布正式进入中国，聘请陆奇担任 YC 中国的 CEO，兼任 YC 全球研究院院长。

“他将与年轻的公司创始人完全契合，”奥尔特曼告诉《金融时报》，“他告诉我，他的祖父总是说，‘永远不要把桌子擦干净，总要给对方留下一些’。这说明他非常清楚需要把创始人放在第一位。他将在中国建立一家出色的公司。”

而陆奇在接受科技媒体 36 氪采访时，也谈到了他工作中的侧重点：

人工智能技术对科研领域有非常大的影响。我认为我们将迎来一次科学界的文艺复兴；因为人工智能技术，越来越多的跨学科研究和应用可以被开发出来。

我在 YC 做的事情，就是希望能够尽快推动这些愿景的落地，特别是在中国。因为中国的人口多，实体工业多，人多意味着数据多，这是人工智能技术革命与以往技术革命最主要的不同点。

陆奇与 YC 中国在奥尔特曼的帮助下开展了项目招募和孵化活动，其中萌动、朝闻道和小木屋等 6 个项目被选中，团队在 2019 年春季奔赴美国参加训练营。在 2019 年的秋季创业营，YC 中国更是收到了超过 1 700 份申请，最终仅有 22 家创业公司入选，项目涵盖人工智能、医疗、动漫、健康等多个领域，这么算下来通过率仅为 1.29%，比哈佛大学的录取率还低。

离开 YC，未被揭开的真正原因

2019 年 3 月，YC 突然宣布奥尔特曼从公司总裁转为董事会主席，以便他能更专注于 OpenAI 的工作。

但奥尔特曼的这一决定打乱了陆奇的计划，在 11 月 17 日路演后仅仅过了 4 天时间，陆奇突然宣布，将成立新品牌“奇绩创坛”，由他所带领的原 YC 中国团队独立运营，而 YC 孵化器则全面战略回归，聚焦硅谷，不再单独设立海外分支。

在接受 36 氪采访时，陆奇很明确地说，这次改变主要原因是管理层变动：奥尔特曼决定去 OpenAI 做 CEO，杰夫・罗尔斯顿（Geoff Ralston）接替奥尔特曼管理 YC 全球业务。杰夫需要基于 YC 面对的全球环境来做战略决策，他决定在战略上让 YC 更聚焦于种子期加速的业务，以及更聚焦在美国。

在采访中，陆奇专门感谢了奥尔特曼：

在这个过程中，我非常感谢 YC 的领导层，他们基本上已经送我们到了他们能送的最远的地方。我们的核心团队也都去过 YC 总部，都得到了基础能力的锻炼并学习了 YC 模式的真谛，可以手把手加速初创团队业务的成长。

我个人和 YC 的领导层也都是长期的好朋友，不只是山姆，杰夫和我也认识 20 多年了，我们是在雅虎时期的同事，比和山姆认识得还久。

所以，我们是沟通了不同的思考点后，在完全理解和尊重对方的前提下，找到更好的方案往前走。

关于奥尔特曼离开 YC 这部分内容，我们在第四章已详细叙述。

然而，在 2023 年 11 月 OpenAI 经历了董事会“政变”后，《华盛顿邮报》报道称，奥尔特曼是被 YC 开除的，而开除他的不是别人，正是格雷厄姆本人，原因是他担心奥尔特曼将个人利益置于公司利益之上。

几个月后，已经离职的 OpenAI 前董事会成员托纳在一次播客节目中声称，这不是奥尔特曼第一次被解雇，2019 年奥尔特曼离开 YC 的真正原因在当时被“掩盖起来了”。

但几天后，保罗·格雷厄姆澄清，YC 并没有在 2019 年解雇山姆·奥尔特曼，他澄清了《华盛顿邮报》和其他媒体的报道。格雷厄姆在 X 平台上的一篇帖子中说：“有人声称 YC 解雇了山姆·奥尔特曼，这是不正确的。”

格雷厄姆解释说，奥尔特曼一直在 YC 和 OpenAI 之间分心，当 OpenAI 宣布将成立一个以营利为目的的子公司，并任命奥尔特曼为 CEO 时，杰西卡·利文斯顿告诉他，如果奥尔特曼要全职在 OpenAI 工作，我们应该找其他人来管理 YC。格雷厄姆说:“他（奥尔特曼）同意了。”“我们不希望他离开，”格雷厄姆补充说，“只是要他选择其中之一。”

奥尔特曼的财富

在硅谷打拼多年，奥尔特曼到底有多少财富，是大众感兴趣的话题。一方面，他在 OpenAI 只领取 65 000 美元的年薪并且没有股份；另一方面，他个人似乎非常富有，因为他经常用自己的资金进行大额的投资。

奥尔特曼为什么会这么有钱？这成了投资圈感兴趣的话题。

早在 2016 年，奥尔特曼就向《纽约客》表示，他已经决定放弃所有非必需的财产，只保留旧金山教会区的四居室房子、汽车、加利福尼亚州一处度假胜地的地产，以及 1 000 万美元储备金（其年利息足够支付生活费用）。剩下的财产将用于改善人类福祉。当时，许多人对他的这番话持怀疑态度，认为这只是一次公关行为。

然而，到了 2024 年 6 月，《华尔街日报》通过一系列调查，发现了一个惊人的事实：

奥尔特曼长期从他的个人银行摩根大通（JPMorgan Chase）获得债务额度，增加对初创公司的投资，这使他能够向私营公司投入数亿美元。

据 The Information 报道，奥尔特曼和他的风险投资基金已经投资了 400 多家公司，其中包括 Stripe、Airbnb 和 Reddit 等大公司，以及核聚变能源初创公司 Helion、生命科学公司 Retro、他与他的兄弟们一起成立的风险投资公司阿波罗项目（Apollo Projects）。

通过贷款来进行风险投资非常罕见，奥尔特曼的策略此前从未被报道过，鉴于对初创公司投资风险都很高，绝大部分初创公司都会走向破产，因此风险投资家中很少有这种策略。承担如此高额的个人债务是一场冒险的赌博。

科技律师和风险投资家认为，奥尔特曼的策略（他的大部分财富都与外部企业挂钩，但与 OpenAI 无关）突破了传统公司治理的界限。大多数初创公司创始人的财富都与公司挂钩，这激发了他们让公司取得成功的动力。很少有人能通过让另一边的企业受益来赚更多的钱。

承担如此高的风险来进行投资，我相信奥尔特曼的主要目的并不是为了财务回报。这更像是一种哲学理念，就像格雷厄姆说的：“面向未来而生，然后去创造目前缺失的部分。”

那么奥尔特曼眼中的未来是什么？我们将在本书的终章揭晓。

Sam Altman

终 章

山姆的世界蓝图

这是山姆的世界，我们都生活在里面。

——里克·伯顿

未来可能会变得难以想象的伟大。

——奥尔特曼

本书的开篇提到，如果现在这个时刻真的是人类步入 AI 时代的开端，那么像奥尔特曼和马斯克这样的人物，无疑将在历史的长河中留下浓墨重彩的一笔。

前面的章节，其实都是在写历史；在这一章，我想写一下未来——奥尔特曼的世界蓝图是什么。

众所周知，马斯克的世界蓝图是让人类成为跨星际的物种：Space X 的重型火箭提供往返火星的运力；The Boring Company 提供建设火星地下城的挖掘能力；特斯拉探索太阳能技术和电动技术等；而他以 440 亿美元收购 X，则是为了在火星上进行通信和社区治理。

那么，奥尔特曼的未来蓝图是怎样的呢？

从他过去的履历来看，除了担任 OpenAI 的掌门人外，奥尔特曼还曾考虑竞选加利福尼亚州的州长；他还进行过普遍基本收入的研究，以应对人工智能可能引发的大规模失业问题；他推出了加密货币项目 Worldcoin，通过眼球扫描技术分配收入。此外，他还投资了核聚变技术公司，以期创造出足够的能源；同时，他也在筹集资金，以制造能够驱动人工智能发展的芯片。

从前面的章节我们可以了解到，奥尔特曼是一位现实主义者，他通过各种交易来获取和巩固自己的权力。

但与此同时，他也是一位未来主义者。

现实主义者一般对未来不感兴趣，但奥尔特曼是一个例外。他似乎充满了一种信念：世界上最大的问题可以通过创新、科学和技术来解决。

> 我们已经失去了对未来的集体乐观感。恢复这种乐观，是我们共同的责任。我相信，唯一的途径就是利用技术创造一个丰饶的世界。

在前一章中也曾提到，与硅谷传统的风险投资人不同，奥尔特曼一直专注于硬科技领域，这些技术面向未来，旨在打造目前尚不存在，但将对世界的未来产生深远影响的创新。在OpenAI，他围绕人工智能投资了一系列相关企业。

这背后的逻辑是什么？

奥尔特曼并没有像马斯克那样早早地公布并不断重复他的世界蓝图，但我们可以从他的博客、社交媒体以及众多采访中，一点点挖掘线索，并尝试将它们拼凑起来。

虽然这些线索有时可能存在矛盾，有时又可能过于夸张，但主体线索是清晰的。

我们有理由相信奥尔特曼的蓝图是存在的，并且仍在不断发展之中。

为什么奥尔特曼的世界蓝图如此重要？因为技术正在以前所未有的速度发展。

美国加州大学伯克利分校经济学教授布拉德福德·德龙（J. Bradford DeLong）在他的著作《蹒跚前行》（*Slouching Towards Utopia：An Economic History of the Twentieth Century*）中指出，1870 年是历史的转折点，因为自那时起，技术进步的速度显著提高，全球经济增长加速。

1870 年以前，人类生活在极度贫困中，缓慢技术进步带来的成果被不断膨胀的人口吞噬。随着工业革命的到来，世界发生了天翻地覆的变化：发明创造加速推进，技术能力每经过一代人就得以翻番，最终改变了全球经济生活的面貌。

> 1870—1914 年，人类的技术与组织能力以每年大约 2% 的速率进步，是之前 100 年（1770—1870）的 4 倍以上。世界经济的领跑者初期有美国、德国以及将迅速落伍的英国，它们在 1870 年之前就表现出比其他地区更快的增长速度，大约每年快 0.9 个百分点。接下来它们将加快步伐，保持大约每年 2.5% 的领先增长速度，几乎 3 倍于 1870 年之前的增速。

在人类数千年的文明史上，决定人类命运和未来走向的关键时刻，往往是自然（如火山爆发等）或战争，以及强人的意志。但在过去的一个半世纪里，技术在塑造人类历史走向方面的作用越来越大。

奥尔特曼相信，人类很快将达到一个转折点，在接下来的 100 年里，我们将取得比整个人类历史上都要多的技术进步。

硅谷也在发生变化。过去的硅谷企业家，如乔布斯，专注于产品开发，尽量远离华盛顿的政治圈。

然而，新一代的硅谷企业家，如扎克伯格和奥尔特曼，显然更加关注规模和影响力，他们渴望在硅谷之外发挥更大的作用。

自 2014 年担任 YC 总裁以来，奥尔特曼在过去 10 年一直是硅谷社交的中心。据他身边的人透露，一到周末，奥尔特曼就会带着一群朋友前往纳帕或在旧金山的家中，一边享用比萨，一边进行深入的讨论，话题从癌症研究到核战争，无所不包。甚至 OpenAI 的诞生，也是在一系列晚餐聚会中逐渐形成的。

因此，这个蓝图不仅是奥尔特曼个人的愿景，也反映了硅谷的集体意志。一名奥尔特曼身边的匿名人士告诉彭博社的记者，奥尔特曼想成为“世界之王”，接管整个世界；他的导师保罗 · 格雷厄姆也曾说：“我认为他的目标是掌控整个未来！”

正如硅谷知名开发者里克 · 伯顿所说：

> 这是山姆的世界，我们都生活在里面。

万物摩尔定律

2021 年 3 月，在新型冠状病毒感染疫情影响全球，引发美国严重的经济衰退之际，奥尔特曼不合时宜地在自己的博客上发表了一篇题为《万物摩尔定律》（*Moore's Law for Everything*）的长文。在翻阅了他所有文章后，我发现这篇文章最接近于他心中的世界蓝图。

奥尔特曼没有他的导师格雷厄姆那样优美的文笔，这篇文章写得尤其晦涩。这篇文章应该也是他写过的所有文章里最长的。

他还请了一位设计师做了网页设计，页面背景是绿油油的钞票。

在文章的结尾，他感谢了许多人，其中就有他最亲密的导师里德·霍夫曼，以及他在 OpenAI 的同事苏茨克弗。

这篇文章发表后，还没有激起太大的水花，就被淹没在人们对新冠疫情带来的恐慌中。《金融时报》更是以《技术未来主义者的妄想》为题，对他进行了一番嘲讽。

奥尔特曼这篇冗余和晦涩的文章到底讲了什么呢？在解读之前，我们先看一下什么是摩尔定律。

摩尔定律是英特尔的联合创始人戈登·摩尔（Gordon Moore）在 1965 年的一篇文章中提出的，即每个芯片上的晶体管数量大约每两年翻一番。

- 首先，摩尔定律其实不是一条定律，它更像是一种观察和预测。

- 其次，芯片上的晶体管数量越多，其计算能力也会相应增长。每两年翻一番，意味着这种增长不是线性的，而是指数级的。

在这之后的半个世纪，摩尔定律成为芯片行业前进的“节拍器”：硅谷的高管们根据这一节奏做出商业战略决策，摩尔定律演变成一个通过投资和规划来实现目标的基准。

也就是说，摩尔定律的本质是共识。

其实，奥尔特曼的《万物摩尔定律》也是想打造一个共识，而这个共识就是他心目中的世界蓝图。

全文分为 5 个部分。

与德龙教授阐述的一样，奥尔特曼在文章的第一部分也指出“技术在加速演进”。

> 从宏观的时间尺度上看，人类社会的技术进步呈指数曲线。15 年前我们没有智能手机（千真万确）；150 年前我们没有内燃机，也没有家庭用电；1 500 年前，我们没有工业机器；15 000 年前，我们没有农业。
>
> 即将到来的变革将围绕着人类最超凡脱群的能力：思考、创造、理解和推理。在农业革命、工业革命和计算机革命之后，我们将迎来第四次革命：人工智能革命。如果我们作为一个共同的社会体可以负责任地进行这项革命，其产生的足够财富将使每个人都能得到他们所需要的东西。
>
> 我们在未来 100 年取得的技术进步，将远远超过我们从最初控

制火种到发明车轮以来所取得的一切成就。我们现在已经建立了可以通过学习来做有用事情的人工智能系统，尽管它们仍然处于原始阶段，但是发展趋势却是清晰可见的。

在第二部分，奥尔特曼抛出了他的“万物摩尔定律”。

总体来讲，要想过上美好生活一共有两条路径：个人获得更多的财富（使个人更富有），或者物价下跌（使大家更富有）。财富就是购买力：我们凭借现有的资源能获得多少东西。

增加社会财富的最佳途径是降低商品成本。无论是从食品还是电子游戏，科技的发展将迅速推动多种商品成本的下降。考虑一下半导体和摩尔定律的例子：几十年以来，芯片每两年就会变得强大1倍但价格不变。

在过去的几十年里，美国的电视、电脑和娱乐成本已经下降，但其他成本却大幅上升，最明显的就是住房、医疗和高等教育的成本。如果这些成本继续飙升，仅靠财富再分配是行不通的。

人工智能将降低商品和服务的成本，因为劳动力是许多供应链层面的驱动成本。如果机器人可以在你已经拥有的土地上开采和提炼自然资源，然后利用太阳能建造一栋房子，那么建造这栋房子的成本就接近于租用机器人的成本。而如果这些机器人是由其他机器人制造的，那么租用机器人的成本将比人类制造机器人时的成本低得多。

同样，我们可以想象，人工智能医生可以比人类更好地诊断健康问题，人工智能老师可以准确诊断和解释学生不理解的内容。

“万物摩尔定律”为买不起他们想要东西的这一代人吹响了号角。想象一下这样一个世界，在未来几十年，住房、教育、食品、服装等一切东西的价格每两年就会降低一半。这听上去虽然像是乌托邦，但技术确实能为我们实现这一目标（且在某些情况下已经实现了）。

就像我们在每次技术革命后总会发现新的工作机会一样，届时我们将拥有难以置信的自由，去发明创造更多的新工作。

“丰盛”的智能和能源，丰盛的未来

可能是奥尔特曼发现《万物摩尔定律》对于普通大众来说过于隐晦，在那之后，他开始简单粗暴地频繁提起一个单词，用来描绘他眼中的未来——abundance（丰盛）。

2024 年 5 月，他在 X 平台上这样解释丰盛：

使用技术创造“丰盛”的智能、能源、长寿等，虽然不能解决所有问题，也不会让每个人都感到幸福，但它无疑是一件极其伟大的事业，它极大地拓宽了我们的选择范围。对我而言，这似乎是一种道德上的命令。

如果我们仔细看他对创造“丰盛”的描述，就能发现其实际上与“万物摩尔定律”是同一个意思。

在一次采访中，他把超级智能和能源比作公正和繁荣的未来世界的基石：“如果我们获得丰富的智能和丰富的能源。”奥尔特曼说：“那将比其他任何事情更有助于人类。”

2024 年 1 月，在达沃斯世界经济论坛上，奥尔特曼告诉彭博记者：“我的整个世界观是，未来的两种重要货币是计算 / 智能和能源。”奥尔特曼说：“没有突破就无法实现这一点。”

OpenAI 致力于开发超级智能技术。实际上，多年来奥尔特曼一直在能源领域进行布局。

虽然他在文章中提到了太阳能，但他更加看好核能的潜力。

在一次接受采访时，奥尔特曼说：

> 我想要投入金钱和时间，利用技术创造丰富。每当我研究能源历史时，我总是被能源成本的大幅降低如何导致生活质量提高所震撼。（核能）将是我能想象到的短时间内最大的使能源成本降低的途径之一。它将改变目前世界上运行的许多社会经济方程式。

核能分为两种：裂变通过分裂较重的原子来产生能量，聚变则通过合并较轻的原子核来产生能量。

奥尔特曼两头都下注了。

早在 2015 年，作为 YC 掌门人的奥尔特曼就对核能充满热情。在经过一番考察后，他投资了成立于 2013 年的 Oklo。Oklo 的经营目标是设计和部署下一代快堆技术，这项技术是使用高丰度低浓铀燃料，让反应堆能够在不换料的情况下运行数十年。以核裂变商业化为基础，Oklo 形成了售电、燃料回收两大商业模式，其目标市场包括数据中心、社区、工厂和公用事务等领域。

同年，奥尔特曼在考察了多家核聚变公司后，决定投资 Helion Energy，并注入了 950 万美元的初始资金。他甚至带着核物理教科书前往 Helion 总部，与那里的工作人员探讨核聚变的设计。之后他又向 Helion Energy 投资了 3.75 亿美元，这也是他个人迄今为止最大的一笔投资。Helion Energy 是一家核聚变领域的初创公司，奥尔特曼担任其主席。去年，微软宣布将从 2028 年开始购买 Helion 提供的电力。

对奥尔特曼来说，Helion Energy 不仅仅是一项投资，他在一次接受 StrictlyVC 媒体公司采访时表示："除了 OpenAI，这是我投入大量时间做的另一件事情。"目前，Helion Energy 正在建设名为"Polaris"的第七代核聚变设施，目标是在 2028 年前正式实现核聚变发电。

奥尔特曼的愿景非常远大，他认为 Helion Energy 不应只建造一座电站，而是应该能够每天制造出一台核聚变发电机，从而建立一个大规模生产核聚变发电机的超级工厂。

他在 2021 年接受 CNBC 采访时表示：

> 在当今世界，无处不在的两种有限资源是智能和能源，我们正试图通过人工智能解决智能问题。

奥尔特曼相信，通过降低能源创造的成本，我们不仅可以节约成本，还可以实现地球能源的节约，进而启动大规模的碳捕集技术，清除大气中两个世纪以来的碳污染。他预言，如果这项技术能够成功，将会是他对世界产生的最积极的变化之一。

AI 训练会消耗大量能源。数据显示，ChatGPT 每天要响应大约 2 亿个请求，消耗超过 50 万度电。预计到 2027 年，整个 AI 行业每年消耗的电量将达到 85 太瓦时至 134 太瓦时（1 太瓦时为 10 亿度电），约等于 2023 年北京市全年的总耗电量。

马斯克也曾预言，AI 产业的兴起可能导致电力短缺。而核能是解决这一问题的关键途径。

奥尔特曼将 AI 和廉价、绿色能源视为实现未来“丰盛”世界的相互强化的要素。AI 和核能之间更像是“互相成就”的关系。核能可以为 AI 提供更经济的电力，而 AI 技术也有助于提升核能系统的设计水平和运营效率。

全民基本收入，创造大量新财富

正如德龙教授在他的《蹒跚前行》中提到的那样，工业实验室、现代公司组织和全球化带来了史无前例的物质繁荣，全球经济技术水平实现了前所未有的增长，但这种增长并未帮助我们建立起理想社会，反而使全球陷入了气候变暖、经济衰退、不确定性与不平等加剧的困境。其中的原因就是，技术进步并未解决分配问题。

关于社会财富分配的问题，奥尔特曼也考虑到了。

在《万物摩尔定律》第三部分，奥尔特曼着重阐述了分配的问题：当成本趋近于 0，社会财富无限增加时，该如何分配这些财富？

奥尔特曼提出的方案是对资本（公司和土地）征税，而不是对劳动征税。奥尔特曼还特别强调了“利用人工智能的公司”。

奥尔特曼在文章中说：

我们应该把重点放在对资本征税而不是对劳动征税上，然后把这些税收直接分配给公民。让每个人都能作为股权拥有者，直接从中受益。这并不是一个新的想法，但随着人工智能的日益强大，这个概念将变得可行，因为世界上将有更多的财富可供支配。

未来财富的两个主要来源将是：公司，特别是那些利用人工智能的公司；土地，具备固定供应的属性。

我们可以设置“美国股票基金（American Equity Fund）”，然后将其资本化：每年向超过一定估值的公司征收其市场价值 2.5% 的税，以转入基金的股票支付；然后向所有私人持有的土地征收其价值 2.5% 的税，并以美元支付。

所有 18 岁以上的公民都会得到美元形式或公司股票形式的年终分配，存入他们的账户。人们可以随心所欲地使用账户中的钱购买自己需要或想要的东西，比如说接受更好的教育、医疗、住房、开公司，等等。随着更多的人在竞争激烈的市场中选择自己中意的服务，政府资助行业将面临成本上升的实际压力。

随着人工智能会产出世界上大部分的基本商品和服务，人类将被解放出来，从而可以花更多的时间与他们关心的人在一起，去关爱他人，欣赏艺术和自然，或者投身到社会公益事业中。

奥尔特曼并没有在文中阐述他的具体想法，但实际上，在 2016 年他就启动了一项名为“全民基本收入”（Universal Basic Income，UBI）的研究项目，当时 OpenAI 刚刚成立。这项研究由 YC Research 负责，计划在美国的两个州随机选取 1 000 人，每人每月无条件发放 1 000 美金。

奥尔特曼在项目启动时写道：

> 我们想要资助一项关于基本收入的研究——即无条件地给人们足够的钱来维持生活。我对这一概念已经感兴趣一段时间了，尽管讨论已经很多，但关于它如何运作的实际数据相当少。
>
> 我认为现在开始研究这个问题是有益的。我相当确信，在将来某个时候，随着技术继续淘汰传统工作，并且创造大量新财富，我们将会在国家层面看到某种形式的这种情况。
>
> 因此，现在回答一些理论上的问题将是有益的。人们是坐在那里玩电子游戏，还是会创造新事物？人们是否快乐和满足？没有吃不上饭的恐惧，人们是否能够取得更大的成就，为社会带来更大的利益？总体而言，接受者是否创造了比他们获得的更多的经济价值？（关于这样的计划将如何影响整体生活成本的问题超出了我们研究的范围，但显然也很重要。）

奥尔特曼认为，如果财务不自由，人们可能没有辞职的勇气，也没办法深入学习想学的技能。这会让人陷入次优状态，成为工资的奴隶，造成金钱和潜力的巨大错配。

这种概念是许多历代思想家梦寐以求的乌托邦思想。我们所处的时代，是有史以来完全具备实现“全民基本收入”的黄金时代。与只针对贫困或失业人口的传统社会福利不同，“全民基本收入”是无条件发放给所有人的。

20 世纪 80 年代到 20 世纪末，欧洲的几个国家曾针对这一构想进行过积极的讨论。进入 21 世纪后，随着人工智能带来的科技性失业的恐惧，“全民基本收入”的概念得到了诺贝尔经济学奖得主等许多专家学者的支持。

在硅谷，也有很多类似的探讨。马斯克曾说：“未来，如果 AI 取代了大多数人的工作，实现全民基本收入将是必要的做法。”扎克伯格也说：“我们应该多探索全民基本收入这样的想法，以确保每个人都有尝试新想法的缓冲空间。”

而奥尔特曼则是投入了真金白银：在这个项目上，奥尔特曼个人投入了1 000 万美元。

2020 年 11 月，为期 3 年的“全民基本收入”实验项目正式开启，为期 3 年，约 3 000 名来自美国得克萨斯州和伊利诺伊州的居民参与了这项研究，他们的年龄区间为 21 ～ 40 岁，平均家庭年收入低于 2.9 万美元。其中 1/3 的参与者每月可获得 1 000 美元，而其他参与者（对照组）每月可获得 50 美元。

2024 年 7 月，OpenResearch（原 YC Research）公布了这个项目的首批研究结果。

研究发现，领取 1 000 美元的人花的钱更多，多余的钱主要花在了房租、交通和食物等必需品上；与对照组相比，领取 1 000 美元的人每周工作时间减少了 1.3 ～ 1.4 小时，人们利用这段时间来休闲；领取 1 000 美元的人对未来更有规划，更善于制订预算和积累储蓄，更有可能计划接受高等教育，并有创业的想法。然而，研究人员也承认，这些人能否在这段时间内实现所有目标则是另一个问题。与对照组相比，领取 1 000 美元的人受教育程度和实际创业的概率并没有显著增加。

总体而言，“全民基本收入”实验项目支持了这样一个观点：“全民基本收入”能够提升个体的生活质量，而不会显著削弱工作动力，反而可能促进更广泛的社会和经济参与。这些发现为“全民基本收入”作为社会政策的一种可能选项提供了有力的实证支持。

2023 年，奥尔特曼在莱克斯·弗里德曼的播客中曾提到“全民基本收入”实验项目，他坚信“提升地板，不必担心天花板”，并解释说，我们未来的“丰盛”应该是使每个人至少有资格过上中产阶级的生活。

2024 年 5 月，在播客节目“All-in Podcast”中讨论人工智能监管和为社会政策提建议时，奥尔特曼又提出：可以用“通用基本计算”（universal basic compute）取代“全民基本收入”。

“每个人都像得到了 GPT-7 的计算能力一样，”他在播客节目中说道，“他们可以使用它，可以转售它，也可以捐赠给他人用于癌症研究。”

他接着说，随着人工智能变得越来越先进并嵌入到我们生活的方方面面，拥有高级的语言模型可能比拥有金钱更有价值。他指出：“你得到的不仅仅是金钱，而是一部分生产力。”

这不禁让人想到，OpenAI 最初的投资协议曾警告潜在投资人：“在后 AGI 世界中，了解金钱将扮演什么角色可能会很困难。”

奥尔特曼似乎相信金钱在未来会完全消失。

世界币，财富分配的创新方式

除了“全民基本收入”，奥尔特曼还提出了一种创新的财富分配方式——“世界币”（Worldcoin，WLD）。2023 年 7 月，奥尔特曼与 Worldcoin 的 CEO 亚历克斯·布拉尼亚（Alex Blania）联合宣布，世界币项目将在全球推广。公告中提到，自 Worldcoin 3 年前创立以来，他们便想创造一个人人都可以拥有的新身份和金融网络，并提供可靠的解决方案来区分人类和AI：

如果成功，我们相信世界币可以极大地增加经济机会，在全球范围内增加个人赋权和机会平等，提供可靠的解决方案来区分人类和 AI，同时还能保护隐私，最终会通向“全民基本收入”的潜在路径。

Worldcoin 由保护隐私的数字身份（World ID）和数字货币（WLD）组成（在法律允许的情况下，仅有人类可以获得）。我们希望，在法律规则不太明确的地方，能够积极采取措施，让更多的人从中受益。

“世界币”项目的核心是发行一种新的数字货币，奥尔特曼受“全民基本收入”概念的启发产生了这个构想。比起其他传统的数字货币来说，Worldcoin 的核心创新在于通过开源的虹膜扫描装置确定个人身份，避免传统数字货币发行中的欺诈和重复领取行为，确保发行的公平性。

根据官网介绍，“世界币”项目由 3 个部分组成：

- 一是 World ID，即基于虹膜扫描的数字身份系统，该系统在通过技术保护用户隐私的同时提供免受欺诈的个人身份认证。
- 二是 WLD，即向注册用户公平分发的数字货币。
- 三是 World App，一个基于 World ID 和 WLD 的支付、转账、数字资产管理应用。

自 2021 年在一些国家及地区测试以来，“世界币”项目已在全球拥有超过 150 万注册用户，但截至目前项目尚未发放数字货币。项目在推广中遇到的阻力越来越大，甚至在某些地区已停止运营。一方面，由于数字货币发放承诺未兑现，“世界币”受到参与者和地推团队的质疑；另一方面，收集虹膜数据的行为在当前监管环境下变得越来越敏感，跨境传播这些隐私数据更是触及了多国监管红线。

“世界币”项目无疑是一个充满雄心却面临重大挑战的项目。尽管人工智能对就业的冲击在全球范围内引发讨论，但“全民基本收入”的实施涉及资源和政治权利的核心分配，主权国家不太可能将这一议题的控制权交给跨国企业或国际组织。

无论“世界币”项目能否成功，其出现都预示着在就业挑战日益严峻的今天，“全民基本收入”被越来越多人视为可能的社会分配终极解决方案。“世界币”项目的经验和困境，也将为通用人工智能的时代财富和资源分配提供宝贵启示。

2024 年 9 月，奥尔特曼又在自己的博客上发表了一篇名为《智能时代》（*The Intelligence Age*）的长文，引起广泛关注。这次页面的背景图不再是绿油油的钞票，而是一条由彩虹铺就的道路；页码底部也没有设计师的名字，背景图很有可能是用 AI 生成的。

他在文中写道：

> 我坚信，未来的辉煌将超越任何文字的描绘。智能时代最显著的特征之一，是前所未有的繁荣。
>
> 这一进程虽将是渐进的，但令人惊叹的成就——解决气候问

题、建立太空殖民地、发现所有物理学定律，最终将变得稀松平常。在近乎无限的智能与充沛能源的支撑下，人类将拥有前所未有的创造力与实现力，开启无限可能的新篇章。

而硅谷的一些承诺太过美好，往往让我们欲罢不能：通用人工智能，长生不老，加密货币，飞行汽车，火星……正如菲茨杰拉德在《了不起的盖茨比》中所写的，我们将永远沉溺于那年复一年在我们面前逐渐远去的极乐未来。

奥尔特曼 30 岁生日时在自己的博客里面写道："夏天是最好的。"在那之后不久他就和马斯克一道创立了 OpenAI。

夏天意味着丰盛，而丰盛是奥尔特曼给人类描绘的未来世界图景。

2024 年 8 月，奥尔特曼又在 X 平台上写道："我喜欢花园里的夏天。"

配图是几颗种在花盆里的草莓。

这张照片虽然看起来平平无奇，却触发了 AI 行业的兴奋点。在许多人看来，奥尔特曼实际上承认了关于 OpenAI 正在开发一个代号为"草莓"（Strawberry）模型的传言，也就是期待已久的 GPT-5。而 GPT-5 意味着离奥尔特曼理想中的"丰盛"世界又近了一步。

马斯克则在 X 平台上嘲讽道："我们原本以为 AI 世界末日是无限的回形针，但没想到它实际上是永远的草莓地。"

《永远的草莓地》（*Strawberry Field Forever*）是披头士乐队在 20 世纪 60 年代创作的一首流行歌曲，里面有句歌词是这样写的：

永远的草莓地，闭上眼睛轻松生活，误解了所有看到的一切。

我们是否应该相信一位亿万富翁为人类描绘的未来呢？奥尔特曼的母亲去年告诉《华尔街日报》，他的儿子已经四五年没有去过杂货店买东西了。奥尔特曼也承认自己在与普通大众交流方面存在不足。

在支持他的人看来，他正在创造一个完美的世界；而对于怀疑论者来说，他将人类的未来押在一个脆弱的生态系统上，显得过于冒险。

2023 年 3 月 24 日，戈登·摩尔去世。巧合的是，在他去世几天前，奥尔特曼在社交媒体上写下他的新版本“摩尔定律”：

宇宙中的智能每 18 个月翻一番。

这是继他的《万物摩尔定律》之后的一个更新版本。

在摩尔生前的最后一次公开采访中，他表达了对摩尔定律的怀疑：

它不可能永远持续下去。指数级增长最终会导致灾难。

摩尔并未明确指出灾难是什么。他的传记作者、科学史学家戴维·布罗克（David C. Brock）怀疑，摩尔指的可能是生态毁灭，毕竟摩尔是一个热情的保护主义者；也有可能是 AI 入侵人类，在牺牲人类生态的同时不断进行自我繁殖。

而奥尔特曼也曾经语气平静地在 X 平台上写道：

> 最近我和我朋友之间流行的辩论话题是：导致世纪末日的会是合成生物学、人工智能，还是能源短缺 / 能源战争？

几年前，奥尔特曼还向《纽约客》杂志透露了一个末日撤离计划。他说他准备了“枪支、黄金、碘化钾、抗生素、电池、水、防毒面具，以及在加利福尼亚州大苏尔拥有的一大片土地”，万一遭到 AI 的袭击，他就可以飞到那里。

但后来他又否认了：“如果最糟糕的 AI 未来成真，任何防毒面具都无济于事。”

在《智能时代》中，奥尔特曼将 AI 的危害轻描淡写：

> 正如其他技术一样，人工智能并非完美无缺。因此，我们应立即行动起来，力求最大化其正面效益，同时竭力将潜在的负面影响降至最低。举例来说，我们预见这项技术在未来几年内将对劳动力市场产生深远影响，无论是积极影响还是消极方面，但值得注意的是，大多数工作变革的步伐可能并不如人们想象的那么急促。我并不担忧人们会因此失业，即便未来的工作形态与今日大相径庭。

在这篇文章的最后，他以点灯人举例，鼓励人们要向前看：

> 回望历史，许多今日我们所做的工作，在往昔或许被视为无意义的劳作。但没有人会回望过去，希望自己仍在做像点灯人那样的工作。如果一个点灯人能看到今天的世界，他会觉得周围的繁荣是不可思议的。同样地，当我们站在未来的某个时间点回望今日，也会惊叹于周遭世界的巨变与繁荣。

为什么是奥本海默?

一

作为一名记者，很多年前，有位前辈曾经告诉我：“如果你想更好了解你的采访对象，就问下他 / 她的英雄是谁——因为潜意识里，追随自己英雄的旅程会引领他 / 她的命运。”

2015 年，也就是 OpenAI 成立的同一年，《纽约时报》的编辑请奥尔特曼在周末专栏上介绍他喜欢的一本书，他推荐了《奥本海默传》（*American Prometheus：The Triumph and Tragedy of J. Robert Oppenheimer*）[①]。这本书后来被导演克里斯托弗·诺兰改编成了电影《奥本海默》。如今，这本书就放在 OpenAI 总部图书馆的显眼位置。

① 该书英文名翻译为“美国普罗米修斯：J. 罗伯特·奥本海默的胜利与悲剧”。

现在，奥尔特曼正处于奥本海默打造“曼哈顿计划”的年纪，而他的头发最近已经有了一丝灰白，乍一看跟奥本海默有了几分神似。

当我采访奥尔特曼，问他的英雄是否是奥本海默时，他狡黠一笑。他承认跟奥本海默是同一天生日，却否认是他主动说的，而是被别人发现的。

为什么是奥本海默？我想不可能只是因为同一天生日这么简单。

罗伯特·奥本海默是一位杰出的美国理论物理学家，他领导了“曼哈顿计划”下的洛斯阿拉莫斯实验室，这是一个涉及成千上万科学家和技术人员的庞大项目。最终，奥本海默带领团队成功研制出了原子弹，他也因此被誉为“原子弹之父”。这一成就不仅在技术和科学上是一个巨大的突破，也对第二次世界大战的结束和后来的国际政治格局产生了深远的影响。战后奥本海默成为核武器控制和国际和平的重要倡导者。他积极参与公共事务，呼吁进行核裁军和国际合作，以防止核战争。

美国前国务卿基辛格评价说:“奥本海默的工作促成了冷战时期的战略平衡，支撑了战后几十年的国际秩序。“

也就是说，作为一名科学技术人员，奥本海默定义了第二次世界大战之后的世界秩序。

如果奥尔特曼的英雄是奥本海默，那么他是否把正在打造的 OpenAI 作为下一个“曼哈顿计划”？在被披露的法庭文件中，在最初的头脑风暴阶段，奥尔特曼在给马斯克的邮件里，就提到为人工智能启动一个“曼哈顿计划”（详见第二章）；而他 2023 年全球旅行期间，呼吁打造一个类似国际原子能机构的组织监管 AI（详见第六章）。

这让我不禁想到，奥尔特曼的灵魂深处站着一个奥本海默——他希望用技术为人类打造一个他理想中的未来。

但不一样的是，奥尔特曼比奥本海默身段更柔软，更擅长攫取权力。

在著名传记《权力之路》（*The Path to Power: The Years of Lyndon Johnson*）中，作者罗伯特·A. 卡洛（Robert A. Caro）这样评价美国历史上最具争议的总统林登·约翰逊："他从不树敌，他目光远大。"

同约翰逊一样，奥尔特曼也是走在权力之路上的那个人。一个从美国中西部走出的普通少年，目标明确，渴望成功、害怕失败；为了服务于自己的抱负，他什么都能干；为了生存，他什么都可以做；忠诚于自己的朋友，原谅自己的敌人；没有傲气，只有理想。

二

在本书中，奥尔特曼的权力之路是一大主题，但有没有一种可能是：硅谷需要权力，于是便出现了像奥尔特曼这样的权力"怪兽"。他的崛起也代表了一种趋势，那就是硅谷不再仅仅是一个科技中心，而是逐渐变成权力中心。

正如硅谷大佬马克·安德烈森所说："美国创业文化从乔布斯之道向马斯克之道的转变令人着迷。创始人们正在从艺术家般的嬉皮士转变为举重运动员般的执行者。"

作为土生土长的加州嬉皮士，乔布斯一直对政界秉持超然脱俗的态度。《史蒂夫·乔布斯传》（*Steve Jobs*）记载，在乔布斯离世的前一年，时任美国总统的奥巴马访问硅谷，想跟他见面，却被他拒绝。"我不想被安插在一个象征性的会议上，就为了他能在行程表上记录他见了一个 CEO。”在妻子的多次劝说下，他才勉强答应。而他与奥巴马的谈话内容，无非是抱怨美国缺乏技术工人，以及在中国生产 iPhone 是多么容易。

但如今，像奥尔特曼和马斯克这样的硅谷 CEO，不再痴迷于打造艺术品般的消费电子产品和日活过亿的手机应用程序，他们更看重的是通过技术的力量获取权力，进而打造他们理想中的人类世界。无论是奥尔特曼屡次造访国会山，还是马斯克在特朗普竞选集会上公然为其站台，都代表着这一趋势。

此外，硅谷的氛围也与乔布斯时代大不一样。

一方面，硅谷正在走向分裂。过去，硅谷一直是美国自由主义和进步主义的大本营；2016 年美国大选时，在硅谷主流圈子中几乎看不到支持特朗普的人（彼得·蒂尔是唯一例外）；而如今，以马斯克为首公开支持特朗普的科技领袖越来越多。

硅谷正在成为美国又一个政治中心，我们应该对此有所察觉。

而另一方面，人工智能技术正在加速演进，科技在人类生活中扮演越来越重要的角色。在未来，决定很大一群人命运的很有可能不再是某个政客，而是某个科学家或者技术公司的 CEO。

《人类简史》（*Sapiens: A Brief History of Humankind*）的作者尤瓦尔·赫拉利（Yuval Harari）最近也预言，10 年后，世界将由一个控制人工智能的官僚集团统治。他们利用分布在银行、企业、政府和大学中的数百万个 AI 组成的庞大分布式系统来控制整个世界。大多数事情由 AI 来做决定，而人们并不理解决定背后的理由和逻辑。

“权力会逐渐转移给这个集团。”赫拉利说。

三

在本书的最后，我写到了奥尔特曼的未来蓝图——他想通过人工智能和核能打造一个人类美好世界。

但我们不要忘了，在几千年的人类文明史中，驱动技术发展的从来都不是美好的愿望，更多是背后的恐惧和贪婪。即使这项技术创造者的初衷是善良的，但往往会陷入“奥本海默时刻”——它常常用来描述那些在实现重大突破或创新后，面临深刻伦理、道德和社会影响的时刻。电影《奥本海默》的导演诺兰曾表示，很多顶级的人工智能研究者，将当下视为他们的“奥本海默时刻”。这是一种往日经验永久失效、未知浩劫须臾降临的不祥预感。这一刻，人类及地球的命运，仿佛缩进一只盲盒中。

在奥尔特曼的叙述中，夏天是最好的，因为夏天意味着丰盛，而丰盛是他给人类描绘的未来。身处 2024 年的我不禁想到了 1914 年的夏天。

在回忆录《昨日的世界》里，作者茨威格经过一片田野，一位种葡萄的农民告诉他，1914 年的夏天阳光饱满、日照充足，葡萄收成会比往年要好，所以“让我们永远记住这个夏天”。

几天之后，茨威格的祖国奥地利向塞尔维亚宣战，同一天，茨威格坐上了驶往德国的最后一班列车，他看见车厢里一片兴高采烈的景象，年轻的士兵告诉母亲自己会在圣诞节前回家。

但他们中的很多人再也没有回来。作为人类历史上第一次工业化战争，大量新型武器——机枪、火炮、坦克和战壕战术——在 4 年时间造成了约 1 000 万士兵死亡，超过之前两个世纪欧洲战争阵亡人数的总和。

而在那个美好的夏天，种葡萄的农民憧憬今年的收成，天真的士兵生怕错过激动人心的冒险。但时代的列车驶过，却是旧欧洲的王冠掉落一地，帝国分崩离析，古老的条约连同上千万年轻的生命被撕成碎片。

但愿这样的夏天只存在于昨日的世界，而人类未来的夏天永远美好。

四

过去十二年，我很幸运一直从事自己喜欢的工作，以一个观察者的身份记录中美科技的变革。人类正处在 AI 变革的前夜，与近三十年前的互联网革命和十年前的新能源汽车变革相似，往往都是硅谷的“疯子”和“怪人”在前面指路，中国的创业者们靠着勤奋和执行力奋起直追。

如今，中国面临更严峻的国际环境，但就像前两次一样，虽然刚开始时会遭受重重困难、嘲笑、质疑，经历无数沮丧和蒙羞的时刻。但我相信只要我们坚持国际合作和对外开放，中国肯定能迎头赶上。

祝愿中国科技行业在未来继续繁荣昌盛。

2024 年 10 月写于福建漳州某冲浪营地

致　谢

谢谢奥尔特曼先生，你说等你退休之后很愿意参与这本传记后面的部分——如果有退休计划，请第一时间告诉我。

谢谢我的两位前老板，《中国企业家》杂志社副总编辑何伊凡先生和极客公园创始人张鹏先生，你们是我职业生涯的领路人。

谢谢 Pandaily 的几位投资人——连尚网络陈大年先生、东北大学朱靖波教授、大观资本韦海军先生、向羽先生，我会继续努力把 Pandaily 做成海外了解中国科技行业的窗口以及中国企业出海的桥梁。

谢谢优秀的国内同行，在本书构思和写作过程中提供的帮助和建议：资深媒体人刘敏、传记作家范海涛、《晚点》创始人宋玮、“硅谷 101”主理人刘泓君和陈茜、“阅读兽 ReadingCub”创始人苏静、清单创始人许可、风牛马传媒 CEO 冯碧漪。

和两位美国同行：Technonmy 创始人，《财富》杂志前高级编辑 David Kirkpatrick——谢谢我刚来硅谷时，你热情把我介绍给你的朋友，说我是你最欣赏的中国记者，你写的《Facebook 效应》我看了一遍又一遍，而你鼓励我很快我也会有自己的作品；The Information 创始人 Jessica

Lessin，过去十年当你的美国同行对中国科技行业普遍轻视时，你却一直怀有热情——钦佩你的远见，谢谢你当年把奥尔特曼介绍给我。

谢谢湛庐文化两位创始人韩焱、陈晓晖，以及编辑安烨、侯力文在出版过程中的帮助。

最后谢谢我的父母和家人，多年来在我做出人生重大抉择时给予我的支持。

结尾，我想以此书纪念我在写作这段时间中不幸逝去的三位亲友：

我的外婆曾爱华，永记您的养育之恩；

我的同事，Pandaily 董事 James Zhang，能跟你成为同事是我的荣幸；

我的前同事，《中国企业家》退休摄影师史小兵，11 年前陪我去美国采访马斯克，并把那次采访拍得光彩照人——其实我只是沾了您和马斯克的光而已。

"What OpenAI Really Wants," *Wired*, September 5, 2023.

Emily Jane Fox, "Sam Altman on His Plan to Keep A.I. Out of the Hands of the Bad Guys," *Vanity Fair*, December 15, 2015.

Jon Victor, "The OpenAI Coder Who Spun Tech On its Head," *The Information*, April 6, 2023.

"CEO of the Year Sam Altman," *Time*, December 6, 2023.

Ross Andersen, "Does Sam Altman Know What He's Creating," *The Aatlantic*, July 24, 2023.

Tad Friend, "Sam Altman's Manifest Destiny," *The New Yorker*, October 10, 2016.

Cade Metz, "Sam Altman, the ChatGPT King, Is Pretty Sure It's All Going to Be OK," *NYT*, March 31, 2023.

Berber Jin, Keach Hagey, “The Contradictions of Sam Altman, the AI Crusader Behind ChatGPT,” *WSJ*, March 31, 2023.

Reed Albergotti, “The secret history of Elon Musk, Sam Altman, and OpenAI,” *Semafor*, March 24, 2023.

Karen Hao, “The messy, secretive reality behind OpenAI’s bid to save the world,” *MIT Technology Review*, February 17, 2020.

Tom Simonite, “OpenAI Wants to Make Ultra-Powerful AI. But Not in a Bad Way,” *Wired*, May 1, 2019.

Elizabeth Weil, “Who Is OpenAI’s Sam Altman? Meet the Oppenheimer of Our Age,” *New York Magazine*, September 25, 2023.

Karen WeiseCade, MetzNico Grant, Mike Isaac, “Inside the A.I. Arms Race That Changed Silicon Valley Forever,” *NYT*, December 15, 2023.

Cade MetzKaren, WeiseNico Grant, Mike Isaac, “Ego, Fear and Money: How the A.I. Fuse Was Lit,” *NYT*, December 3, 2023.

“Nvidia’s AI Chips Power ChatGPT and Multibillion-Dollar Surge,” *Bloomberg*, June 15, 2023.

Stephen Witt, “How Jensen Huang’s Nvidia Is Powering the A.I. Revolution,” *The New Yorker*, December 4, 2023.

“How Sam Altman took over Silicon Valley,” *The Washington Post*, December 23, 2023.

Ronan Farrow, "Elon Musk's Shadow Rule," *The New Yorker*, August 21, 2023.

Kara Swisher, "On With Kara Swisher: Sam Altman on the GPT-4 Revolution," *New York Magazine*, March 23, 2023.

Karen Hao, Charlie Warzel, "Inside the Chaos at OpenAI," *The Atlantic*, November 19, 2023.

Margaux MacColl, "It's a Cult: Inside Effective Accelerationism, the Pro-AI Movement Taking Over Silicon Valley," *The Information*, October 7, 2023.

Robert McMillan, Deepa Seetharaman, "How a Fervent Belief Split Silicon Valley—and Fueled the Blowup at OpenAI," *WSJ*, November 22, 2023.

Berber Jin, Tom Dotan, Keach Hagey, "The Opaque Investment Empire Making OpenAI's Sam Altman Rich," *WSJ*, June 3, 2024.

Deepa Seetharaman, Keach Hagey, Berber Jin, Kate Linebaugh, "Sam Altman's Knack for Dodging Bullets—With a Little Help From Bigshot Friends," *WSJ*, December 24, 2023.

Jon Victor, "The People Who Make OpenAI Run Fast," *The Information*, March 27, 2023.

Paris Martineau, Julia Black, "From King to Exile to King Again: The Inside Story of Sam Altman's Whiplash Week," *The Information*, November 22, 2023.

"Five Days of Chaos: How Sam Altman Returned to OpenAI," *NYT*,

November 22, 2023.

Richard A. Chance, “Is OpenAI’s Sam Altman Building a Tech Dream or a Sci-Fi Nightmare?” *Business Insider*, April 27, 2023.

Steven Levy, “Combinator Has Gone Supernova,” *Wired*, June, 2017.

Max Chafkin, Rachel Metz, “Sam Altman OpenAI Latest: Inside His Shock Firing by the Board,” *Bloomberg*, November 20, 2023.

沃尔特・艾萨克森.《埃隆・马斯克传》[M]. 孙思远，刘家琦，译. 北京：中信出版社，2023.

凯德・梅茨.《深度学习革命》[M]. 桂曙光，译. 北京：中信出版社，2023.

阿什利・万斯.《硅谷钢铁侠》[M]. 周恒星，译. 北京：中信出版社，2016.

保罗・格雷厄姆.《黑客与画家》[M]. 阮一峰，译. 北京：人民邮电出版社，2011.

周恒星，“阿尔特曼的权力之路”，晚点，2023 年 10 月 22 日.

周恒星，“专访 OpenAI CEO 阿尔特曼：中国在 AI 领域会很出色”，《中国企业家》，2023 年 11 月 17 日.

李墨天，“2012，改变人类命运的 180 天”，远川研究所，2023 年 9 月 7 日.

陈茜，“万字揭秘 OpenAI 成长史：一度被谷歌‘吊打’，还和马斯克搞‘决裂’”，硅谷 101，2023 年 5 月 6 日.

未来，属于终身学习者

我们正在亲历前所未有的变革——互联网改变了信息传递的方式，指数级技术快速发展并颠覆商业世界，人工智能正在侵占越来越多的人类领地。

面对这些变化，我们需要问自己：未来需要什么样的人才？

答案是，成为终身学习者。终身学习意味着永不停歇地追求全面的知识结构、强大的逻辑思考能力和敏锐的感知力。这是一种能够在不断变化中随时重建、更新认知体系的能力。阅读，无疑是帮助我们提高这种能力的最佳途径。

在充满不确定性的时代，答案并不总是简单地出现在书本之中。“读万卷书”不仅要亲自阅读、广泛阅读，也需要我们深入探索好书的内部世界，让知识不再局限于书本之中。

湛庐阅读 App：与最聪明的人共同进化

我们现在推出全新的湛庐阅读 App，它将成为您在书本之外，践行终身学习的场所。

- 不用考虑“读什么”。这里汇集了湛庐所有纸质书、电子书、有声书和各种阅读服务。
- 可以学习“怎么读”。我们提供包括课程、精读班和讲书在内的全方位阅读解决方案。
- 谁来领读？您能最先了解到作者、译者、专家等大咖的前沿洞见，他们是高质量思想的源泉。
- 与谁共读？您将加入优秀的读者和终身学习者的行列，他们对阅读和学习具有持久的热情和源源不断的动力。

在湛庐阅读 App 首页，编辑为您精选了经典书目和优质音视频内容，每天早、中、晚更新，满足您不间断的阅读需求。

【特别专题】【主题书单】【人物特写】等原创专栏，提供专业、深度的解读和选书参考，回应社会议题，是您了解湛庐近千位重要作者思想的独家渠道。

在每本图书的详情页，您将通过深度导读栏目【专家视点】【深度访谈】和【书评】读懂、读透一本好书。

通过这个不设限的学习平台，您在任何时间、任何地点都能获得有价值的思想，并通过阅读实现终身学习。我们邀您共建一个与最聪明的人共同进化的社区，使其成为先进思想交汇的聚集地，这正是我们的使命和价值所在。

图书在版编目（CIP）数据
奥尔特曼传 / 周恒星著．— 杭州：浙江科学技术出版社，2024.10.（2024.12重印）— ISBN 978-7-5739-1537-5
Ⅰ. K837.125.38
中国国家版本馆 CIP 数据核字第 20249CP456 号

书　　名　奥尔特曼传
著　　者　周恒星

出版发行　浙江科学技术出版社
地址：杭州市环城北路 177 号　邮政编码：310006
办公室电话：0571－85176593
销售部电话：0571－85062597
E-mail:zkpress@zkpress.com
印　　刷　唐山富达印务有限公司

开　　本	710mm×965mm　1/16	印　　张	23.5
字　　数	322 千字		
版　　次	2024 年 10 月第 1 版	印　　次	2024 年 12 月第 2 次印刷
书　　号	ISBN 978-7-5739-1537-5	定　　价	99.90 元

责任编辑　余春亚　陈　岚　　**责任美编**　金　晖
责任校对　张　宁　　**责任印务**　吕　琰

CHEERS
湛庐

奥尔特曼传

导读手册

Sam
Altman

目 录

专访奥尔特曼：
中国在AI领域会很出色

周恒星
旧金山 OpenAI 总部

这是奥尔特曼在2019年出任OpenAI的CEO后第一次接受中国记者的采访。

OpenAI总部位于旧金山的教会区，是一座灰色不起眼的四层房子。从建筑外表看不见任何标识。

采访前一天晚上，我按要求在线填写了保密协议，并上传了自己的头像。采访当天，我按时到达这座建筑的入口，先要在入口旁边灰色墙壁上找到一个按钮，按下按钮接通前台电话，确认接待人的姓名之后，一扇黑色的铁门缓缓打开。

穿过铁门，建筑内部又是另一番天地。前台空间很大，是硅谷流行的工业风。正对着铁门的是一幅巨大的壁画，冷灰的色调和纠缠的线条，像是集成电路形成的花束，中央的花朵跟OpenAI的logo几乎一模一样。壁画旁边的木色墙爬满了生机勃勃的藤蔓植物。前台正对着的沙发坐着一排很明显是等待面试的人们，正用羡慕眼光打量着从他们眼前穿过的OpenAI员工。

在前台稍作等待，38岁的奥尔特曼抱着一台银色苹果笔记本电脑出现在我面前。简短寒暄后，他用自己的门卡熟练刷开了旁边一间小会议室的门。

在接下来的 45 分钟时间里，奥尔特曼非常专注，他手边放着纸和笔，有时候快速记着什么，偶尔还会反问几个问题。他全程没看手机，有电话进来他会第一时间挂断并道歉。

虽然在一些敏感问题上，奥尔特曼还是用惯常“打太极”的方式敷衍过去，但他的表情却是一如既往的真诚和谦逊。

关于 AI 合作

周恒星：你怎么看 AI 时代中国将扮演的角色？

奥尔特曼：我认为中国在 AI 领域会很出色，在整个人类探索 AI 的进程中会是重要的一部分。

周恒星：那你想好怎么跟中国合作以及有具体的计划吗？

奥尔特曼：我认为现在还太早期了。我们还没有弄清楚如何与其他国家合作。但这绝对是我们想要做的事情。

周恒星：你熟悉一些中国的 AI 公司吗？

奥尔特曼：有一些公司熟悉，有一些不熟悉。今年对我来说是非常繁忙的一年，我没有太多时间去了解（别的公司）。

周恒星：你在开发者大会前让我发你一份推荐参加大会的中国公司名单，但我后来得知名单里的公司都没有受到邀请，而且据我所知今年没有在中国的开发者受到邀请。

奥尔特曼：（面露遗憾）今年我们只是迈出了第一步，而且做得非常仓促。

我们的场地空间很小，但明年我们肯定希望能邀请更多人参加。

周恒星：上次你还告诉我，你想邀请中国公司参加前沿模型论坛，并且已经在和腾讯、字节跳动讨论此事，能否说说现在进展得怎么样了？

奥尔特曼：我并没有亲自在参与这件事情，前沿模型论坛也不是我们一家公司在运作。总体上，我认为美国在人工智能研究方面与欧洲以及中国的合作需求非常明确。我非常支持在安全和责任方面进行合作，这显然是一件重要的值得尝试去做的事情。

周恒星：关于中美关系，你有什么想说的吗？

奥尔特曼：虽然中美关系现在不处于高点，但我希望未来会好转。我虽然不是（外交）专家，但我希望两国未来能有面向繁荣的友好伙伴关系。

周恒星：你还记得上次我差点带着一群 AI 创业者在新加坡和你见面，但最终因为行程安排未能成行。未来还有机会吗？

奥尔特曼：当然有，我想过段时间再进行一次类似的环球旅行，但还不确定时间，这种旅行非常累人。

周恒星：不久前，你还参加了在英国举办的 AI 安全峰会，但并没有发表任何公开言论。能否给我们讲讲，在第二天的闭门论坛上都发生了什么？

奥尔特曼：我参加了一些小组讨论，但没有发表独立演讲。我同意很多被公开说出来的观点。但现在关键是要转化为行动。人们容易在这些峰会上说一些正确的话。但现在我们需要看到他们是否会把言论转化成行动。

周恒星：在峰会期间，你有跟中国代表团交谈吗？

奥尔特曼：没有，因为我只参加了第二天的（闭门）会议。

周恒星：马斯克说，他建议英国首相邀请中国参加（闭门会议）。

奥尔特曼：我同意（他的观点）。

周恒星：你平时与马斯克是如何交流的？

奥尔特曼：我们都是通过 Twitter 的私信进行交流。

周恒星：前段时间，《奥本海默》这部电影在中国特别火，你曾经透露你与奥本海默是同一天生日，这是真的吗？

奥尔特曼：（狡黠一笑）我没有透露过，是别人发现我们是同一天生日，事实确实如此。

周恒星：你经常在各种场合提起奥本海默，你最欣赏他哪一方面呢？

奥尔特曼：我认为他能够做到将科学进步和工程进步很好地结合起来，这非常重要但也非常困难。

周恒星：你认为奥本海默所处的时代和 AI 时代有什么相似之处吗？

奥尔特曼：（欲言又止）我认为它们是相当不同的。人们喜欢将其类比，因为它们确实有一些相似之处。但我认为人工智能技术和核技术实际上是非常不同的，试图在这两者之间过度类比是危险的。

关于 OpenAI

周恒星：你觉得 OpenAI 最核心的竞争优势是什么？

奥尔特曼：我希望我们在研究和创新方面成为世界最好的，同时还配备制造和交付优秀产品的能力。我认为，将所有这些能力集中在一家公司内对我们来说是一个巨大的竞争优势，而且我期待我们能继续保持这种状态。

周恒星： 你们会推出自己的“杀手级”AI应用吗？还是会专注做好底层平台呢？

奥尔特曼： ChatGPT就是这样的应用，我认为它做得很好。

周恒星： 比如像Character.AI这样的应用呢？我觉得你们很容易就可以做出一个与之类似的应用。

奥尔特曼： 开发者可以利用我们的GPTs来开发这类应用，但我们不会，我们还是想成为一个平台来为其他开发者赋能。人们现在正在使用定制的GPTs来构建这些令人惊叹的聊天体验，这真是太棒了。

周恒星： 11月30日就是ChatGPT发布一周年了，回顾这段历程，你觉得你做过的最好的决定是什么？

奥尔特曼： 你提醒我了，我们应该庆祝下一周年。说到最好的决定，这很有趣，因为我总是想到那些糟糕的决定。但我们总是有机会去弥补那些糟糕的决定，在我看来就是非常好的。

周恒星： 那顺便也说说那些糟糕的决定吧。

奥尔特曼： 我认为一个好的决定就是我们当时决定发布ChatGPT。现在看起来很显而易见，但当时并不是这样。我们不确定人们是否喜欢它。所以我认为发布它的决定真的很好。自那以后，我们对其进行了改进和扩展，这些都是好的决定。后来我们决定将其订阅化而非广告化，我认为这也是个好主意。我们添加了一些功能使其能看能听和生成图像，并且大受欢迎。我认为专注于代码解释器也是个好主意。但同时也有一些坏的决定，比如在产品决策上经常犯错。我们没有考虑到持续扩展规模的问题，还有就是永远无法构建足够多的功能来满足用户需求。

周恒星： 你对ChatGPT的终极设想是什么？

奥尔特曼： 我认为这是一个非常有效的工具，可以使人们更加高效。我们已经在一些行业中看到了这一点。你可以看到它帮助程序员所做的事情，真是令人惊叹。但我认为我们可以将其应用于许多其他行业。我们可以提高人们的工作效率，让他们做更多有意义的事情，这很棒。此外，它还能帮助他们学习更多知识、获得更多乐趣等。

周恒星：在这次开发者大会上，你们推出了 GPTs，希望帮助开发者开发自己的 ChatGPT，那你预计会形成头部效应吗？前 100 的 GPTs 会占到所有 GPTs 的收入百分比是多少？

奥尔特曼：很好的问题。说实话我不知道，几个月后再来问我吧，现在真的不知道。

周恒星：你经常提到规模法则，通过不断增加算力来达到更好的产出，但这样做最后会不会遇到瓶颈？

奥尔特曼：持续扩大规模是好的。但正如我们一直说的那样，它不会持续到最后。我们必须继续创新和发明新知识。

周恒星：你觉得原生的 AI 应用是什么样的？

奥尔特曼：我认为，像 Github Copilot 这样的协作工具就是一个很好的例子，它能够无缝地融入你的工作流程。而 ChatGPT 则展示了另一种可能性，它实际上就是你的交互界面。

周恒星：如果开发者开发自己的原生 AI 应用，应该遵循怎样的法则？

奥尔特曼：我认为真的值得重新考虑我们在基本层面上如何使用计算机。现在，计算机已经能够理解一些非常微妙的指令，这正是科幻小说一直预测会发生的。但实际上，我们并没有深思熟虑过，在《星际迷航》或者《她》之外的未来世界里，我们会如何使用计算机。

周恒星：你可以给开发者提供一些建议吗？

奥尔特曼：我认为机不可失，时不再来。让我们先回顾一下过去并举个例子，然后我再告诉你我想说的话。在智能手机推出和苹果应用商店上线之后，有一批公司出现了，在这之前是不可能存在的，比如优步和 Snapchat。而这些机遇非常特殊，只会在平台转变之后迅速涌现。所以，那些去寻找和追逐这些新事物、新类型公司的人将会获得巨大的回报。我认为这总是一件非常令人兴奋的事情。

周恒星：我发现你们也投资了一些 AI 硬件公司，比如 1X、Humane、Rewind 等，对于原生 AI 硬件产品，你们在投资时有哪些标准？

奥尔特曼：我们对弄清楚这个很感兴趣，但坦白说，我们还在探索中。我的意思是，在 AI 硬件方面，我们目前仍处于探索阶段，这是一种新的基础性能力，所有这些新事物都将成为可能。我认为保持开放的心态并继续探索是非常重要的。很多时候，我们都是事后才意识到某些事情的重要性。

周恒星：你觉得原生 AI 硬件产品会从传统的手机公司（比如苹果）中诞生，还是在全新的公司中被创造出来？

奥尔特曼：我认为新公司和传统公司都有机会。

关于创业

周恒星：我记得你说过，你在 YC 时去过中国很多次，对吗？

奥尔特曼：没有很多次，一共四五次吧，主要是去北京和上海。

周恒星：在 YC 时期，你与中国创业者的交流还挺多的，但在 OpenAI 就停止了。你认为，中美两国创业者最大的区别是什么？

奥尔特曼：人们总是问我这个问题。而我总是说，即使来自世界各地不同领域、不同行业，伟大创业者是非常相似的。他们可能专注于不同的领域或其他事情，但创造一个从无到有并真正擅长某件事所需要的精神是非常相似的。

周恒星：你还记得2014年那次和张一鸣的见面吗？

奥尔特曼：当然记得，他让人印象深刻。

周恒星：但他那时候很害羞和安静。

奥尔特曼：他那时候的确很害羞，但他很棒。那次之后我们又见过几次。我记得有一次是在2017年或2018年。

周恒星：你如何看待中国正在研发大模型的竞争对手？在芯片短缺和地缘政治冲突的背景下，你觉得他们还有机会吗？

奥尔特曼：当然！中国有很多优秀的研究人员都在进行大模型领域的研究。我认为这是一项根本重要且有价值的科学进步，我们将会看到全世界的人都在开发人工智能并以各种方式使用它。这是全新的事物，同时我认为这是件好事。

周恒星：你有什么话想跟中国创业者说吗？

奥尔特曼：长期以来，我一直对中国创业者的能力、精神以及在中国建立起来的令人惊叹的科技公司感兴趣并印象深刻。我认为我们正迈入一个新的技术平台和人工智能革命。构建令人难以置信的新产品和服务的机会，将重新定义我们所有人如何使用计算机以及高效地完成工作。这是一个非凡的时期，我非常期待看到中国创业者们将会做出什么。

采访首发于《中国企业家》，文章有删节

“唯我独尊”——超级成功者创立宗教

檀　林
北大汇丰商学院未来实验室首席未来学家

最近，OpenAI 推出了新模型 GPT-o1，随之而来的却是 CTO 米拉·穆拉蒂和多位高管的离职。这似乎几乎成了 OpenAI 发布新产品的“常规操作”。为什么每次的新版发布都伴随着高层的变动呢？这本书揭示了表面之下更深层的本质。

人才“大逃亡”还是“新陈代谢”？

OpenAI 近期遭遇了“人才流失”，更准确地说，是一场“人才大逃亡”。在不到两年的时间里，OpenAI 从一个鲜为人知的非营利性 AI 实验室，一跃成为全球瞩目的 AI 巨头。

然而，公司的出名却带来了更多的公司内部问题。就在 OpenAI 即将完成硅谷历史上最大规模的一轮融资的关键时刻，三位高管突然宣布辞职。这三位可不是普通员工，而是公司的 CTO 米拉·穆拉蒂、首席研究官鲍勃·麦格鲁和后训练研究副总裁巴雷特·佐夫。这阵仗，简直就像是公司高层在集体上演“开溜”大戏！尤其是米拉·穆拉蒂，这位被誉为“ChatGPT 之母”的女强人，前一刻还在对 GPT-5 的开发进度侃侃而谈，后一刻就收拾行囊离开了。“剧情”的转折，比宫斗剧还精彩！

不过，OpenAI的CEO山姆·奥尔特曼对此却表现得云淡风轻。在他看来，这不过是“自然规律”，就像春天过后必然是夏天一样自然。奥尔特曼还不忘在X上发表感言，称对米拉的感谢之情“难以言表”。不得不说，奥尔特曼的情商确实高！

在书中，一位与奥尔特曼相交多年的人士道出了他那看似矛盾行为背后的真相。这位知情人士一针见血地指出：“他关心使命，关心其他人，关心人类。但是，如果你观察他的行为，你可以清楚地看到一个明显的模式，他总是以极端的方式追求权力。”

奥尔特曼难道是一个极度渴望权力又会表演的“演员”吗？

“伟大的戏剧还在上演”

还记得OpenAI最初的使命吗？他们要研发安全的人工通用智能（AGI），造福全人类。多么崇高的理想啊！但是，“理想很丰满，现实很骨感”。开发AI需要巨额的资金支持。于是，我们的主角奥尔特曼登场了，这位硅谷的“演员”开始了他的精彩表演，走上了一条充满挑战的道路。

首先，奥尔特曼带领OpenAI推出了ChatGPT，一举成名。OpenAI也声名鹊起，一飞冲天。但随着名声的增长，OpenAI需要更多的资金来支持研发和运营。

接着，奥尔特曼开始了他的“化缘之旅”。他飞遍全球，宣传人工智能的美好未来，同时也在寻找愿意投资的“有远见的投资者”。但是，OpenAI的非营利性质成了吸引资金的绊脚石。投资者们可不是做慈善的，他们想要得到回报。

于是，奥尔特曼开始了他对OpenAI的“变形记”。他先是将OpenAI改造成了一个“双头怪”——非营利组织 + 营利实体。这样既能保持公益的形象，又能赚钱，可谓一举两得！但奥尔特曼的野心远不止于此。据悉，他正在策划一个更大的变革：将 OpenAI 彻底转变为一家营利性公司。这样一来，OpenAI 就能完全摆脱非营利组织的束缚，自由地追逐利润了。

OpenAI 最近的这次融资如果能顺利完成，其估值将超过 1 500 亿美元。尽管苹果在最后一刻退出了投资意向，但“无敌接盘侠”软银的孙正义带头接盘，OpenAI 又成功融资了 66 亿美元。

推进 OpenAI 重组为一家营利性公司的计划，也让奥尔特曼的人设大受影响，早在 2013 年 OpenAI 董事会发生“政变”时，就有人称他为“伪装成好人的帝国主义者”。

奥尔特曼在公众场合通常表现得谦逊低调，在关键时刻却展现出强大的领导力和政治手腕。例如，他在美国国会听证会上对人工智能持批评态度，这种看似与自身利益相悖的行为，实际上可能是一种更高层次的策略。

据报道，去年在奥尔特曼被董事会紧急解职前，OpenAI 可能取得了重大技术突破，代号为 Q*（也就是最近刚推出的 GPT-o1）。奥尔特曼可能在某种程度上隐藏了这一突破，等待合适的时机。这种对重要信息的控制和策略性公开，被视为一种“扮猪吃老虎”的策略。

奥尔特曼是一个有争议的人物，但他似乎并不在意这些负面评价。相反，他可能利用了这些争议来吸引更多关注，进而扩大自己的影响力，强化自己的集权。

让理想照进现实，还是让现实改变理想？

这个问题富有哲学意味。但是，让我们换个角度想想：如果没有足够的资金，OpenAI 还能继续他们的研究吗？如果没有商业化的产品，他们的技术能真正造福人类吗？也许，奥尔特曼的做法，正是在理想和现实之间寻找平衡。他像一个杂技演员，一手托着“造福人类”的理想气球，一手拿着“商业利益”的平衡杆，在 AI 这一“钢丝”上小心翼翼地前行。

是啊，正如著名的历史学家威尔·杜兰特（Will Durant）所指出的：“历史告诉我们，能够管理人的人，管理那些只能管理事务的人；而能够管理金钱的人，管理一切。”具有“超能力”的人掌握资源的分配和使用权，他们具有极大的影响力，可以掌控全局干大事。

无论如何，奥尔特曼和 OpenAI 的故事还在继续。让我们拭目以待，看看奥尔特曼最后会把 OpenAI 变成什么样子。也许，这就是规模法则（Scaling Law）加速下的 AI 时代的生存之道：生存或被淘汰（To Be or Not To Be），一切都在加速中。只有在理想和现实之间找到平衡，才能在这个快速变化的世界中立于不败之地。这不仅需要高超的驾驭能力，还需要一个超越我们这个时代的信仰。

说到“信仰”，本书还记录了一个小故事，陆奇有一次告诉奥尔特曼：“成功的人创立公司；更成功的人创立国家；最成功的人创立宗教。”很显然，这句话让奥尔特曼印象深刻，他在自己的博客中展露了心迹：“这让我想到，最成功的创始人并不是为了创建公司而出发。他们的使命更接近于创立一种宗教，而在某个时候，组建一家公司变成了实现这一目标最简单的方式。”

关于自信，甚至是过分的“自我（Ego）”这一点，奥尔特曼并不输于他多年的搭档、好友而后又反目的马斯克，奥尔特曼说：“自信的力量非常强大。我认识的最成功的人都对自己充满信心，有时甚至到了自欺欺人的地步。”这也许是奥尔特曼的一句真心话。

奥尔特曼究竟是个什么样的人？

熊三木
知名投资人、合鲸资本创始人

此前，我一直很警惕中国作者写的外国企业家、创业者传记。我的成见在于，过去这类作品大多是通过“搜索—复制—整合”的方式汇编而成。

OpenAI 的创始人奥尔特曼，注定将成为像乔布斯、马斯克那样名字被刻在历史长河中的人物，甚至可能比比尔·盖茨、扎克伯格更具话题性。没有听闻当世最有名的传记作者艾萨克森披露撰写奥尔特曼传记的计划，即便有，估计也是数年之后的事了。艾萨克森写过乔布斯、马斯克的传记，也写过爱因斯坦、富兰克林和达·芬奇的传记，每部作品都极具特色。当然，他为基因编辑领域诺贝尔奖得主珍妮弗·杜德纳所写的传记则显得仓促，略显平庸。

在艾萨克森为奥尔特曼立传之前，通过阅读这本来自中国的硅谷记者撰写的传记，来满足我们对奥尔特曼本人、他的事业以及他的蓝图和理想的好奇心，是个相当不错的选择。

首先，作者作为资深的硅谷记者，曾专访过奥尔特曼（就在那次“政变”前夕），并与他有过多次的互动与接触，保持了一定程度的个人关系。

其次，作者在相关领域，在硅谷社交圈中，也积累了近 10 年积累，对奥尔特曼的朋友、对手和社交圈都有一定的接触和了解。

再次，作为一本初步的传记，作者巧妙地搭建了内容结构：先是关于孵化 OpenAI 到 ChatGPT 发布，接着集中讲述那次被驱逐后王者归来的冲突，再倒述奥尔特曼的成长经历，最后以对奥尔特曼内心理想与蓝图的分析作为结尾，整个结构非常清晰、简洁。

最后，作者的文笔流畅，阅读体验极为顺畅。

奥尔特曼两大导师之一的彼得·蒂尔说过：“下一个比尔·盖茨不会开发操作系统，下一个拉里·佩奇不会做搜索引擎，下一个马克·扎克伯格不会创建社交网络。”这句话在奥尔特曼身上得到了印证。尽管 AI 领域的探索和创业者前赴后继、持续了几十年，起步更早、实力更强的竞争对手不在少数，但最终后发先至、成为行业领导者的却是奥尔特曼和他创办的 OpenAI。

本书第一部分，作者用超过三分之一的篇幅讲述了奥尔特曼创办 OpenAI 的缘起和经历。从书中的内容来看，的确是奥尔特曼最早向马斯克提出了合作创办 AI 机构的想法，两人一拍即合。在此之前，马斯克对于 AI 的发展方向和路径与好友、谷歌创始人拉里·佩奇出现了分歧，甚至发生了冲突，最终分道扬镳。马斯克也在寻找合适的人选，按照自己的方向推动该领域的突破。由此，奥尔特曼与马斯克联手创办了“开放人工智能研究所”（OpenAI Institute），也就是如今举世闻名的 OpenAI。

大多数人可能是在 2022 年底 ChatGPT 发布后才关注到这个创业项目的。实际上，尽管 OpenAI 自诞生之初就自带光环，聚集了硅谷的顶级资源和资金支持，但在 ChatGPT 发布之前，奥尔特曼也经历了近十年的艰难岁月，遭遇了所有创业企业几乎都会遇到的挑战，包括团队组建困难、长期投入未见突破以及资金难以为继。特别是后来与马斯克产生了不可调和的分歧，机构一度面临断粮关门的困境。最终，还是依靠奥尔特曼强大的社交网络和沟通能力，成功引入了微软的大规模投资和算力支持，才推动项目走到 ChatGPT 发布的高光时刻。

这一部分内容，对于 OpenAI 与几个主要竞争对手，尤其是谷歌和

Deepmind 的竞争，着墨不少，也写得比较精彩得当。AI 领域的最大突破之一是谷歌团队发布的 Transformer 模型，而在此之前，OpenAI 团队也未能探索出明显的曙光。正是借助竞争对手的突破，OpenAI 团队最终发布了 ChatGPT，在一段时间内，让谷歌的大模型黯然失色。

整个 OpenAI 的创业过程，作者写的非常精彩，值得亲自阅读。

本书第二部分，大约 100 页的篇幅，集中讲述了奥尔特曼被驱逐又王者归来的经历。在这里不剧透了。作者确实是新闻记者中的佼佼者，即使在一本书中，这部分内容还是很有调查报道的感觉。

本书第三部分，讲述奥尔特曼如何从美国中西部的“小镇青年”成长为“硅谷金童”，特别是他的创业乃至执掌全球第一的孵化器 YC 的过程。被保罗·格雷厄姆赏识并接手执掌 YC，应该是他人生转变的最关键点，也是未来打造 OpenAI 所有资源的基础。辍学创办 Loopt，获得 YC 投资并最终卖掉项目（不算太成功），从格雷厄姆手中接过 YC 帅印，走向硅谷中心并结交最有权势的朋友，由此创办 OpenAI（与 YC 的经历有一段并行时间），是奥尔特曼三段最主要的创业历程。

奥尔特曼究竟是个什么样的人？能够年纪轻轻就成为人类科技历史的“破壁者”？按照本书作者亲身接触的感受，“他身上有一种独特的气质：真诚中带着谦逊”，“如今政客式微笑的背后隐藏着一个复杂的灵魂”。比如，他常常表现出安静、羞涩的一面，在另一些场合又显得野心勃勃；他以真诚谦虚的面貌示人，但又经常出现言行不一的情况。他被驱逐的那场董事会斗争，以及这几年团队不断出现矛盾、出走，这其中透露出来很多的信息，对他都是负面的。

奥尔特曼的导师、YC 创始人格雷厄姆说：“山姆似乎对钱的兴趣不是特别大。另一种可能是，他去做 OpenAI 的原因或许是更喜欢权力。”而他曾经的朋友、OpenAI 联合创始人马斯克说“我对山姆有着复杂的感情”，他用《指环王》中的“权力之戒”做了一个意味深长的比喻，“权力之戒可以腐蚀人心，而他现在拥有这枚戒指。”

人，即使不是创始人或者其他改变世界的大人物，都是复杂的，可以同时具备多个面向。奥尔特曼在 OpenAI 只领取 65 000 美元的年薪并且没有股份。他此前的创业和职业生涯似乎并未积累大量财富，本书披露了他个人针对众多硬科技项目的投资，要么是募集基金，有些甚至是上亿美元的银行借款（这个信息有点让人震惊）。在本书的终章，作者用讨论奥尔特曼内心理想与蓝图的方式，试图对此做出解答。他除了创办 OpenAI，还曾考虑竞选加州州长。他自掏腰包上千万美元，做过普遍收入的社会实验和调查，以应对人工智能可能引发的大规模失业问题。他个人筹集资金参与了包括核聚变等硬科技投资项目。总之，对于常人关注的人性冲突，都可以用“燕雀安知鸿鹄之志”来解答。

奥尔特曼应该也是“拜科学教”信徒——相信世界上再大的问题，都可以通过创新、科学和技术去解决。实际上，近期湛庐出版、我的朋友芦义翻译的《奇点更近》一书，作者雷·库兹韦尔也有着非常近似的判断或信仰（包括芦义也是）。

2021 年，奥尔特曼发布了万字长文《万物摩尔定律》，描述他心目中的世界蓝图。这篇文章没有引发太大关注。在本书的终章，作者围绕奥尔特曼关于“丰盛的智能和能源，丰盛的未来”的理想解读了他的这篇长文。

在 30 岁生日时，奥尔特曼曾在自己博客写道：“夏天是最好的。”到了 2024 年 8 月，他又在 X 平台上写道：“我喜欢花园里的夏天。”要知道，菲茨杰拉德在《了不起的盖茨比》中也写过：“我们将永远沉溺于那年复一年在我们面前逐渐远去的极乐未来。”在奥尔特曼的眼中，夏天意味着丰盛，而丰盛就是奥尔特曼给人类描绘的未来世界图景。

总之，在众多书籍中，这本传记完全值得花时间一读。

把世界的命运寄托在自己身上

顾　远
群岛教育创变者社区创始人、《教育 3.0》作者

十几年前，我和合作伙伴想要探索用新的模式来支持社会创新和教育创新领域的发展。我们对标了硅谷的知名创业加速器 Y Combinator（简称 YC），开创了“群岛加速器”，也是后来“群岛教育创变者社区”的原型。

正是在那个时候，我第一次知道了山姆·奥尔特曼这个名字。当得知 YC 的创始人保罗·格雷厄姆把总裁之位交给了时年不到 30 岁的奥尔特曼时，我很惊讶，也很佩服格雷厄姆的魄力。后来，得知奥尔特曼在 YC 推出了很多大胆的举措，包括在非营利领域里借鉴加速器模式（正是群岛当时在尝试的事情）以及成立 YC 研究院。看来，格雷厄姆没有选错人。

再后来，我就没有再特别关注过奥尔特曼这个名字。直到 2022 年底，ChatGPT 横空出世。

随着这两年 AI 的极速发展，想要不接触任何与 AI 有关的信息几乎是不可能的。与前几年以 AlphaGo 为代表的 AI 发展不同，人们在日常生活的各种应用中越来越深切地感受到了 AI 带来的影响。一些人选择有意无意地回避这类资讯，假装一切都不曾改变，以让自己心安，内心深处却也知道很难真的心安。另一些人则对所有相关的信息来者不拒，以缓解自己的焦虑，却可

能变得更加焦虑。

此时，对于普通人而言，一种可取的态度和行动或许是：不回避这场“已经发生的未来”，了解它的背景与来龙去脉、存在的主要争论，并主动在应用中感知它、用好它。

手边的这本《奥尔特曼传》在很大程度上可以满足普通人对于这场关乎人类命运的时代变革的资讯需求。

和一般的传记不同，这本传记的大部分篇幅不是在描写传主本人，而更像是一部清晰简明的 AI 发展史和 OpenAI 这家公司的创业史。

熟悉产业发展和创业历程的读者，不难从作者流畅的叙事中读到各个行业领域里很多共通的元素：富有想象力的理念、行业从热捧到低谷的跌宕、少数人的坚持、突破性技术的出现、行业生态逐渐成形、优秀的人才与有眼光的投资人、伟大公司的诞生……

同时，读者又会读到很多 AI 领域和 OpenAI 这家公司特有的内容：营利与非营利之争及其组织架构、“有效加速主义”和“有效利他主义”的理念之争，以及那个最根本的问题——面对技术带来的巨大能力及其影响，人类真的准备好了吗？

看过电影《奥本海默》的人想必不难理解这个问题。哪怕只有微乎其微的可能性点燃大气毁灭地球，你会坚定地按下按钮引爆那枚实验的核弹吗？人类在掌握了核能之后，究竟会生活地更好，还是将时刻面临生存的危机？

其实，远不止是奥本海默，从凯文·凯利在《科技想要什么》中表达的通过倾听与融合来驾驭科技，到斯图尔特·布兰德在《地球的法则》中所表达的从长尺度来看技术终将解决一切问题，人类面对技术高速发展带来的影响，乐观与悲观的态度一直存在。

那么，面对 AI，你我又该是乐观还是悲观？

对于普通人而言，判断一项技术带来的深远影响，有一种可能的方式便是去了解发明和推广应用这项技术的那些人，看看他们有什么特点，他们是如何成长的，他们如何看待这项技术，他们在思考和争论些什么。

在这本《奥尔特曼传》中，我们不仅可以读到传主本人的成长轨迹（不止于又一个天才少年），还能透过其他人与传主的交往，读到与AI领域发展有关的那些至关重要的人物的群像：对人类有着宏大图景的埃隆·马斯克、体现出终极黑客精神的亚伦·斯沃茨、刚刚获得了诺贝尔物理学奖的“人工智能教父”杰弗里·辛顿，还有前文提到过的YC创始人“黑客与画家”保罗·格雷厄姆……

传主奥尔特曼的一生，远未盖棺，尚无定论。AI的发展也是一样。此刻，我们每个人似乎都在参与对一个人，也是一项技术成长的围观，并见证一段人类历史，也是未来的发生。

对“近过去”做出评论，和对“近未来”做出预测一样，都是必须谨慎的。我们首先要做的是知晓正在发生着什么，并不时地提醒自己奥尔特曼写在OpenAI办公室墙上的那句话：“我们每个人都有责任把世界的命运寄托在自己身上。”

《奥尔特曼传》是一部令人振奋的传记，它详细记录了奥尔特曼从年轻的创业者成长为人工智能领域领军人物的非凡旅程，并概述了奥尔特曼对技术创新和未来趋势的深刻洞察。这本书提供了一个难得的视角，让我们得以一窥那些在背后推动世界前进的力量。对那些渴望理解人工智能如何塑造未来，以及那些寻求在快速变化的世界中找到自己位置的人来说，这本书是必读之作。

冯　仑

御风集团董事长

万通集团创始人

读完周恒星的新作《奥尔特曼传》，五星推荐！如此期待的原因有以下三点：其一，作为保罗 · 格雷厄姆的忠实粉丝，特别好奇他为什么选择奥尔特曼作为接班人；其二，OpenAI 如何在巨头围剿中再次证明了初创公司总有机会这个硅谷铁律；其三，X 上关于 OpenAI 的各种碎片化八卦的背后有什么样的完整图景。作者用故事性极强的文字串起了所有线索，完整而丰富地描绘了硅谷在 AGI 时代的又一次创业浪潮。

书中最后部分，除了再次强化格雷厄姆传承下来的投资、创业、人生哲学外，也看到了奥尔特曼作为新时代领袖对于 AI 和人类未来的思考。奥尔特曼认为，未来两种重要货币是算力和能源，应该对资本征税而不是劳动征税，并主导发行虹膜识别的世界币 Worldcoin。结合他之前的“全民基本收入”不尽如人意的实验结果，我个人觉得，奥派经济学中关于人心不可测量和商品总是稀缺的这些理论目前还是被证实且不可撼动的。

奥尔特曼喜欢用丰盛“abundance”这个词，我也喜欢，期待一个又一个丰盛的夏天，看看人工智能是否能给人类带来真正的乌托邦。

霍　甲

硬科技投资人

在电梯旁的一个角落，图灵奖得主杨立昆告诫因奥尔特曼和马斯克挖角从 DeepMind 转投 OpenAI 的苏茨克弗：团队太年轻了，“你会失败的”。那一年苏茨克弗 29 岁，奥尔特曼 30 岁。实际上，奥尔特曼希望更年轻一些，最好永远停留在 18 岁。在他眼中，年轻、无名、贫穷不是诅咒而是礼物，那会促使他去寻找现实问题的最简单解法。只拥有未来的人是最可能为世界带来改变的人。伟大的人物之所以伟大，是因为他们曾经年轻过，或者一直年轻着。阅读《奥尔特曼传》，投身未来，相信年轻的力量！

苏德超

武汉大学哲学教授

OpenAI 作为一家传奇的公司是如何横空出世的，一个注定要走进历史的人山姆·奥尔特曼又是如何掌控这家公司的命脉的？周恒星被我看作是全中国最了解硅谷的记者，他和马斯克、奥尔特曼都有过深度交流。但是，他写出这本《奥尔特曼传》还是让我感到震惊，这是一本凝聚了心血并且相当引人入胜的传记，它的信息量很大，不仅仅让我们了解了另一个斯坦福辍学生的传奇，一个把“奥本海默”视为偶像的年轻人是怎么缔造世界的，也让我们如亲临其境一般，感受到一个惊世骇俗的、硅谷创新故事的起承转折。这本书的起始点，描写的就是那场著名的“宫斗”，现在，让我们来揭开这个震惊世界的故事的面纱。

范海涛

海涛传记工作室创始人
香港城市大学兼职教授

故事中汇集的详尽资料让我印象深刻。

我现在太忙了，等我退休以后，我很乐意参与这部传记的后半部分。

——山姆·奥尔特曼（Sam Altman）

联袂推荐

周鸿祎
360集团创始人

冯 仑
御风集团董事长
万通集团创始人

熊三木
知名投资人
合鲸资本创始人

檀 林
北大汇丰商学院未来实验室首席未来学家

霍 甲
硬科技投资人

苏德超
武汉大学哲学教授

顾 远
群岛教育创变者社区创始人
《教育3.0》作者

范海涛
海涛传记工作室创始人
香港城市大学兼职教授

ISBN 978-7-5739-1537-5
9 787573 915375 >

上架指导 商业/传记
定价 99.90元